我们都是出版人

陈兴芜 李斌◎主编

图书在版编目(CIP)数据

我们都是出版人/陈兴芜,李斌主编.—重庆:重庆出版社,2021.12
ISBN 978-7-229-16206-1

Ⅰ.①我… Ⅱ.①陈… ②李… Ⅲ.①出版工作—中国—文集 Ⅳ.①G239.2-53

中国版本图书馆CIP数据核字(2021)第230476号

我们都是出版人
WOMEN DOU SHI CHUBANREN
陈兴芜 李 斌 主编

责任编辑:黄 乐 刘 媛 卢晓鸣 王子衿
责任校对:刘 刚
封面设计:回归线视觉传达
版式设计:重庆出版社艺术设计有限公司

重庆出版集团 出版
重庆出版社

重庆市南岸区南滨路162号1幢 邮政编码:400061 http://www.cqph.com
重庆出版社艺术设计有限公司制版
重庆天旭印务有限责任公司印刷
重庆出版集团图书发行有限公司发行
E-MAIL:fxchu@cqph.com 邮购电话:023-61520646
全国新华书店经销

开本:710mm×1000mm 1/16 印张:18.25 字数:360千
2021年12月第1版 2021年12月第1次印刷
ISBN 978-7-229-16206-1
定价:68.00元

如有印装质量问题,请向本集团图书发行有限公司调换:023-61520678

版权所有 侵权必究

我们都是出版人

―― 编委会 ――

学术指导

蒋际华　李书敏　罗小卫

主编

陈兴芜　李　斌

副主编

王怀龙　邱振邦　高　岭　余世钦　寇德江
李炳仁　别必亮　郭　宜　刘绍星

编委（以姓氏音序为序）

李　子　刘　嘉　刘向东　卢晓鸣　向　洋
曾　敏　曾祥志　郑　瑶　周英斌

前　言

2020年是重庆出版社成立70周年暨重庆出版集团成立15周年。为更好地纪念这一特殊时日,我们面向社会开展了"我与出版"主题征文活动,邀请到出版界领导、集团职工、广大读者、作者及社会各界人士撰写纪念文章,讲述他们与重庆出版集团(社)共同成长的点滴故事。

从征稿到汇编成书近一年的时间,我们精心策划、推出了这两部具有纪念意义的征文集——《风雨兼程70年》《我们都是出版人》,前一本书中收录了百余篇作者、读者、经销商等与我们一同成长的作品,后一本书则收录了四十余篇出版集团从在职领导、员工到退休老领导、职工在出版方面取得的一些理论研究成果、经验总结与心得体会。在编辑文稿的过程中,我们时常被文字所触动,字里行间流露出的是温暖、是感动。感动于图书编辑与作者的深厚情谊;感动于热心读者对我们的支持与信赖;感动于重庆出版人对出版事业的执着与奉献……他们用质朴的文字,回顾并抒写了与重庆出版集团(社)的不解之缘和精彩故事。在此,我们衷心地向关心、支持重庆出版集团(社)并不吝赐稿的朋友们致谢!希望本书的出版能使我们和广大读者朋友们一起分享社庆的喜悦之情,共祝重庆出版集团(社)的明天更美好!

重庆出版社历史底蕴深厚,前身是成立于1950年的西南人民出版社,历史上曾"三设三改"。1980年12月经国家出版局批准,恢复重庆出版社建制,社号114号;2005年4月29日,重庆出版集团有限公司挂牌成立。

70年风雨兼程,70年硕果累累。70多年来,一代代重庆出版人薪火相传,始终坚持马克思主义新闻出版观,始终坚持以人民为中心的工作导向,始终坚持社会效益优先的原则,推出了一大批具有广泛社会影响力和地方特色的出版精品。从成立以来到现在,重庆出版集团(社)的发展大体可以分为三个阶段:

一是艰苦创业期。从1950年至1980年的30年是重庆出版社原始的创业阶段。重庆出版社经历了曲折的发展过程,历经数次改组,一直在努力探索中前行。其间,我们的前辈们遵循"为政治生产服务",坚持"地方化、群众化、通俗化"的出版方针,出版了大量图书。首先是出版配合政治运动、学习运动方面的图书,如《战斗中的朝鲜》《美帝侵华史话》《西南区土地改革文件》《工人学习总路线教材》《讲讲国家过渡时期的总路线》《培养青年一代的共产主义道德品质》《政治经济学参考教材》等。其次是出版面向生产、为生产服务的图书,如《彭松福车工基本技术速成教学法》和《快速识图法》,曾分别被技工学校和训练班用作教材,前者连续重印12次,印行11万册,后者连续重印15次,印行12.5万册;李欣安的《现代汉语》被西南几所大学选为教材。再次,为满足广大工农读者文化生活需要,我们当时还出版了不少优秀的出版物。其中,有革命传统教育读物,如潘梓年、吴克坚、熊瑾玎等创作的《新华日报的回忆》,宋世永的《雪山草地上的共青团员》,叶挺等烈士的诗选《囚歌》,郭沫若的《蜀道奇》等书;有科学知识读物如《天然气的故事》《采油的故事》《揭开宇宙飞行时代序幕的人造地球卫星》等;民间故事读物如《赵巧儿送灯台》《青蛙骑手》等;文艺读物如《党和生命》《三尺红绫》《金贵明和他的爸爸》等,其中《党和生命》一书曾由人民文学出版社遴选出版,并经外文出版社翻译介绍给其他国家的读者。

为了继承和发扬传统文化,我们当年还协同有关业务部门在祖国医学、地方戏曲方面出版了一些书籍。医学方面有《宋本新辑伤寒论》《新编针灸学》《通俗中国医学史话》等书,质量较高,反映良好。其中《宋本新辑伤寒论》一书,曾被市卫生部门作为学习祖国遗产的主要学习文件之一,《新编针灸学》先后重印23次,印行24万多册。在地方戏曲方面,我们出版了经过整理的传统剧目"川剧"和"川剧丛刊"两套丛书。其中,"川剧"书系着重于普及,以广大工农读者为对象,总计出版88种;"川剧丛刊"偏重于以戏曲工作者和戏曲爱好者为对象,总计出版17种,这些都对川剧传统艺术的继承和发展起到了较大的贡献。

二是发展壮大期。从1980年复社到2004年集团成立之前,是重庆出版社的发展壮大期。1980年12月,国家出版局〔1980〕出字第830号文,同意恢复重庆出版社,仍使用原来出版社代号:114号。重庆出版社自复社以来,坚持为人民服务、为社会主义服务的方向,出版了大量优秀出版物。其中最著名的是两套书,一是凝聚数百名国内文学界权威专家,大手笔推出近6000万字的"反法西斯文学三大书系"("中国抗日战争时期大后方文学书系""中国解放区文学书系""世界反法西斯文学书系"),以其重大的主题、恢弘的出版规模以及精湛的出版质量,被誉为"出版史上的壮举"。1995年,江泽民同志把其中的苏联卷作为国礼送给俄罗斯总统叶利钦。俄国政府回赠我们《朱可夫元帅回忆与思考录》,并授予重庆出版社俄罗斯联邦卫国战争纪念证书,以表彰重庆出版社的贡献。李鹏同志亲笔为书系题词:"殊死搏斗,辉煌胜利,弘扬正气,荡涤邪恶,激励后代,维护和平。"这套书还获得了第二届国家图书奖。二是我们的"科学学术著作出版基金"书。为缓解科学学术著作出版的困难,我们于1988年在全国率先拨出100万元专款,设立了"重庆出版社科学学术著作出版基金",并聘请钱伟长、周光召等21位著名科学家、学者组成指导委员会,出版了大量的优秀专著。其中,《结构振动分析的矩阵摄动理论》解决了我国长征二号捆绑式火箭系统动态特征预测问题;《胶东金矿成因矿物学与找矿》为我国勘探和开采金矿产生了数以亿元计的经济效益;《非线性量子力学》被《光明日报》称为"将现代科学基础的量子力学基本矛盾问题从线性推广到和发展到非线性领域,并可能解决爱因斯坦和波尔为首的哥本哈根学派之争"。著名科学家钱伟长盛赞我们社"这种做法是扶持科技图书出版的义举"。同时,这些学术著作也获得了国家级图书大奖,如《中国自然科学的现状与未来》获第五届中国图书奖,《结构振动分析的矩阵摄动理论》获第六届中国图书奖。当时,由于"重庆出版社科学学术著作出版基金"影响巨大,全国陆续有数十家出版单位效仿,成立了科学学术著作出版基金,产生了非常好的社会影响力。

还有我们首开全国教辅先河,配合中高考而打造的"海淀教辅系列",销售上亿册,创造了良好的经济效益。进入20世纪90年代中期以后,我们提出了"加强管理、优化结构、提高质量"的工作方针,实行精品战略,打造了一系列社会效益和经济效益都好、学术价值高的选题,其中《当代社会主义的若干问题》等书获得"五个一工程"奖、《邹韬奋传记》《中国西藏文化大图集》《世界工艺美术邮票鉴赏大图典》等图书获中国图书奖……重庆出版社的本版图书呈现不断增长的状况,保持了良好的发展态势。

三是开拓创新期。2005年集团成立至今,是我们的开拓创新期。集团成立后,新一代出版人继承和发扬老一辈的光荣传统,出版了一大批"双效"图书,为出版事业再创辉煌。其中《忠诚与背叛》《中国音乐史·图典版》等一大批图书获得"五个一工程"奖、中国出版政府奖、中华优秀出版物奖等国家级奖项;《重庆之眼》《马克思画传:马克思诞辰200周年纪念版》《恩格斯画传:恩格斯诞辰200周年纪念版》分别获得2017年、2018年、2020年"中国好书";承接了以《中华大典》《大足石刻全集》为代表的国家重点出版工程;推出了《三体》《女心理师》《藏地密码》《冰与火之歌》等一大批销售数十万到上千万册不等的市场畅销书,《马·恩·列画传》、"国外马克思主义与社会主义研究丛书"等图书得到了中央领导的充分肯定;有近千种图书输出到美国、英国、日本、韩国、俄罗斯、印度等40多个国家和地区,为中国文化走出去作出了贡献。

近年来,集团高度重视融合发展和数字出版,并把数字出版生态建设作为发展新方向,不断深化和推进出版融合向纵深发展。

集团先后获得了第三届、第五届"中国出版政府奖先进出版单位奖"及"全国文明单位""全国百佳图书出版单位""全国文化体制改革优秀企业""全国精神文明建设工作先进单位""全国新闻出版系统先进集体""全国模范职工之家""全国工会职工书屋示范点"等殊荣;并自2007年起连续14年荣获"国家文化出口重点企业"称号,2015年成功入选国家新闻出版广电总局"第二批数字出版转型示范单位"。

2020年初北京图书订货会上,我们举办了"'以经典致敬岁月'——庆祝重庆出版社成立70周年诵读会",柳斌杰、高明光、邬书林、郭义强等出版界领导纷纷到会,高度评价重庆出版社成立70周年以来所取得的辉煌成绩,对渝版图书的未来发展给予殷切期望,同时称赞"重庆出版社从20世纪80年代的城市社,通过改革内涵式的发展成长为全国有影响力的出版集团,实属不易""长期以来,重庆出版社都非常努力,出了很多好书,有品牌,赢得了中宣部出版局的高度认可""重庆出版社无论是出版的品种、出版的规模,还是出版队伍建设都逐步走到了中国出版行业的前列,成为我国的重要出版阵地"。

2020年11月,我们又陆续举办了"第九届韬奋出版人才高端论坛""全国城市出版社第33届社长论坛""重庆出版社成立70周年暨重庆出版集团成立15周年文化创新服务大会"等社庆活动,众多领导和两百余位出版界、学界代表齐聚,共同回顾重庆出版社70年辉煌成就,探究新时代出版人才培养和出版高质量发展。

……

奖项来之不易,军功章属于大家!功劳属于大家!光荣属于大家!

没有前辈们筚路蓝缕、砥砺奋进精神的开拓,没有他们"只出好书,不出坏书""多出书,出好书""书行天下,传承文明"的胸怀和壮志,就没有我们集团的今天;没有集团班子成员荣辱与共,共赴时艰,大力实施精品战略,打造出版品牌,推动主业高质量发展进行的不懈努力,就没有我们集团的今天;没有集团全体员工坚持守正创新、不忘初心、牢记使命,不断为人民提供丰富精神食粮的高度责任感,就没有我们集团的今天。

在几代出版人的拼搏实干和辛勤耕耘下,重庆出版集团(社)取得了有目共睹的骄人成绩。当然,这些成绩的获得,同样离不开中国共产党中央委员会宣传部、国家新闻出版署、中国出版协会、中共重庆市委宣传部、重庆市新闻出版局、重庆市文化和旅游发展委员会等各级领导一直以来对集团的关心和指导;也离不开广大作者朋友们的信任和支持。

不忘初心、方得始终。重庆出版社70年的辉煌成就,为我们未来发展打下了坚实的经济基础,积累了丰富的社会资源,提供了强大的发展动力。此时此刻,我们能有幸继承前辈们未竟的事业,继续为我们所热爱的出版事业付出青春与汗水,贡献绵薄之力,感到无上的光荣与无比的自豪!让我们自强不息,勇挑重担,让出版事业薪火相传,生生不息!

70年成绩已成过往,再出发开启新的征程。今天,勇立时代潮头的重庆出版人正积极朝着成为全国一流新型出版传媒集团的目标而努力迈进!

编委会
2021年9月10日

目 录

前言 ·· 001

责任担当篇

沈世鸣与重庆版世界反法西斯三大书系 ·················· 宋木文 003
大力弘扬公益精神，矢志践行社会责任 ··················· 陈兴芜 008
牢记初心使命，彰显责任担当 ····························· 魏依云 016
浅谈优秀出版人的公益精神和社会担当 ··················· 王义华 021
后疫情时代中国出版业的公益精神与社会责任 ············ 谢玉萍 026
融媒体时代出版人当有的公益精神与社会担当 ············ 向龙香 031
新形势下出版人才公益精神和社会担当意识培养的思考 ··· 罗　潇 036
初心不改 ·· 徐　飞 041
试析《大足石刻全集》出版团队的公益精神与社会担当 ········ 王　娟 049

融合发展篇

地方出版单位的数字化转型发展战略研究 ················ 李　斌 057
数字媒介环境下传统纸书出版的继承与创新 ············· 王怀龙 067
以业务流程再造推动传统出版和新兴出版融合发展 ····· 邱振邦 074
图书出版发行的全媒体应用及盈利模式探索 ············· 高　岭 077

关于提升传统媒体官方新媒体影响力的思考 ……… 刘绍星	胡燕磊	086
互联网时代图书选题策划创新 ……………………………………	程　辉	094
刍议融合发展背景下文化传媒业的新策略 ……………………	李　子	104
如何培养造就创新型数字出版人才 ……………………………	刘爱民	110
全媒体时代农业期刊传统媒体与新媒体的深度融合探索 ……	孙淑培	117
知识服务视域下"新出版+X"构建阅读新生态 ……… 刘　翼	王浩川	125
浅谈出版集团关于并购整合的风险点及运营融合发展 ………	王　储	132

改革综合篇

重庆出版集团"走出去"战略和畅销书的产生 …………………	罗小卫	137
重庆出版集团学术性图书"走出去"战略研究 …………………	秦　琥	141
重庆出版集团矢志不渝出版马克思主义图书 ……… 郝天韵	刘蓓蓓	149
创新不止步，精品迭涌现 ………………………………………	赵迎昭	154
新形势下出版集团建立现代企业制度探析 ……………………	寇德江	158
我国版权金融研究 ………………………………………………	郭　宜	165
立足出版行业特色　建设模范职工之家 ………………………	熊　伟	171
出版发行企业供给侧改革路径初探 ……………………………	林　林	174
多重译码：游乐于《小世界》话语的张力场 …………………	吴立平	179
医学科普类图书在健康教育中的作用 …………………………	王　灿	187
"新新"向荣的出版业 ……………………………………………	曾益权	191

编辑心得篇

重点出版项目的策划与推进 ……………………………………	别必亮	197
从《巴渝新童谣》看重庆儿歌创作队伍 ………………………	蒲华清	206
鲁迅与校对 ………………………………………………………	杨希之	214

从《冰与火之歌》到《三体》 ………………………… 刘　红　218

论文物考古出版物的审美追求 ………………………… 郑文武　223

乡村振兴战略下农村科普期刊创新发展探析 ………… 赖义羡　231

关于主题出版选题策划的几点思考 …………………… 林　郁　240

对新形势下图书质量问题的思考 ……………………… 蒋　薇　245

美术编辑的美学素养面面观 …………………………… 朱　江　252

基于新媒体背景下图书编辑的传承与转型研究 ……… 李　梅　255

出版与教育共助人的自由而全面发展 ………………… 范卿泽　260

浅谈方志编修工作中的组织与管理 …………………… 黄玉华　263

春风化雨农家情 ………………………………………… 刘早生　273

编后记 ………………………………………………………………… 276

责任担当篇

我们都是出版人

沈世鸣与重庆版世界反法西斯三大书系

宋木文

在举国纪念中国人民抗日战争暨世界反法西斯战争胜利69周年之际,我想起重庆出版社20年前出版的世界反法西斯三大书系,以及时任总编辑沈世鸣的感人事迹。

思念沈世鸣

沈世鸣,女,1931年出生,曾任重庆出版社总编辑。她在50岁时身患癌症,"把生命的每一天都当作最后一天",从1986年起,历时8年,组织编选了94卷5600万字的反法西斯"三部曲",即《中国抗日战争时期大后方文学书系》(获中国图书奖)、《中国解放区文学书系》(获国家图书奖提名奖)和《世界反法西斯文学书系》(获国家图书奖)。1995年7月17日在《世界反法西斯文学书系》出版座谈会上,书系总主编刘白羽郑重地说:"为这套书做得最多也是实际的主编沈世鸣同志,因病在重庆住院不能前来与会,请大家鼓掌,以今天会议的名义向她表示敬意,她的女儿要把这个镜头录下来,在医院里放给她看,使她得到一点安慰。"沈世鸣是出版界的优秀代表,她为编辑"三部曲"的献身精神,赢得了评委的心,在1995年11月5日被授予韬奋出版奖。沈世鸣于1996年5月逝世,享年65岁。我同沈世鸣的接触,是在我担任新闻出版署署长和中国出版工作者协会主席期间,也多为反法西斯"三部曲"编选出版之事。

沈世鸣的事迹使我深受感动,她病重在重庆住院时我曾去探视。她逝世后我又以中国出版工作者协会主席的名义给重庆出版社发去唁电："沈世鸣同志忠诚党的出版事业，几十年来，成绩卓著，近几年虽身患重病，仍矢志不渝。特别是策划和组织出版三大书系，从'大后方'到'解放区'，直至'世界反法西斯'战场，皇皇巨著，长留青史。她的敬业爱业精神足为楷模。沈世鸣同志是韬奋精神的实践者，她的不幸逝世，是出版界的一大损失。望贵社发扬她的革命精神，为繁荣出版事业多作贡献。"

1996年12月，沈世鸣的女儿张小红（在《啄木鸟》杂志当编辑）来中国版协看我，并送来悼念她母亲文章的剪报（内有张小红《寻找妈妈的足迹》、殷白悼念亡妻《世鸣，你慢慢走》）时我不在，便有下面我写给小红的信——

小红同志：

你来版协，我不在那里，潘国彦同志把你留下的写你妈妈的剪报送我，我读后很受感动。正好，我的一本文集刚印出来，我在送你的一本上写了几句话，也是我对你妈妈思念的表示。你爸爸，我是否见过，印象不清了，请转达我对他的问候。

宋木文

1996.12.4

我在所赠《宋木文出版文集》上写着："赠张小红同志。这里有一篇是写你妈妈的。她生前是我的朋友，也是我至今还很敬佩的好同志。"

沈世鸣离开我们18年了。我仍然像当年那样，敬佩她的思想与业绩，更希望她的思想和业绩得到进一步发扬。

有历史标志性的出版工程

重庆出版社从1989年起，历时8年，出资600万元，先后出版的反法西斯"三部曲",即《中国抗日战争时期大后方文学书系》《中国解放区文学书系》《世界反法西斯文学书系》,以其94卷5600万字的出版规模,以其选收作家作品国家和地区的广泛性和代表性,以其选收作品反映的时代——世界反法西斯时代的深度和广度及其产生的巨大感染力,都可以毫不逊色地称之为当时中国一项意义重大、影响深远的文化出版工程。沈世鸣同志作为重庆出版社总编辑、反法西斯"三部曲"副总主编,为这套大书的出版作出了重要贡献。这套宏伟的"三部曲"的出版,是集体智慧的结晶,凝聚了数百位中外作家、翻译家、编辑出版家的心血。从出版社讲,反映了重庆出版社领导班子坚持正确的办社方向,以高度的革命责任感,同心协力,有胆有识,敢于投入巨资出版这套巨著,这是不多见的。

这套"三部曲"将大量分散的有些还是长期湮没于世的珍贵资料发掘出来,取精用宏,披沙拣金,组成了一幅壮丽的历史长卷,实际上成了世界反法西斯文学精品的总汇,这本身是极有意义的。参加编选这套巨著的,都是当代我国著名的作家、文艺评论家、翻译家和资深的出版工作者。他们中间,有许多人本身就是当年英勇的反法西斯战争的战士,是这一历史事件的见证者。他们曾经或用笔或用枪,向法西斯猛烈开火。今天,他们老骥伏枥,呕心沥血,不畏寒暑,甚至在重病之中以生命做拼搏,坚持完成了这一史诗般的巨著。20世纪同龄人夏公(夏衍同志),为"三部曲"写总序时正扭伤了腰,一边治病,一边坚持写稿。我国著名的革命老作家刘白羽同志极其认真地履行了他作为《世界反法西斯文学书系》总主编的各项职责,因重病住院稍有好转后便找副总主编叶水夫、沈世鸣同志商量如何把这套书呈送党中央,并且亲自用钢笔抄写同两位副总主编花了大半天时间拟就的给江泽民总书记和李鹏总理的信,从有些颤抖而又工工整整的字迹中可以看出,向党和国家领导人报告这套书的出版,在这位老战士心目中有着多么重的分量!《中国抗日战争时期大后方文学书系》总主编林默涵同志在住院期间,正赶上书中一个重大疑难问题需要决策,医生又严令不准会客,林老巧计离开病房,在医院附近开了一次不寻常的编辑工作会议。书中一串串的故事,也生动地描写了一批中青年编辑出版人员为完成这部巨著所表现出的献身精神和他们所受到的革命传统教育。沈世鸣同志在日寇铁蹄下度过了童年,为躲避敌人的迫害,整整5年女扮男装。童年时代的家仇国恨,参加革命后受到的教育和锻炼,在筹划、编辑反法西斯"三部曲"时,使她有着强烈的革命责任感,虽身患癌症,更加抓紧分分秒秒,一边治病,一边坚持工作,"把生命的每一天都当作最后一天"。这种精神支持着她战胜了病魔,迎来了巨著的诞生。

反法西斯"三部曲"的出版,有着深刻的现实意义和深远的历史意义。中国的抗日战争是世界反法西斯战争不可分割的重要组成部分,中国人民为世界反法西斯战争的胜利作出了巨大的民族牺牲和重要的历史贡献。同样,世界反法西斯战争的胜利特别是苏联反对德国法西斯斗争的胜利,也有力地支援了中国人民的抗日战争。"前事不忘,后事之师",1995年是中国抗日战争和世界反法西斯战争胜利50周年,重庆出版社当时出版这套巨著是献给50周年纪念活动的一份厚礼,不仅是给今人和后人留下了一套比较完整的反法西斯文学作品总汇,更是向今人和后人敲起警钟,不忘历史教训,不再重犯历史错误。收入反法西斯文学书系中的捷克战士尤里斯·伏契克及其《绞刑架下的报告》,在1989年捷克剧变后,这部有世界影响的名作却遭到诋毁,作者伏契克的纪念碑和雕像也被推倒,经过正义力量的斗争,这股全盘否定伏契克及其作品的逆流被遏制,《绞刑架下的报告》得以全文出版。但是,在欧洲,在亚洲,在全世界,正义与邪恶、前进与倒退、革命与反动、霸权与反霸权的斗争并未停止,让我们和我们的后代子孙永远牢记伏契克这位反法西斯战士发出的警世名言吧:"人们,我爱你们,要警惕啊!"

期待新作为新贡献

2015年,我国和世界各国都将更加隆重地纪念世界反法西斯战争和中国人民抗日战争胜利70周年。历史无法重来,未来可以开创。我们出版单位要按照铭记历史、警示未来的要求,为纪念活动做好自己的工作,出版高质量、上规模、标志性出版物。重庆出版社20年前以出版三大书系得到党中央和中外学术理论界的高度肯定与嘉奖,现在对抗战胜利70周年的纪念,定会早有谋划。我近日得知,在昔日重庆出版社总编辑沈世鸣得力助手、现任重庆出版集团总编辑陈兴芜的谋划与组织下,在集团领导班子的大力支持下,重庆出版集团将隆重推出百卷本"中国抗战大后方历史文化丛书"。这个国家出版基金资助项目,以档案文献为主,由档案文献、学术著作和普及读物组成,其中档案文献以中国大陆、中国台湾及全球其他档案馆、图书馆保存的相关档案文献合集出版为特色,第一次全面反映了中国抗战大后方历史文化面貌。由著名历史学家章开沅担任主编,来自中、美、俄、英、日等国的55位著名专家担任编委会成员,重庆等西部地区鼎力参与,中国大陆及港台学者、研究机构、文献馆藏部门携手编纂。该丛书符合国家新闻出版广电总局提出的"具有相当规模,代表现阶段思想政治、文学艺术、科学文化最高研究水平""具有很高史料价值,集学术之大成"的目标要求。这套反映了中国抗日战争全局和重庆重要历史地位丛书的出版,是重庆出版集团发扬革命出版传统,紧跟新时代步伐,对举国举世的纪念活动作出的新贡献。我深受鼓舞,更期待成功。如果沈世鸣在九泉之下有知,也会很高兴的。

人物简介

沈世鸣,女,1931年生,山西清徐人。中共党员,编审。

1946年3月参加革命以来,一直从事新闻出版工作。先后任过《晋南日报》编辑、记者;《重庆日报》记者、编辑、副总编辑;重庆市出版局副局长,重庆出版社副总编辑、总编辑。曾是中国出版工作者协会理事。

1989年,沈世鸣被授予四川省劳动模范称号。1991年,享受政府特殊津贴。1992年,被评为重庆市第二届优秀女科技工作者。重庆出版社党组、四川省新闻出版局和四川省出版工作者协会,先后都发出了向她学习的决定。

沈世鸣于1996年5月10日因病逝世。

大力弘扬公益精神,矢志践行社会责任
——重庆出版集团践行社会责任的路径探索

陈兴芜

2020年是不平凡的一年,在这一年中,我们战胜了新冠疫情和暴雨洪灾,即将夺取全面建成小康社会伟大胜利、实现第一个百年奋斗目标。这有赖于党中央、国务院的坚强领导,社会各界、各行各业也勇于承担社会责任,乐于公益付出、敢于担当作为,使举国上下万众一心,同舟共济。在这次抗击新冠肺炎疫情的斗争中,出版业作为重要的宣传思想文化阵地发挥了积极的作用,许多出版单位积极行动,弘扬公益精神,主动践行社会责任,通过多种形式为广大人民群众提供优质的精神文化产品和服务,为科学防治、稳定民心、增强信心、提振士气、激励斗志,打赢这场没有硝烟的战争提供了重要的指导帮助和强大的精神动力。

出版单位的社会责任感,不应只体现在突发性公共事件中。正如韬奋基金会理事长聂震宁所言:"书人优者,为国为民"[①]。优秀的出版人,都应该有如韬奋先生一般"为大众谋福利"的公益精神,勇于主动承担社会责任。本文结合重庆出版集团的实践经验,对出版社如何弘扬公益精神、承担社会责任,从路径探索的角度试作一些研究。

一、出版单位践行社会责任的必要性

目前,我国大多数出版单位都已经由事业单位转为了企业,提高经济效益也成

---

① 郭冠华,聂震宁."书人优者,为国为民"出版人应具有社会担当[EB/OL].(2020-07-31).http://culture.people.com.cn/n1/2020/0731/c1013-31805267.html.

为出版单位的重要经营目标。但这并不意味着出版企业的社会责任下降到次要的位置,2015年9月,中共中央办公厅、国务院办公厅印发《关于推动国有文化企业把社会效益放在首位、实现社会效益和经济效益相统一的指导意见》,强调出版活动"应当将社会效益放在首位,实现社会效益与经济效益相结合",这是由出版业的文化属性和工作方向决定的。

1. 是由出版的文化属性决定的

出版业具有文化属性。图书是具有物质和精神思想双重属性的特殊商品,不仅能够直接在精神上和思想上对读者产生影响,而且还能够作用于政治、经济、社会的发展。好的图书能够产生积极的推动作用,坏的图书则会产生负面的不良影响甚至是反向的作用。

因此,作为出版从业者,更要慎重认真地对待出版业的文化产品和服务产生的价值导向和社会影响。中华书局创办人陆费逵先生曾说:"我们书业虽然是较小的行业,但是与国家社会的关系,却比其他任何行业大些"[1]。文化是民族精神的火炬,是时代前行的号角,发挥着"引领风尚、教育人民、服务社会、推动发展的作用"[2],这就要求出版人必须有公益精神和高度的社会责任感,不能以经济利益为首要目标,而应以大众、社会、国家的利益为首要追求。

2. 是由出版工作的方向决定的

《出版管理条例》明确规定:出版活动必须坚持为人民服务、为社会主义服务的方向。社会主义的出版事业,其最终目的是满足人民群众的精神文化需求。邹韬奋创办生活书店,把"促进大众文化"作为第一个口号,并提出"我们必须注意到最大多数的群众在文化方面的实际需要,我们必须用尽方法帮助最大多数的群众能够提高他们的文化水准,我们必须使最大多数的群众都能受到我们文化工作的影响"[3]。为最广大的人民群众服务,满足他们对美好精神文化生活的新期待,传播和积累社会

---

[1] 陆费逵.书业商会二十周年纪念册,序[M].北京:中华书局,2011.
[2] 中共中央办公厅,国务院办公厅印发.关于推动国有文化企业把社会效益放在首位、实现社会效益和经济效益相统一的指导意见[EB/OL].(2015-09-14).http://www.xinhuanet.com/politics/2015-09/14/c_1116559409.htm.
[3] 北京印刷学院,韬奋纪念馆.店务通讯[M].(2007).北京:学林出版社,2007.

主义先进文化,为经济发展和社会进步提供精神动力和智力支持,这是每一个出版单位和出版工作者的责任。

二、出版单位社会责任的具体内涵

社会主义先进文化担负着为民族复兴提供精神动力、智力支持的重要使命。出版业的社会责任,体现在如何以优质的文化产品和服务,回应国家之需、民族之需和时代之需。具体说来,主要有以下几个方面:

1. 传播先进文化

我国的出版单位,无论公益性还是经营性,都是社会主义性质的国有机构,都承担着建设社会主义精神文明、宣传党的路线方针政策、传播科学文化和技术知识的任务。出版单位不管体制怎么变,它的文化属性不能变、文化担当不能变、文化品位不能变。只要是有价值的好书,就要充分论证,千方百计设法扶持其出版,使之得以传播,造福于大众,为建设社会主义先进文化多做积累。

2. 始终把质量放在首位

出版单位不能只盯着眼前小团体的利益,而应该放宽视野,始终把国家和公众利益放在首位,坚持向读者提供高水平、高质量出版物,向社会提供优质的文化产品和服务。这就要求我们杜绝胡编乱写、粗制滥造、跟风出版、重复出版,减少平庸之作,着力推出更多传承文明、传播知识、推动社会发展和科技进步的优质产品和服务,更好满足人民群众精神文化生活新期待。

3. 围绕中心,服务大局

邹韬奋先生说:"我们这一群工作者所共同努力的是进步的文化事业,所谓进步的文化事业是要能够适应进步时代的需要,是要推动国家民族走上进步的大道。"[1]出版业应主动承担起文化使命,以高度自觉的担当,为党和国家的中心工作营造良好的思想舆论环境、提供强大的智力支持、凝聚不竭的精神动力。

4. 做好突发性公共事件中的应急出版

公共事件突发后,大众面对海量信息难免无所适从,甚至产生恐慌情绪,而精准权威的图书可以及时帮助大众答疑解惑,对新闻报道进行深化、补充。这就需要我们要有高度的敏感性和预见性,付应急于日常之中,平时注意开发一些应对公共突发事件的普适性、长销图书,同时建立应急出版机制,固化、优化工作流程,培养一批能打"硬仗"的出版力量,提升应急处突能力,高效高质量地完成应急出版任务。

5. 助力公共文化服务体系建设

出版单位在努力做强做优做大的同时,应该积极投入公共文化服务体系的建设,为全民阅读、乡村文化振兴等、农家书屋建设、送文化进基层等作贡献。

三、重庆出版集团践行社会责任的具体路径

重庆出版社自建社以来,始终牢记初心,秉承着"书行天下、传承文明"的使命,把社会责任与社会效益放在首位。2005年,在原重庆出版社的基础上组建成立重庆出版集团。虽然成为了一家经营性出版单位,但一直以来,即使在市场经济的大背景下,重庆出版集团仍然没有忘记自身的社会责任和文化使命,仍然在探索着弘扬公益精神和践行社会担当的有效路径。自建社以来70年、集团成立后15年的实践中,集团以自筹资金缓解优秀项目的资金紧张,借助国家和重庆市两级出版基金,扶持优秀图书出版、打造重大文化工程,积极开展全民阅读、文化扶贫,在突发性公共事件中迅速响应,走出了一条特色鲜明的出版企业践行社会责任之路,在弘扬中华

---

[1] 邹韬奋.事业管理与职业修养[M].北京:生活·读书·新知三联书店,1998.

优秀传统文化、传播社会主义先进文化、构建公共文化服务体系等方面进行了一些有益的实践探索。

1. 自筹资金，资助出版社会效益突出的精品图书

1988年，为了缓解学术著作出版的困难，重庆出版社率先在全国设立了科学学术著作出版基金，并聘请钱伟长同志担任基金指导委员会主任委员，蒋树声、伍杰同志任副主任委员，周光召、陈竺、于光远等许多国内自然科学和社会科学一流专家学者任指导委员。迄今已资助出版《结构振动分析的矩阵摄动理论》《中国历史时期植物与动物变迁研究》《昆仑植物志》等110多部具有国际国内领先水平的科学学术专著，不少是填补学术空白或科学史空白之作。钱伟长同志曾评价："这些图书的'含金量'都很高，不仅在理论上有建树，而且在国民经济建设中产生了明显直接的效益。"2005年，重庆出版集团成立后，集团设立了马克思主义中国化研究出版基金，集聚了徐崇温、俞吾金、童世骏、韦建桦、陈学明等一大批知名度高、学术影响力大的专家学者，资助出版了"国外马克思主义和社会主义研究丛书"、"中国特色社会主义'五大建设'丛书"、《中国特色社会主义道路研究》等300余种马克思主义理论研究和通俗读物，40多种出版物获得国家级三大奖。其中，《马克思画传》被中央确定为纪念马克思诞辰200周年三种重点图书之一，先后获得国家级重要奖项6个。为了扶持和培育重庆本土的优秀原创文学，重庆出版集团拨出500万元专款，设立了"巴山夜雨原创文学出版基金"。该基金现在已资助出版了《何日君再来》《安居古城》等近20部文学精品，带动了优秀本土原创文学的涌现，壮大了重庆文学创作队伍。《早安，重庆》的图书版权还输出到德国、奥地利、瑞士，提升了重庆本土原创作品的影响力。为了做好青少年世界观人生观价值观引导工作，集团又设立了"未成年人思想道德建设出版基金"，大力扶持青少年思想道德教育精品的创作出版。

2. 借助出版基金，打造重大文化出版工程

2009年国家出版基金设立以来，重庆出版集团借助国家出版基金和重庆市出版专项资金，打造了一大批传承和弘扬中华优秀文化的重大工程。如《中华大典》（天

文典、地学典)、"中国抗战大后方历史文化丛书"(100卷)、《大足石刻全集》(11卷19册)等,系统展现了中华文明丰硕成就,为丰富人民精神世界、增强人民精神力量作出了积极贡献。其中,《中华大典》是新中国成立以来最大的文化工程,《中华大典》的两个分典(天文典、地学典),为后人了解、继承、利用中国古代天文学与地学遗产,提供了集大成的史料库;"中国抗战大后方历史文化丛书"填补了海内外关于抗战时期西南大后方社会变迁研究的多项空白,重写了抗战大后方出版史;《大足石刻全集》是我国针对一个大型石窟群编写的第一部比较全面的考古报告集,在我国石窟考古和出版史上具有里程碑意义。

3. 积极为党和国家中心工作服务

重庆出版集团紧紧围绕党和国家中心工作、重点工作的大局、大势、大事,精心打造了一系列精品图书。比如为服务全面建成小康社会,重庆出版集团以文化帮扶、精神扶贫为切入点,大力实施"志智双扶",精心打造了"重庆市柑橘、脆李、荔枝龙眼三大水果优质高效生产技术丛书"《农作物重大生物灾害监测与预警技术》《天麻种植技术》《主要蔬菜作物应急栽培技术》《果桑栽培与加工》《果蔬储藏与加工》《中华蜜蜂健康养殖技术》等农业科技图书,传播先进农业技术,普及科学知识;同时还出版了《脱贫之道:中国共产党的治理密码》《大国小康路》"中国五村启示录丛书"《毛驴上树》《蝴蝶谷》等图书,讲好扶贫故事,推广经验典型。为做好民法典的普法宣传工作,推出《民法典与百姓生活100问》,着眼现实生活,从群众关心关注的热点难点问题入手,及时宣传民法典精神,普及民法典知识,有助于进一步提高人民群众的法治意识。

4. 迅速响应,做好突发公共事件应急出版

非典期间,为了配合全市"非典"防治,重庆出版社仅4天就赶制出版了《预防"非典"百姓手册》,发行30多万册,获国家图书奖特别奖。5·12地震后,集团除了捐款和义卖筹资外,又紧急出版了《地震灾区百姓防病手册》等图书,为灾区创伤救治提供实用指导。2020年,新冠肺炎疫情发生后,集团组织出版了《新型冠状病毒肺炎公众

健康教育手册》《新型冠状病毒肺炎公众应知50问(藏汉双语)》《协和新型冠状病毒肺炎防护手册》《防控口袋书——新型冠状病毒社区(村)防控行动指南》《新型冠状病毒肺炎大众防护与心理疏导》《新型冠状病毒感染的肺炎防控知识100问》等10余种防疫类图书、电子书和有声书；为了满足人民群众在疫情期间的精神文化需求，集团免费开放了《冰与火之歌》等数百种电子书、有声书资源；免费发布了人教版中小学教材电子版，供广大师生在延期开学期间学习使用，为网络教学提供精准服务；发起了"手足相抵　悲喜与共"抗疫主题征稿活动，为提振士气、鼓舞精神贡献出版人的力量。

5. 助力全民阅读，积极提供公共文化服务

重庆出版集团充分利用自身资源优势，积极服务全民阅读推广工作，开展"好书刊进基层""名家进校园""最美童声朗诵最美童诗""山城雅集"等活动，大力建设"学习强国"数字农家书屋、"渝书坊"与"智能书柜"等平台，紧密配合农家书屋各项活动，捐赠精品图书、捐建图书室，助力全民阅读活动开展，丰富人民群众精神文化生活。

对于出版单位来说，弘扬公益精神、践行社会责任，本就是天生的职责使命所在，"十三五"期间，我国的出版业自觉承担起举旗帜、聚民心、育新人、兴文化、展形象的使命任务，坚持"以人民为中心"的工作导向，始终把社会效益放在首位，把满足人民日益增长的美好精神文化生活需要作为出发点和落脚点，实现了巨大的社会效益。特别是新冠疫情发生后，出版业更是主动担当作为，第一时间投入到抗疫防疫工作中，作出了卓越的贡献。党和国家也为出版业践行社会责任创造了很多得天独厚的条件，国家和地方政府设立了出版基金给予公益出版资金支持，公益性质的出版事业也取得了很大的成就，但在市场经济的背景下，在公益性与商业性的结合、最大化实现社会效益同时兼顾经济效益上，出版业仍然面临一些困难。比如基金项目支持力度有限，各地的重视程度也不同；公益性质的出版缺乏营销意识，传播力和覆盖面不足；社会力量参与不足，资金规模小、形式单一；相关资源缺乏等等。

相信随着出版业进一步繁荣发展，出版人担当作为的意识进一步提高，越来越多的出版单位探索出更多独具特色的最大化实现社会效益的路径，在新时代新形势下，在实现高质量发展的要求引领下，出版业将会克服困难，迎难而上，为提升国家文化软实力、建设社会主义文化强国、实现中华民族伟大复兴的中国梦，作出更大的贡献。

牢记初心使命，彰显责任担当
——重庆出版集团践行公益精神与社会担当的实践和探索

魏依云

出版是文化传承创新的基本载体[1]，是推动人类文明进步的重要力量。出版活动的目的是"传播先进的文化和思想，促进推动社会进步的积极的社会共识的形成"，出版机构"必须以维护和促进公民共同体的公共利益和公共权利为目的和目标，而绝不是单纯的为满足个体的利益和所求……也就是说，任何出版机构的活动必须符合群体利益和组织原则"[2]。出版活动的文化属性和出版产品的精神属性，决定了出版单位应当具有公益精神，其生产活动应当以社会效益为优先。作为一家经营性出版单位，重庆出版集团一直坚持承担社会责任，践行公益精神，以自筹基金和国家、市级出版基金为抓手，扶持优秀图书出版、打造重大文化工程，积极支持全民阅读活动开展，文化扶贫，迅速响应应急出版，在助力传承弘扬中华优秀传统文化、传播社会主义先进文化、构建公共文化服务体系方面，为政治经济社会发展服务等方面进行了有益的实践探索。

一、自筹基金，资助社会效益突出的图书出版

1988年，还未成立集团的重庆出版社，为了缓解当时科学学术著作出版的困难，拨出100万元专款，率先在全国设立了"重庆出版社科学学术著作出版基金"，资助出

---
[1] 柳斌杰.中国出版业的担当与作为[J].现代出版,2017(2):5.
[2] 于殿利.出版是什么[M].北京:中国传媒大学出版社,2018.

版具有国际或国内先进水平的优秀科学学术著作。出版社成立了由总编辑牵头的选题初评组,并邀请钱伟长、周光召、费孝通等21名著名专家组成指导委员会。进入21世纪后,重庆出版集团成立了基金管理委员会,下设办公室专门运作,制订了详尽的科学学术著作基金管理办法,基金的规模逐步扩大到1000万元。该基金现在已经资助出版图书多达110多部,获中宣部"五个一工程"奖、中国图书奖、中华优秀出版物奖、中国出版政府奖等大奖155项,《结构振动分析的矩阵摄动理论》成功解决了我国"长征二号"捆绑火箭系统动态特性预测问题,为"澳星"上天作出了贡献;《胶东金矿成因矿物学与找矿》,为我国勘探和开采金矿产生了数以亿元计的经济效益;《昆仑植物志》反映了重大科考抢救性研究成果。这些学术著作填补了不少科学学术空白,并且扶持了一批青年学者。钱伟长先生曾评价:"这些图书的'含金量'都很高,不仅在理论上有建树,而且在国民经济建设中产生了明显直接的效益。"

2004年,重庆出版社设立了"马克思主义中国化研究出版基金",致力于反映马克思主义创新与发展,反映马克思主义中国化、时代化和大众化的成果。如《理论新视野》丛书、"中国特色社会主义'五大建设'丛书"等以"大学者写小书、大道理通俗化"的形式,为群众解读理论、答疑释惑,受到读者好评;《马克思画传》(纪念版)被评为第八届优秀通俗理论读物、"2018中国好书"、2018年向全国青少年推荐百种优秀出版物。在该基金的资助下,先后推出了"当代资本主义研究丛书"、"当代国外马克思主义研究丛书"、"全国马克思主义论坛丛书"等300余种马克思主义理论研究和通俗读物,为深化马克思主义理论研究和建设,推动马克思主义的中国化、时代化、大众化,建设具有强大凝聚力和引领力的社会主义意识形态作出了贡献。

重庆出版集团还设立了"未成年人思想道德建设出版基金",用以支持有关青少年思想道德教育的图书出版。《少儿德育歌》以简明活泼的形式传颂中华传统美德,重庆出版集团与重庆新华书店等单位共同向全市未成年人捐献了100万册该图书,引导青少年"扣好人生的第一粒扣子"。

为了服务重庆文化发展繁荣,重庆出版集团拨出500万元专款,设立了"巴山夜雨原创文学出版基金",鼓励和扶持重庆本土优秀文学创作。该基金现在已资助出版了《何日君再来》《安居古城》等近20部文学精品,带动了优秀本土原创文学的涌现,壮大了重庆文学创作队伍。《早安,重庆》的图书版权还输出到德国、奥地利、瑞士,提升了重庆本土原创作品的影响力。

二、借助国家、地方出版基金,打造重大文化工程

2009年,我国国家出版基金正式启动,资助对推动社会主义先进文化建设、促进政治、经济、文化、社会和谐发展和文明进步产生重要作用的优秀公益性出版项目[①]。同年,重庆市设立出版专项资金,加大对公益性出版事业支持。重庆出版集团于2011年进行改革,充实了基金办的力量,使基金办承担起争取国家出版基金和市级出版专项资金、管理自筹资金与牵头重点出版工程相结合的职能。据国家基金办官方网站公开统计,自基金开始运作以来,十年间重庆出版集团共有28个项目入选,在全国665家出版单位中排名第五。在国家出版基金和市级出版专项资金的资助下,重庆出版集团打造了一大批具有文化传承重大意义的出版工程,如《中华大典》(天文典、地学典)、《巴渝文库》《中国外国文学研究的学术历程》(12卷)、《抗战记忆——台湾征集图片集》《大足石刻全集》(11卷19册)、"抗战大后方历史文化丛书"(100卷)等,有利于中华优秀传统文化的传承弘扬和重要历史档案的收集整理。

三、助力全民阅读,积极提供公共文化服务

重庆出版集团充分利用自身资源优势,积极配合重庆市全民阅读活动开展,为人民提供优质的精神文化食粮。"名家进校园"活动在向中小学捐赠优秀读物的同时,邀请集团的优秀儿童文学作家,到孩子们的课堂上开展讲座,营造浓厚的书香校园氛围。"最美童声朗诵最美童诗"比赛,引导儿童发现诗歌之美,倡导亲子阅读,也在比赛中为孩子们提供名师讲座。集团还利用丰富图书资源,举办各种免费展览,如"纪念马克思

---
① 我国启动出版基金资助优秀公益性出版项目[J].中国印刷,2010(1):2.

诞辰200周年图片展"等。集团打造的"渝书坊＋"与"智能书柜",为市民提供免费借阅图书的便捷渠道,为全民阅读营造良好氛围,激发市民阅读积极性。

四、扶贫扶智,为乡村振兴贡献力量

为了服务重庆市农业经济发展,集团与重庆市农业农村委合作,组织特色水果产业技术体系专家编写了"重庆市柑橘、脆李、荔枝龙眼三大水果优质高效生产技术丛书",针对特定水果品种,收录水果产业技术体系专家自主研发和集成创新成果的结晶,图书内容相对独立,便于使用,对于指导农民生产、促进三大水果产业发展和推进重庆地区绿色经济发展,增加农民收入具有重要意义。《农作物重大生物灾害监测与预警技术》《天麻种植技术》《主要蔬菜作物应急栽培技术》《果桑栽培与加工》《果蔬储藏与加工》《中华蜜蜂健康养殖技术》等图书总结先进农业技术;"十一五"国家重点图书出版规划项目"中国五村启示录丛书"和"重庆脱贫全景录丛书"等,记录脱贫攻坚的重要历史进程,讲好扶贫故事,推广经验典型,为打赢脱贫攻坚战贡献智慧。

五、迅速响应,做好突发公共事件应急出版

在"非典"期间,重庆出版社迅速行动,为配合全市"非典"防治,仅用4天时间就赶制出版了《预防"非典"百姓手册》,发行30万册,荣获国家图书奖特别奖。

5·12汶川地震发生后,集团除了捐款和义卖筹资外,紧急策划出版了《地震灾区百姓防病手册》,有针对性地为灾区群众介绍迫切需要了解掌握的防病知识,并设有心理自助专题,《简明创伤救治学》为灾区创伤救治提供实用指导,集团昼夜工作紧急印制,火速将书送往重灾区,保障灾区群众和救援人员的身体和精神健康安全。

新冠肺炎疫情发生后,集团及时策划了《新型冠状病毒肺炎公众健康教育手册》

《新型冠状病毒肺炎公众应知50问(藏汉双语)》,通过电子书形式推出;并在学习强国重庆频道"农家书屋"栏目发布《协和新型冠状病毒肺炎防护手册》《防控口袋书——新型冠状病毒社区(村)防控行动指南》,为人民群众保障生命安全提供实用指导。为保障学生停课不停学,集团将旗下今日教育杂志社"今日教育传媒"公众号平台原有线上收费作文课全部免费向公众开放,为线上教学质量保障提供支持。

《关于加强和改进出版工作的意见》指出,我国出版业,要"坚持中国特色社会主义文化发展道路,坚持为人民服务,为社会主义服务"[①]。中华民族从站起来、富起来走向强起来,文化必将承担更大的使命和责任。践行公益精神、承担社会责任,既是出版单位的职责所在,也是社会经济文化发展的必然要求。重庆出版集团将继续坚守阵地,勇挑重担,为推动社会主义文化繁荣、助力中华民族的伟大复兴贡献力量。

---

① 赵强.关于加强和改进出版工作的意见:释放了哪些信号?[N].出版商务周报,2018.

浅谈优秀出版人的公益精神和社会担当

王义华

2020年初,新冠肺炎疫情突袭,为有效遏制疫情传播,"居家隔离"成为全民防控的一道重要防线。"宅"在家,阅读成了许多人的重要生活方式。

在此期间,图书出版业化"危"为"机",积极应对疫情带来的困难和挑战,不少出版人迅速展开行动,面向全社会免费开放共享优质阅读资源,及时出版了一大批以"抗疫防疫"为主题的新书读物,用实际行动诠释了出版人的公益精神和社会担当,继承与弘扬了"竭诚为读者服务"的韬奋精神。

一、开放共享优质阅读资源,构筑抗疫精神防线

自抗"疫"战打响以来,许多优秀出版人相继免费开放图书在线平台、数字图书馆、网上书城、百科知识库、阅读APP等特色优质的阅读资源与全社会共享,同全国人民一道构筑抗疫精神防线,共克时艰。

2020年1月29日,人民教育出版社将"人教点读"APP内所有数字教学资源全部免费开放,推出2020年春季学期使用的涵盖中小学全学科的约600种教科书和教师用书电子版,满足全国中小学师生教育学习需求,确保疫情期间中小学生"停课不停学"。同日,清华大学出版社和清华大学图书馆分别提供"文泉学堂"知识库和京东读书校园版图书库,免费开放7万多册正版电子图书,方便用户快捷、精准查找知识内容,高效率阅读和学习。

1月30日,人民文学出版社免费为学习强国平台提供70种有声读物,并联合阅文、掌阅、京东、当当等数字平台,为读者提供免费电子书。旗下"人文读书声"有声店铺免费为读者提供已有音频的全部图书,其中包括《围城》《四世同堂》《红星照耀中国》等经典文学名著;第十届茅盾文学奖获奖作品《牵风记》和此前历届茅奖作品,以及严歌苓新作《穗子的动物园》等近200种图书。同日,电子工业出版社利用自身优势,面向全社会免费开放"悦"系列知识库产品,为全网用户免费提供2万余种电子书在线阅读服务,缓解读者居家焦虑,助力社会共抗疫情。

2月5日,商务印书馆人文社科知识服务APP上1300余种电子图书资源向社会免费开放,旗下《英语世界》知识铺也限期免费开放所有杂志电子版内容。在"停课不停学,学习不延期"的教育背景下,《英语世界》杂志为全国在校大学生免费提供旗下任意一本纸质刊物,并承诺疫情结束后将纸刊包邮寄送到校。同日,东方出版中心积极响应中国音像与数字出版协会发起的《数字阅读行业战"疫"倡议书》,参与当当网云阅读平台"免费阅读、共克时艰、取得战'疫'胜利"的阅读栏目,自主提报大批优质电子书,内容涵盖名家名作、少儿绘本、教材教辅等一系列经典读物共约160个品种,供全国用户免费阅读。

除此以外,还有三联生活周刊、中华书局、北京大学出版社、人民邮电出版社、中国大百科全书出版社、人民卫生出版社、现代教育出版社、中国民主法制出版社、机械工业出版社、中国人民大学出版社、现代出版社、人民音乐出版社等诸多优秀出版人积极参与数字阅读战"疫"行动,免费开放平台优质资源服务全国用户,助力充实居家时期的精神文化生活,为全社会抗击新冠疫情贡献社会责任。

疫情是现实,抗疫是责任。以上出版人纷纷免费提供电子读物、免费开放数字资源、免费赠送图书期刊……不觉让人心头一暖。在这艰难时刻,出版人不顾经济效益,不为一己私利,充分体现了优秀出版人的公益精神。

二、及时出版抗疫防疫读物，专业服务疫情防控

新冠疫情暴发以来，出版人迅速展开行动，秉持科学态度，编辑出版大批抗疫主题新书，对疫情防控作出重要贡献。此类针对新冠疫情特别时期推出的抗疫主题新书着重用医学专家的专业知识，对新冠病毒传播感染、预防诊疗等方面进行权威、通俗的解读，充分体现了优秀出版人勇为抗疫先锋的担当意识。

2020年正月初一（1月25日），《中国抗疫简史》作者、上海师范大学人文学院博士生导师张剑光教授接到新华出版社编辑特邀电话，听闻对方热切希望在此特殊时期把中国古人抗击疫病的智慧向全社会介绍，为抗击新冠疫情作一份贡献时，他毫不犹豫放下手里的工作，将2003年出版的著作加紧修订，连夜赶写新章节《抗击疫病：民族精神不可战》和序言、后记，合成新书。六天后，出版社紧急出版，并在多个数字平台上线该书的电子版图书，免费向读者开放阅读。由此可见，我们能够及时重温中国先民抗击疫病的智慧，树立抗疫必胜的信心，离不开优秀出版人与作者的共同努力。

1月30日，人民卫生出版社编辑出版《新型冠状病毒感染的肺炎公众防护指南》一书，并第一时间将图书紧急送往武汉抗击疫情第一线，将电子书、网络版读物在学习强国、微信读书等网络平台公益传播。本书聚焦个人与家庭防护、居家医学观察等防治细节，通过问答形式对新冠病毒感染的肺炎进行答疑解惑，引导大众正确认识新冠病毒、新冠病毒感染的肺炎，积极做到防治结合、科学防护、消除恐慌、理性应对，对满足市民防疫知识"刚需"作出重要贡献。随后，该社又陆续策划出版了30余种抗疫主题读物，助力疫情防控。

1月31日，四川科学技术出版社与四川大学华西医院通力合作，紧急推出《新型冠状病毒大众心理防护手册》，这是全国第一本针对本次疫情推出的心理防护读物，旨在帮助大家正确面对疫情，科学调适心理，管理不良情绪，共同抗击病毒。2月17日，人民出版社策划出版《最美逆行者》，通过一系列感人故事，反映全国各地医护人

员驰援湖北抗击疫情的无私奉献精神,为读者勾勒出防控新冠肺炎疫情阻击战中医务工作者的英雄群像,让广大人民群众深刻体会到抗疫一线工作者的不易,使得我们更加团结一心、凝聚力量打赢这场疫情防控阻击战。

除此以外,还有广东科技出版社编辑出版的《新型冠状病毒感染防护》、上海科学技术出版社策划出版的《张文宏教授支招防控新型冠状病毒》、陕西师范大学出版社推出的《战"疫"家书》《走开！冠小毒》、长江少儿出版社编辑出版的《孩子别怕：儿科专家讲病毒故事》等图书。凡此种种,还有许多。

疫情期间,企业纷纷停工停产,出版业在纸质书生产经营等方面受到显著影响,加之交通阻隔,物流中断,导致纸质书无法送达到读者手中,此时,得益于数字出版的巨大传播优势,许多抗疫主题新书都是以电子版先行的方式与读者见面,在线免费阅读,快速服务疫情防控。也许有人会提出质疑,如此快速的出版是否难以经得起历史考验,作品未经作者和出版人的反复打磨和长时间沉淀,其内涵与思想是否太过肤浅。

然而,凡事总有例外,特殊情况也应当特殊对待。正如韬奋基金会理事长聂震宁在《致青年编辑的十二封信》中说的："当国家遭遇困难、社会需要救助、民众需要扶助的时候,未经沉淀的出版也可以为人们提供精神食粮。"

三、弘扬韬奋精神,竭诚为读者服务

疫情是一场没有硝烟的战争,面对战争,全国上下众志成城,各方力量积极响应开展防控,采取切实有效措施,掀起一场全民抗疫阻击战。其间,出版业迎难而上,出版人不约而同地将公益精神摆在第一位,勇为社会担当,为人们免费提供居家时光的精神食粮,并及时出版防疫主题书,以期满足民众防疫知识刚需。如此举动,正是当代出版人对于韬奋精神的具体实践。

何为韬奋精神？我们从韬奋先生在创办三联书店时提出的店训便可知悉一二。作为我国现代新闻出版业先驱,韬奋先生终其一生共创办并直接支持过五刊一报一书店,在创办三联书店时提出"竭诚为读者服务"的店训,他本人以此为一生信念,始终把读者放在心中最高位置,以服务读者为工作中心,永远同读者在一起。这就是韬奋精神。

关于韬奋精神,毛主席还曾做过精辟总结,即"热爱人民,真诚地为人民服务,鞠躬尽瘁,死而后已,这就是邹韬奋先生的精神"。在《韬奋精神六讲》中,作者聂震宁将韬奋精神的内涵丰富化具体化,认为"韬奋在国家民族生死存亡之际表现出来的强烈的爱国主义精神,真诚地为人民服务的精神,坚持真理、永不屈服的斗争精神,以及正确处理新闻出版的事业性与商业性关系,善于经营,精于管理,爱岗敬业等等,都是韬奋精神的重要内容。"

苟利国家生死以,岂因祸福避趋之。回到当前新形势下,我们可以清楚看到,当代出版人勇于作为,勇于担当,正确认识新闻出版的社会效益与经济效益关系,秉承公益精神"竭诚为读者服务",亦是对韬奋精神的内涵延伸和出版实践,是对韬奋精神的继承与弘扬。

四、结语

诚如韬奋基金会理事长聂震宁所说:弘扬韬奋精神,是一项长期而光荣的任务。我们中国出版人,要世世代代坚持弘扬韬奋精神,无论出版业发生多大变化,"竭诚为读者服务"精神永存。

2020年,在疫情弥漫的硝烟中,感恩有你陪伴,在此致敬所有的优秀出版人!谢谢你们!

后疫情时代中国出版业的
公益精神与社会责任

谢玉萍

2020年的不平凡,每个人都深有体会。新冠肺炎疫情暴发后,14亿人民齐心抗疫,众志成城展现中国力量。当国内疫情渐稳、渐去之时,进一步强化出版业的公益精神与社会担当意识仍具有相当大的现实意义。只有始终坚持"真诚地为人民服务",才能使出版业从容地应对各种挑战,在复杂的环境中实现更高层次的自我发展。作为重庆出版集团今日教育杂志社的编辑,我相信,出版业要始终坚持"真诚地为人民服务",才能在复杂的环境中从容应对各种挑战,实现更高层次的自我发展。

一、出版业的公益精神与社会担当意识

前不久,韬奋基金会理事长聂震宁在新华书房·读书论坛上接受采访时说道,"做出版和从事其他许多社会文化活动一样,首先要有公益精神和社会担当。金庸曾提出'侠之大者,为国为民'的理念,我们同样可以说'书人优者,为国为民'"。

突如其来的新冠肺炎疫情在短期内对我国的文化产业造成了较大冲击。其中,出版业遭受的冲击也是十分巨大的。但出版行业仍用各种办法担当起抗疫出版的社会责任,"知识抗疫""以读攻毒",为公众提供了大批与疫情相关的预防知识和心理辅导等资源。上海科学技术出版社的《张文宏教授支招防控新型冠状病毒》数字

版免费发布,一度成为全民收藏的"抗疫宝典";人民出版社的图书《最美逆行者》,反映全国各地医护人员支援湖北抗击疫情的无私奉献精神;人民教育出版社开放数字教学资源,基本上将近600种涵盖中小学全学段、全学科的教科书和教师用书的电子版全部免费上网,保障学生停课不停学……重庆出版集团也在疫情暴发初期推出两部"战疫"新书,一网打尽新冠病毒肺炎防护、心理疏导等抗疫关键问题。在这场抗疫斗争中,出版业出版与疫情相关内容的书籍共计570余种,主动积极地服务于全民阅读,充分发挥了知识服务型企业的优势,为战"疫"阅读贡献出了坚实的力量。

二、强化出版业公益精神与社会担当意识的必要性

(一)学习贯彻党的十九大精神的必然需要

决胜全面建成小康社会,开启全面建设社会主义现代化国家新征程,是党的十九大提出的重要发展战略。党和人民群众需要更高质量的出版物,从而整体提升生产、生活、工作和管理水平。现代化国家建设必然要求出版业也要现代化,这不仅需要生产出更多高质量出版产品来服务现代化建设,还要使出版业自身实现现代化。作为与政治、经济、文化、民生密切相关的出版业,必然要以更高度的使命感,担当时代重任,实现高品位、高质量、高效益的全面发展。

(二)适应疫情防控常态化的迫切需要

抗疫背景下,众多出版社对突发事件的快速反应能力、对读者的服务能力、对社会变化的责任担当能力等均接受了一次"大考"。众多出版社自觉履行出版义务,传递公益力量——为读者提供免费电子阅读内容,为学生提供免费课程教材电子版,为疫区捐赠免费抗疫读物……这些都体现了出版人的使命担当和人文关怀。强化出版业的公益精神与社会担当意识,亦是疫情防控进入常态化阶段的关键之举。"苟利国家生死以,岂因祸福避趋之。"不论什么时候,社会效益都是出版业的首要原则。今处国家危难之时,出版业更应将公益精神置于首位,自觉肩负起社会

责任。

(三)传承和弘扬韬奋精神的基本需要

韬奋先生作为我国现代进步新闻出版业的先驱,一生共创办并支持过五刊一报一书店,始终践行"竭诚为读者服务"的宗旨。对于韬奋精神,毛泽东同志曾做过精辟的总结,即"热爱人民,真诚地为人民服务,鞠躬尽瘁,死而后已,这就是邹韬奋先生的精神"。韬奋先生的出版实践能够鲜明地体现出热爱祖国、热爱人民,竭诚为读者服务的奉献精神。传承和弘扬韬奋精神,要把韬奋精神的丰富内涵落实到今天的出版实践之中,要始终把公益精神放在首位,勇于为社会担当,乐于为读者服务。

三、践行出版业公益精神与社会担当意识的有效路径

(一)倡导全民阅读,建设书香中国

新时代下,全民阅读在党和国家工作大局中的地位和作用越来越重要。出版与阅读共生发展,相辅相成。出版业应当发扬公益精神,传承"竭诚为读者服务"的韬奋精神,积极倡导全民阅读,为建设书香中国作出更大的贡献。

首先,进一步免费开放数字图书资源,携手打造数字公益图书馆。"忙时读屏,闲时读书"是人们阅读的两种主要形式。随着社会节奏加快,尤其是新兴技术的高速发展,"读屏"更是成为大部分人的首选,公众对于数字图书资源的需求日益增长。有关数据显示,疫情初期多家数字内容平台新增用户数量增长超20%。就此,各出版社可进一步免费开放一批畅销图书、经典名著的数字图书资源,携手打造丰富多元的数字公益图书馆,以改善国民阅读状况,培养公众的阅读习惯,逐步引导形成一个严肃的、健康的社会主流阅读环境。

其次,创新产品形态和阅读方式,使其适用于更多场景和碎片化时间。互联网的快速发展催生出电子阅读、有声阅读、移动阅读等新兴的阅读方式,今后印刷、电子、数字、音频、人工智能等出版业态势必会为全民阅读营造更多应用场景。5G技

术、计算机技术、大数据、区块链、AR/VR等也会成为推动出版业朝更高质量发展的新动能。特别是元宇宙概念下,更需要加大投入、融合运用新兴数字技术和传媒技术,以实现更多新的业态、新的产品形态,更好地契合未来的发展趋势和公众的阅读习惯。

(二)引导社会舆论,坚守文化阵地

首先,战"疫"背景下,各出版社迅速行动,用实际行动证明了出版不仅能够"急行军",而且还能够担当"急先锋"。"文章为时而著",是对社会现实的关注,对社会需求的担当。出版业要积极转变工作思维,建立应对重大突发事件的快速灵活应对机制,提高应急出版发行的能力,创新公益数字出版模式,确保在特殊时期仍旧能够坚定地履行引导社会舆论、维护社会稳定的职能。

其次,出版作为文化事业和文化产业的重要组成部分,肩负着中国特色社会主义新时代"举旗帜、聚民心、育新人、兴文化、展形象"的光荣任务。作为建设文化强国的前沿阵地,出版业要强化阵地意识,不仅要多出精品力作、传播先进文化、弘扬时代主旋律,用健康、正面的精神食粮丰富人民群众的文化生活,还要着力于向世界传播中国智慧,提升中华文化的国际话语权和影响力。

(三)培养全媒体型出版人才,在韬奋精神鼓舞下前行

出版人才是出版业的支撑,也是图书出版的第一触角,在为读者服务上发挥着不可忽视的微观作用。对于出版业来说,面对日新月异的社会形势,要做到从容应对,不仅需要坚持弘扬韬奋精神,始终牢记社会效益至上的原则,还需要加大改革创新力度,在人才培养上多下功夫。

首先,加大力度培养编辑的新媒体素养。在打完战疫出版这一场硬仗后,全媒体出版的理念势必在出版行业中更加明确和清晰。同时,新媒体出版为大众提供了更加丰富的传播形式,这也是传播发展的必然走向。推进全媒体出版,编辑们需要向全媒体型编辑发展,要将同一内容针对不同媒体特性用多种方式呈现,出版社也需要定期开办新媒体出版业务培训班,加大对编辑的新媒体素养的培养力度。需要注意的是,出版从根本上来说还是个内容产业,内容创新也不可忽视。

其次,榜样精神永存,"后浪"勇敢前行。出版是一个非常需要信念的职业,因为它肩负着服务大局、服务人民、传承文明、记录历史的重任和使命。面对当今复杂的出版形势,坚持正确的出版导向尤为重要。韬奋精神为出版照亮了前进的方向。要发挥优秀出版人的先锋模范作用,学习他们在出版工作的各个环节中的优秀品质;要将"竭诚为读者服务"落实到出版实践,从选题到内容到出版,都要热忱地贴近读者,真诚地为读者着想。

四、结语

疫情终将过去,未来势必可期。疫情之下的出版业临危不惧、主动作为,用优秀的抗疫图书传播知识,以抗疫一线的感人故事鼓舞斗志,彰显了出版业的公益精神与社会担当。后疫情时代,出版业还应不忘初心、牢记使命,继续强化公益精神与社会担当意识,坚持专业化的出版方向,秉持多出好书、多出精品的出版原则,竭诚为读者服务,为出版事业的高品位、高质量、高效益发展增光添彩,为增强国家文化软实力、推动社会主义文化繁荣兴盛作出新的更大贡献。

融媒体时代出版人当有的
公益精神与社会担当

向龙香

自2005年以来,"媒体融合"在党和国家领导人的重要讲话中多次作为战略名词出现,表明当前的总体部署和规划。所谓媒体融合,也是领域内定义的"融媒体"。"融媒体"首先是个理念。这个理念以发展为前提,以扬优为手段,把传统媒体与新媒体的优势发挥到极致,使单一媒体的竞争力变为多媒体共同的竞争力,从而为"我"所用,为"我"服务。在这样一个"新旧交替,互相融合"的时代,也意味着对传统媒体的从业人员来说是一次重新认识和适应媒体的过程。诚然,在新的征程中,出版人应有的公益精神与社会担当将面临着新的挑战与变革。

"起死回生",实现出版业的新旧交融

西方曾有传媒界学者预言"传统媒体将会在2017年死掉",这些年不断关停的传统媒体也在印证着这个预言。单向性、地域性等是传统媒体的致命弱点,也是导致纸媒越来越少的消费群,广播电视越来越少人观看的主要原因。打破此预言的节点即是"融媒体"概念的提出,新媒体与传统媒体融合发展,利用传统媒体内容优势、时效优势等特点,结合新媒体资源灵活、形式多样等优势,让传统媒体"起死回生"。在传统媒体艰难前行的情况下,只有向新媒体转型,打破固有的观念,借助互联网、大

数据等新兴技术,才能实现出版行业的华丽转身。

在这样的时代,每一位出版人都有着不可推卸的责任与义务。首先是"拯救"传统媒体。这里的拯救并非是全盘救活,因为传统媒体之所以"奄奄一息",必然有部分是受到时代的追击,不顺应其发展的部分当"死",这毫无托词。应当拯救的是表达方式,是传播途径以及传播方式。出版人应该成为转变传播观念的首批人,深度挖掘传统媒体的优势与特征,结合新时代、新思想、新技术,实现媒体融合发展。勇于自我改变,并敢于引领社会大众改变,拨动媒体发展之舰的航行风向标,将之驶向更开阔的远方,这是当代出版人社会担当的体现。其次是适应新兴媒体。不顺应社会的媒介遭到滑铁卢,而不顺应媒体发展的出版人也一样。媒体出版行业有了新的驶航方向,出版人理当跟随,并在甲板上喊着高亢的号子。一方面是自适应。融媒体时代下出版人要学会自我能力剖析与改进,做好自我转型,适应新媒体时代的思维、采写、传播方式,提笔能写,扛机能拍,擅长新媒体各平台运营模式,做个多才能的新时代新出版人。另一方面是他适应,即自己适应新兴媒体的同时,也要帮助其他人适应新兴媒体模式。资源共用、渠道互通、利益互享是新兴媒体的共同特征,一篇优质好文可能在多个公众号上都有公开;一个小人物新闻一经报道只要不限流,只要引起了民众兴趣,可能一夜"爆红";剪辑后的短视频将换个平台再次发光发热等等。我们每个人或许都需要时间与空间来消化和适应这种新的传播模式。

"养精蓄锐",打破内容与效益的空间边界

当今社会互联网技术日渐发达,物联网社会已经基本实现,事物时间的关联已经从以往的单向关系转变成了多向关系。一篇报道或广告或文章,不再是单一服务于某一个平台或是某一个书刊,而是牵连着更多方的利益。公益出版物,看似免费的服务,带来的可能是另一方面的利益,并且也有着不可替代的社会效益。免费阅读的公众号,大量的人力财力投入,以内容为王的精挑细选的主题文章,看似没有利益,但读者群体精准集中,再加上细分、定期定点阅读的培养等,都是利益的另一种

体现。因此,融媒体发展至今这一阶段,最核心的公益精神与社会担当即是"养精蓄锐",深入理解内容与利益之间的关系,进而打破传统的内容与利益之间的边界,做到"你中有我,我中有你"的新时代融媒体境界。

第一,以内容为王,讲好时代故事。"内容为王"是应对新媒体冲击和媒体融合双重压力下,寻求战略突围的一个突破口,尤其传统媒体,应迎接全媒体变革,更要坚持"内容为王",持续增强内容提供能力,并以内容的生产整合为基础,不断进行创新,注重原创、做精品,推出有思想、有深度、有温度的新闻内容。何为"王者内容"?其实质是老百姓最需要的内容,是时代最重要的内容。将有思想有创新的内容发送到多个端口,这解决的是融媒体发展机制与模式的问题。首先是内容提供者的思想性、时代性以及创新性,牢牢抓住以内容为中心,创造不可及时复制的内容,从根本上不随波逐流的观点,这样的内容生产方式才应该是融媒体时代发展的脊柱与精髓。其次是传播渠道的变革,核心内容通过多端口输出,增加品牌影响力,强化创意与内容,实现阅读的深度与广度。这个时代是全民阅读的时代,读者接收内容的渠道多元多样,因此内容输出的渠道也必须顺应此规律,跨媒体、跨行业、跨介质进行全方位传播输出。并且"内容+渠道"的打包销售已经是不可替代的运营方式,也是出版人应有的应变适应能力。

第二,以公益为利,当好百姓窗口。韬奋基金会理事长聂震宁的《致青年编辑的十二封信》中,第十二篇专门谈到出版人的社会担当与公益精神,其中他谈道:"苟利国家生死以,岂因祸福避趋之。"无论什么时候,公益精神在出版业里总是第一位的。"侠之大者,为国为民。"和平年代做出版该要有这样的公益精神,非常时期,灾难在前,国有危难,公益精神更是我们的全部。信中更是引用唐代大诗人白居易提出的"文章合为时而著,歌诗合为事而作"的文学主张,"为时而著",即意味着优秀文化人对时代的关注,对满足社会需求的责任和担当;"为事而作",即意味着优秀文化人对现实社会的关切,致力于解决现实问题、回答现实课题。诚然,融媒体发展至今时今日,更是需要我们以公益精神为头阵,做好百姓的窗口,解决当下的实际问题,回答百姓的真正需求。将社会效益考虑在前,让"免费"的文化像毛细血管一样布满社会的每一寸土壤,滋养每一位社会人,充分体现出版人的公益精神与社会担当。

"乘胜追击",构建全媒体生态系统

全媒体是全程媒体、全息媒体、全员媒体和全效媒体的"四全媒体",是连接时空、连接现实与虚拟、连接人与物、连接各种场景的媒体,这是互联网发展下所需要的媒介形式。基于此,"内容为王"与"用户为王"之间的博弈矛盾轻然而解,内容的供给、用户的需求、传播的渠道合而为一,用户的需求在哪里,编辑的触角就应该在哪里;一次内容,多次传播,读者愿意在电脑上看,电脑上就有网页,愿意在手机上阅读,手机上就有链接,愿意在纸媒上阅读,纸媒上就有报道。官方媒体与民间账号播报同样的内容,用户可以在任何渠道任何平台上接收到同一信息。另一方面作为内容的生产者,渠道多元化、资源共享化、用户数据化是在创意初始就应该形成的融合性思维。因此全媒体的本质,全在过程,全在范围,全在思维。

首先渠道多元化。本世纪20年代开篇新冠疫情席卷全球,我国在最短的时间内形成了抗疫机制与系统,全方位控制住疫情的散播与蔓延。新闻联播每日播报全球疫情情况,各官媒每日更新疫情发展情况,用数字展示战绩。视频媒体轮番播出抗疫英雄的事迹,感天动地的坚守,为了节约抗疫服整天不喝水的辛酸,用画面演绎伟大。文字媒体铺天盖地传播抗疫事件,用符号书写永恒。这些就是鲜活地展现了全媒体系统中,渠道的多元化发展,同样的题材与内容,不同的渠道不同的形式展现给大众。

其次资源共享化。一方面是出版内部采编流程的资源互通,从策划、采访、编辑、审核、出片等环节实现部门之间的互通与共享,打造生产与销售一体化的机制。另一方面是发布传播环节,多方位建立媒体方阵,实现平台资源共享、多次发布、多次传播、多次影响的形式共同打造全媒体体系。

再次用户数据化。随着数字文明时代的到来,融媒体也经受着挑战与变革。用数据细化用户,一方面方便收集用户需求,能更确切地根据实际需求生产内容,选择最实效的传播渠道;一方面是精准传播,通过数据分析用户受众群体,提高内容的精准度与匹配度;另一方面也是媒体智能化的体现,是建构全媒体生态体系不可或缺的一环节,也是时代的必然发展趋势。

时代造就形势,时代也推动形势。融媒体是媒体发展的必经之路,全媒体必然是这发展的目的与结果。作为重庆出版集团旗下今日教育杂志社有限公司的一员,作为重庆教育主流媒体人之一,我们一方面肩负着媒体人应有的责任与担当,同时还承担着教育+媒体发展的重任。因此,媒体+教育+数据化的发展之道成了这个时代的必然,在兼顾社会经济效益与社会责任的同时,我们还需要坚守这一份公益精神。因而,这个时代下的我们,出版行业的我们,肩负着独特的公益精神与社会担当,需要我们共同努力,书写这个时代的篇章。

新形势下出版人才公益精神和社会担当意识培养的思考

罗 潇

人才培养是行业发展的重点工作,任何一个行业的发展都离不开行业内优秀人才的躬身实践与辛勤劳作;人才培养也是一项长期的工作,任何行业的人才只有跟上时代发展的步伐才能为行业发展创造更多的价值。出版业是从事出版物生产、经营的社会行业,是社会意识形态的重要阵地[1],无论是从其文化属性还是商业属性来说,都对社会的发展具有重要的推动作用。新形势下,我国出版业的发展逐渐从以扩大规模为主的外延式发展转向以提升质量为主的内涵式发展。2019年6月,中共中央印发的《中国共产党宣传工作条例》中明确提出,"出版工作应该坚持正确的出版导向,坚持内容质量第一,促进出版业健康繁荣发展"[2]。推进出版业内涵发展,需要建设一支高质量、高水平的出版人才队伍,扭转过去出版人才培养的实用主义倾向,即重在专业技术培训,更多地关注出版人才综合素养的培养。

从2006年深化文化体制改革以来,我国绝大多数出版单位已经转为企业。如何为消费者、为社会创造更多的价值是现代企业发展应该着力解决的根本问题,现代营销之父菲利普·科特勒先生在2011年来华讲学时说道:"我心中伟大的企业是那些致力于挣钱并解决社会问题的企业"[3]。这可以看作是菲利普·科特勒先生对企业的经济效益和社会效益之关系的论述。不同于一般的企业,出版业具有"双效益"上的

---

[1] 国家新闻出版署出版专业资格考试办公室.出版专业基础(中级)[M].商务印书馆,2020:18,42.
[2] 国家新闻出版署出版专业资格考试办公室.出版专业基础(中级)[M].商务印书馆,2020:18,42.
[3] 〔美〕菲利普·科特勒.企业的社会责任[M].南希·李,译.机械工业出版社,2011:前言,168.

特殊性,出版活动要坚持把社会效益放在首位,努力实现社会效益和经济效益相统一。而关心与支持社会公益事业、敢于担当社会责任是增加出版业社会效益的有效途径。因此,作为社会主义文化产业,出版业理应坚守并践行公益精神和社会担当,并竭力培养一批具有公益精神和社会担当意识的优秀出版人才,正如韬奋基金会理事长聂震宁在《致青年编辑的十二封信》中所言:"优秀的出版人,总要把公益精神放在第一位,从而勇于为社会担当"[①]。2020年,在新冠肺炎肆虐神州大地之际,一批出版人执笔出征,表现出强烈的公益精神和社会担当意识。重庆出版集团作为重庆市唯一的大型综合性出版社,在新冠肺炎疫情期间积极作为,通过打造形式多样的线上作品来服务社会:为保障学生们停课不停学,重庆出版集团将旗下今日教育杂志社"今日教育传媒"公众号平台上原有的线上收费作文课程全部免费向公众开放,为战"疫"贡献了一份力量。因此,培养具有公益精神和社会担当意识的优秀出版人才既是当务之急,更是大势所趋。接下来,笔者将从宏观(出版业)和中观(出版单位)两个层面谈谈对新形势下出版人才公益精神和社会担当意识培养的粗浅思考。

一、出版业层面

(一)评价导向

评价具有导向功能,它能引导评价对象朝着评价标准的方向努力与发展。要培养出版人才的公益精神和社会担当意识,需要在出版业相关评价的标准体系中注入对出版人才公益精神和社会担当意识的相关要求。首先,高校新闻出版类专业在设计培养方案时适当考虑学生公益精神和社会担当意识的培养,并在专业考核中增加部分参与社会公益事业、志愿服务等方面的实践内容,为出版业培养具有公益精神和社会担当意识的高素质预备人才。其次,在出版专业职业资格考试中强调对备考人员公益精神和社会担当意识的考核。现行的出版专业职业资格考试(初级和中级),主要是针对备考人员出版专业知识、出版专业技能方面的考核,难以对备考人

---

① 新华网.聂震宁给青年编辑的十二封信(11):公益精神和社会担当[EB/OL]. http://www.xinhuanet.com/gongyi/2020-03/10/c_1210508512.

员包括公益精神和社会担当意识在内的综合素养进行考核。笔者认为，出版专业职业资格(初级和中级)的获取可以采用考试与考核相结合的方式，考试针对专业知识和技能，考核针对公益精神和社会担当意识等方面的综合素养，为出版业筛选出更多更优秀的人才。最后，在出版单位的社会效益评价考核体系中强调公益精神和社会担当。2019年，中宣部印发的《图书出版单位社会效益评价考核试行办法》在"内部制度和队伍建设"这一指标中，强调要"履行社会责任，积极组织员工参与和出版社实力地位相匹配的扶贫开发、公益服务、捐赠等活动"，[①]为出版单位队伍建设指明了新方向。

(二)行为激励

公益精神和社会担当意识本质上来源于个体的利他意识和集体意识，但又不同于利他意识和集体意识。它表现为对社会公共问题的关怀和对公共价值的追求。但"利他"并不代表完全排斥"利己"，追求"公共价值"也并不代表完全放弃"个人价值"。事实上，在很多情况下，"利他"也会带来"利己"，"公共价值"也会带来"个人价值"。虽然公益精神和社会担当意识具有个体自愿性、奉献性，但"我们不能期待所有人都基于利他主义的动机来无偿地、长期地、纯粹出于公益心来帮助他人。"[②]因此，在出版人才公益精神和社会担当的培养过程中，可以通过一定的行为激励来激发出版人才践行公益精神、勇担社会责任的动机，当出版人才的公益行为、履行社会责任的行为受到鼓励并逐渐成为一种习惯或经常性行为，公益精神和社会担当意识就在这一过程中逐渐培养起来了[③]。对出版人才践行公益精神、勇担社会责任的社会激励可以是荣誉激励，如由出版类基金会为表现突出者颁发荣誉称号或荣誉证书等；也可以是回报激励，如职称评聘方面可以向践行公益精神、勇担社会责任方面表现突出者倾斜。当然，也不排除一定的物质激励。

---

① 搜狐网.中宣部印发《图书出版单位社会效益评价考核试行办法》[EB/OL]. https://www.sohu.com/a/300543010_210950.
② 林卡,高红.慈善行为的文化阐释与政策蕴意[A]//中国社科院社会政策研究中心.和谐社会 慈善中华——中华慈善文化论坛文集(无锡2006).无锡市灵山慈善基金会,2006:94.
③ 卓高生.当代中国公益精神及培育研究[M].北京:社会科学文献出版社,2018:201.

(三)文化浸染

文化对于人的影响是最持久、最深远、最润物细无声的。每一个行业都独属于行业内各企业和员工都应遵循的行业道德规范,即行业文化。从长远的发展考虑,要将培养出版人才的公益精神和社会担当意识作为一项长期的工作,最"一劳永逸"的方式就是在出版业内孕育并形成践行公益精神、勇担社会责任的行业文化,让所有的出版企业和人员都在这样的行业文化的浸润下不断发展与成长,为出版业这一社会文化产业增添更多的人文气息。当然,孕育并形成行业文化并不是一朝一夕就能完成的,出版人才的公益精神和社会担当意识培养也不能一蹴而就。这需要出版行业内"领军人物"的带头和示范,像张元济、陆费逵、邹韬奋等杰出出版先贤那样,以自身强烈的公益精神和社会担当为新一代青年出版人才提供模范作用;需要各出版单位的支持与宣传,如积极宣传公益文化和公益精神、开展公益活动、开发公益类项目等。此外,还需要每一个出版人的强烈认同与躬身实践。

二、出版单位层面

(一)发挥党员先锋模范作用

出版工作是在党的管理下开展的社会工作。2018年中共中央印发的《深化党和国家机构改革方案》中提出:"为加强党对新闻舆论工作的集中统一领导,加强对出版活动的管理,发展和繁荣中国特色社会主义出版事业,将国家新闻出版广电总局的新闻出版管理职责划入中央宣传部。"充分说明党对我国出版工作的高度重视。出版单位在积极响应"党管出版"的同时,要重视和加强单位内部的党支部建设,在经营管理和人才培养等方面充分发挥党员的先锋模范作用。因此,要提升出版单位广大员工的公益精神和社会担当意识,首先需要建设一支具有公益精神和社会担当意识的党员队伍,再通过党员的影响和带动作用辐射到全体员工。

(二)邀请专家开展专题讲座

要养成公益精神和社会担当意识,首先需要有对公益事业和社会责任的正确认识,从而产生公益情感,再辅以相应的公益行动。反观现实,将做公益视为"作秀",将公益行为视为强者对弱者的"施舍"等错误认识仍然存在,这将不利于培养人们的公益精神和社会担当意识。因此,要培养出版人才的公益精神和社会担当意识,需要帮助他们树立正确的公益价值观。出版单位可以邀请专家开展专题讲座,为员工介绍公益事业的历史渊源、内涵、特征、重要性等,介绍企业和个人的社会责任,也可对员工践行公益精神和社会责任意识作出实践方面的指引。

(三)支持员工参与志愿服务活动

志愿精神和公益精神是一脉相承的,是公益精神内涵的一部分。志愿工作具有自愿性、无偿性、公益性、组织性四大特征,是一种在自愿的、不计报酬或收入的条件下,参与推动人类发展、促进社会进步和完善社区工作的精神。支持鼓励员工参与志愿服务活动,有助于培养员工奉献、友爱、互助、进步的志愿精神,从而增强员工的公益精神和社会担当意识。员工参与志愿服务活动,表现为其愿意奉献他们的时间、才能、创意、专业知识或者体力劳动等,来支持或参与公益事业。出版单位可以通过为员工提供带薪的志愿服务时间、依据员工的兴趣和意愿提供志愿服务的信息和机会、表彰志愿者服务等方式[1],为员工参与志愿服务活动提供支持和鼓励。

值得一提的是,培养出版人才的公益精神和社会担当意识,首要的是监督他们做好本职工作,努力创造更多的优秀出版物,为社会精神文化事业作出应有的贡献。

---

[1] [美]菲利普·科特勒.企业的社会责任[M].南希·李,译.北京:机械工业出版社,2011:前言,168.

初心不改

——记我社70年来对马克思主义出版的探索

徐 飞

近百年来,中国人民在中国共产党的领导下,披荆斩棘,开天辟地,创造了一个又一个世界奇迹,迎来了中国特色社会主义的新时代。指导我们思想的理论基础是马克思主义,是它指引着我们从胜利走向胜利。习近平总书记指出:"对马克思主义的信仰,对社会主义和共产主义的信念,是共产党人的政治灵魂,是共产党人经受住任何考验的精神支柱。"(2012年11月17日,中央政治局第一次集体学习时的讲话)回顾中国共产党99年的战斗历程,审视我们走过的每一个脚印,都有马克思主义思想的引领。正是因为有马克思主义的引领,我们才赢得了民族的独立与解放,开辟了中国特色社会主义发展道路,打开了中国通往民族复兴的大门。

马克思主义是我们党和国家的政治思想基因,因此,我们必须坚定不移地坚持马克思主义的指导地位,任何时候任何情况下都不能有丝毫动摇。

重庆是一座具有三千多年悠久历史和光荣革命传统的历史文化名城。1949年11月重庆解放,从1950年至1953年,重庆相继成立了包括重庆市人民出版社在内的六个出版机构,后经撤销、合并,更名为重庆人民出版社,1963年并入四川人民出版社,1980年12月重庆出版社恢复建制。此后,重庆出版社重新起步,迅速完成了恢复、创业到立足、壮大的跨越。经过二十多年的努力,重庆出版社在全国出版界崭露头角,并在2005年4月,成立了重庆出版集团。

重庆出版社历代出版人一直牢记出版人的责任和使命,坚持正确的政治方向和出版导向,唱响主旋律,传递正能量,紧跟时代步伐,占领理论高地。几十年来坚持不懈地在有关马克思主义理论研究和马克思主义中国化、时代化、大众化图书出版方面不断探索,赢得了业界和读者的广泛好评。

一、回顾历史,始终坚守马克思主义著作出版阵地

重庆出版社在1953年创社之初就拟定了"为政治、为生产、为工农兵服务"和"地方化、群众化、通俗化"的出版方针,此后,在短短的13年里,从一穷二白到初具规模,先后出版图书1372种,印行3962.1万册。其中《党和生命》一书,由人民文学出版社遴选出版,并经外文出版社翻译介绍给其他国家读者。

党的十一届三中全会以后,拨乱反正,改革开放,重庆出版社的发展又翻开了新的一页。1980年12月,重庆出版社复社,提出了"把社会效益放在首位,不断提高出书质量,多出好书,为积累文化、传播文化做贡献;同时也要注意经济效益,增加活力,做到以书养书,以盈补亏,在总体上实现两个效益统一"的办社指导思想。2004年,重庆出版社在全国出版行业中综合竞争力排名第16位。在这二十多年里有1000多种图书获奖,并曾两次被新闻出版总署评为"良好出版社"。

20世纪80年代中后期至90年代初期,以出版"三大书系"和设立"重庆出版社科学学术著作出版基金"为标志,重庆出版社立足本地,面向全国,并开始走向世界。结合不断发展变化的国际国内形势,重庆出版社加大改革力度,实行精品战略,对图书结构进行调整优化,"抓两头,压中间",即重点抓社会效益和经济效益都好的与学术价值高的选题;压缩内容平庸、质量一般的选题,坚决杜绝那些有严重思想政治错误和社会效益不好的选题。

1981年至2005年,重庆出版社出版哲学社会科学图书1047种,其中一批学术著作在理论界和学术界引起重大反响,有100多种获省部级以上奖励。在改革开放初期,改革的步伐怎么迈,什么是社会主义,什么是资本主义,姓社姓资的问题争论不休。为了解决当时困扰大家的这些问题,出版社决定出版《当代社会主义的若干问题——国际社会主义的历史经验和中国特色社会主义》一书。该书的出版,使改革

开放的一些理论问题得到了澄清,横扫了改革开放路上的迷雾,受到了全社会的广泛欢迎和相关领导部门的好评,并获得了中宣部"五个一工程"图书奖。紧接着出版的"中国马克思主义研究丛书"获四川省最佳优秀图书奖。在邓小平理论指导下,我国的改革开放取得了相当的成就,但还是面临着许多急需解决的问题。我们又及时出版了《邓小平理论研究书系·当代社会主义若干问题》,并荣获中国图书奖荣誉奖。

特别是由中国社科院荣誉学部委员徐崇温先生主编的"国外马克思主义和社会主义研究丛书"受到了中央领导的高度重视,并得到了学术界和广大读者异常热烈的欢迎和好评,这套以灰色书封为特色的图书,在学术界树起了"灰皮书"的经典形象。当全社会就什么是真马克思主义,什么是假马克思主义,对马克思主义是否应当坚持,都在观望徘徊、逡巡不前时,此书及时出版了。该套丛书系统介绍了国外研究马克思主义和社会主义各种流派的代表作,有助于中国马克思主义和社会主义的研究者在与当今世界各种思潮的交流与碰撞中,全面准确地把握马克思主义的基本精神,破解对马克思主义教条式的理解和附加到马克思主义名下的错误观念,其作用不可低估。不仅使人们增强了对马克思主义的信念,而且结合中国特色社会主义的伟大实践,把马克思主义中国化向前推进了一步。中国社会科学院原副院长、著名哲学家汝信曾评价说:"这套书中的译著都是国外研究马克思主义的名著,我国早就该由中央的出版社翻译出版。重庆出版社能在短时间成套推出,这在当时的气候条件下是很不容易的,有眼光,有魄力,抓住了时代的脉搏。"

二、把握现在,持续推出马克思主义中国化理论成果

2005年4月29日,按照中央文化体制改革精神,以重庆出版社为基础,组建成立了重庆出版集团公司并整体转制为企业。集团以改革为动力,以发展为主线,不断推动出版事业繁荣壮大。从2009年到2014年连续6年,重庆出版社总体经济规模排名都是全国第三、地方第一。2009年,重庆出版社获评全国百佳出版社。

长期以来,重庆出版社一直牢记使命,对习总书记提出的"这是一个需要理论而

且一定能够产生理论的时代,这是一个需要思想而且一定能够产生思想的时代。我们不能辜负了这个时代"(2016年5月17日,在哲学社会科学工作座谈会上的讲话)有着深刻理解,几十年如一日地坚守马克思主义理论出版阵地,在一切都向钱看的社会潮流中,坚持社会效益第一,始终站在专业和学术前沿,关注重大理论和实践问题,深刻反映时代精神、学术成就,不断推动科学进步、社会发展和文化传承。为此,集团在2005年专门成立了马克思主义中国化学术图书出版基金,制定了详细的图书出版计划,先后策划、组织出版了紧密联系实际的"当代资本主义研究丛书"、《生态文明论》"理论新视野丛书""社会热点问题研究丛书""当代国外马克思主义研究丛书"、"当代中国思想文化丛书""马克思主义经典著作基本观点研究参考丛书""全国马克思主义论坛丛书"等等一系列马克思主义理论及马克思主义中国化的学术研究著作,丰富和繁荣了对马克思主义理论的研究和对改革实践的探讨,及时总结了改革开放的经验,并将其上升到理论以指导实践。

在当今物欲横流的暗潮中,社会科学,特别是马克思主义理论书籍的出版,难以得到应有的重视,出版困难重重。重庆出版社不以金钱为唯一的选择,以社会效益为重,长期重视马克思主义理论读物的出版,不断追踪学术前沿,为全国社科界,特别是马克思主义理论研究提供了发表的阵地,对推动马克思主义在中国的发展尽了绵薄之力,受到全国社科界的推崇;逐渐与全国学术界、文化界,以及中国社科院、中央编译局、北京大学、复旦大学等学术机构及著名高等学府建立并拓展了相互信任的长期合作关系,获取了丰富的出版资源,凝聚了诸如徐崇温、韦建桦、俞可平、王学东、廖心文、陈扬勇、顾锦屏、林尚立、俞吾金、陈学明、吴晓明等一大批当今知名度高、学术影响大的专家学者。中国社会科学院荣誉学部委员、哲学研究所研究员、博士生导师徐崇温先生已成为重庆出版社的功勋作家,他多年来的著作都指定在重庆出版社出版,如《中国的和平发展道路》《当代资本主义新变化》《怎样认识"西方马克思主义"》《国际金融危机与当代资本主义》《中国特色社会主义理论体系研究》等,可见他对重庆出版社的信任和关注。由重庆出版社出版的其专著或主编的丛书多次获得中宣部"五个一工程"奖、中华优秀出版物奖等全国性大奖。多年的苦心孤诣,终于结出了硕果。重庆出版社出版的马克思主义图书,其影响、规模、质量、数量等方面，都是出版行业的佼佼者，赢得了广大作者、读者的信任与肯定。

重庆出版社始终高举马克思主义理论著作出版的大旗，注重品牌建设，尊重作者，重视与知名作家互动。因此，一大批成体系、高质量、高水平的理论专著得以持续出版，最终确立了重庆出版社在学术界的知名度和品牌地位。在"灰皮书"经典形象的影响下，中宣部理论局指导中国社会科学院世界社会主义研究中心会同重庆出版集团在2016年继续翻译出版了"国外马克思主义和社会主义研究丛书"。这批丛书一共17卷，主要聚焦和立足于马克思主义理论研究，既注重立场性、代表性、权威性和学术性的统一，又兼顾时代感和现代感。它的出版，很好地落实了习近平总书记提出的"我国哲学社会科学的一项重要任务就是继续推进马克思主义中国化、时代化、大众化，继续发展21世纪马克思主义、当代中国马克思主义"（2016年5月17日，在哲学社会科学工作座谈会上的讲话）这个要求。

马克思主义诞生以来，世界发生了翻天覆地的变化，今天的中国，已经进入一个崭新的发展阶段，我国社会的主要矛盾已转变为人民日益增长的美好生活需要和不平衡不充分的发展之间的矛盾。要谱写好新时代中国特色社会主义的新篇章，我们更需要高举马克思主义信仰的旗帜，进一步推进马克思主义中国化、时代化、大众化，让马克思主义能够始终紧贴中国发展脉搏、紧跟时代发展步伐、紧随世界发展大势，得到不断丰富和发展。

要让马克思主义理论之花在全国盛开，重庆出版社不断推进理念创新，日益摸索出一条全新的马克思主义理论和社会主义核心价值观图书出版之路。"理论新视野丛书"以"大学者写小书，大道理通俗化"为宗旨，紧扣时代主题，深刻透彻分析，用明白晓畅的文字解读博大精深的十七大报告，向读者展示了理论读物的无穷魅力。《探路城乡统筹》用"绘本理论龙门阵"这种全新的形式，以通俗理论阐释加精美动漫插图为载体，对理论通俗化、大众化进行了卓有成效的尝试。

2018年为纪念伟大的革命导师马克思诞辰200周年，重庆出版社在已成功出版由中央编译局编撰的《马·恩·列画传》的基础上，推出《马克思画传》纪念版，该书被中宣部确定为纪念马克思诞辰200周年重点图书。书中精选图片550余幅，以简洁准确的文字，完整而又鲜明地再现了马克思的人生轨迹，带领读者走进马克思生活的时代，深入了解马克思进行理论探索创造和革命实践的历程，认识他在艰苦卓绝的斗争和跌宕起伏的生活中展现出的高尚品德与情操，进而在感动的同时以浓厚的兴趣去学习探究马克思主义，深刻理解和把握马克思主义真理的力量，坚定马克思主义信仰，不断谱写在新时代坚持和发展中国特色社会主义的新篇章。

三、展望未来，新时代继续高举马克思主义伟大旗帜

习近平总书记指出，重庆作为我国中西部地区唯一的直辖市，区位优势突出，战略地位重要，是西部大开发的重要战略支点，处在"一带一路"和长江经济带的联结点上，在国家区域发展和对外开放格局中具有独特而重要的作用。

重庆出版社作为重庆最大的出版企业，肩负着树立高度的文化自信和建设繁荣兴盛的文化的重要使命。发展中国特色社会主义文化，"就是以马克思主义为指导，坚守中华文化立场，立足当代中国现实，结合当今时代条件，发展面向现代化、面向世界、面向未来的，民族的、科学的、大众的社会主义文化，推动社会主义精神文明和物质文明协调发展"（十九大报告：《决胜全面建成小康社会　夺取新时代中国特色社会主义伟大胜利》）。

深化马克思主义理论研究和建设，推动马克思主义的中国化、时代化、大众化，是重庆出版社当前的中心工作之一，也将是未来长期不懈努力的目标。重庆出版社在完成国家"十二五"重点图书出版规划项目《中国特色社会主义理论体系研究》《大国论衡》《中国未来国际战略环境预测》等书的同时，继续花大力气做好列入国家"十三五"重点图书出版规划项目的"当代国外马克思主义研究丛书""当代中国思想文化论丛"。另外还将继续翻译出版一批由国内知名专家学者遴选的"国外马克思主义和社会主义研究丛书"，尽最大的努力使这套丛书更加丰富、系统。

重庆出版社在马克思主义相关领域的出版上，长期坚持提前谋划、扎实推进的方略。将要出版的与复旦大学联合策划的《马克思主义经典文本的当代解读与中国道路》，以及与中国人民大学教授、马克思主义理论研究和建设工程专家张雷博士领

衔主编的"新时代马克思主义伦理学研究丛书"等项目,不管是单本著作,还是延续多年的大部头丛书,从策划到立项,都是经过与作者反复研究讨论和推敲,在撰写与编辑出版中更是精益求精,力求用精品力作来彰显马克思主义理论研究最新成就和重庆出版社的价值引领、高端定位和发展导向。

"从全局谋划一域,以一域服务全局",重庆出版社以这种精神,立足自身发展实际、顺应时代发展大势、服务全国发展大局,树立了新的目标。一代又一代的重庆出版人紧紧围绕党和国家发展的大局,结合出版工作实际,锲而不舍地推进马克思主义理论研究在中国的发展。不仅如此,重庆出版社还放眼全球,大力实施"走出去战略",利用国际、国内各种平台,积极开展版权合作,讲好中国故事、传播中国声音。比如,由现任北京大学教授俞可平先生主编的、重庆出版集团与荷兰博睿(Brill)出版公司共同策划的"当代中国思想文化论丛"已经陆续推出,中央领导同志李长春、刘云山、刘延东等对该项目的成功运作予以了高度评价;徐崇温先生的《民主社会主义评析》一书已于2009年法兰克福书展期间成功向土耳其输出版权;"中国特色社会主义'五大建设'丛书"和《中国梦的理论视域》也已先后将版权输出到了日本。

"举什么旗,走什么路"是事关党和国家前途命运的重大问题,坚守意识形态阵地的重庆出版人深知责任重大、使命光荣。坚持不懈地深化马克思主义理论研究、推进马克思主义中国化的发展,切实增强马克思主义的吸引力、感召力和说服力,是加强党的凝聚力、巩固我党执政的群众基础的有力保证。重庆出版社新一代出版人,沿着前辈的足印,坚定不移地高举新时代中国特色社会主义伟大旗帜,既不走封闭僵化的老路,也不走改旗易帜的邪路,始终把马克思主义中国化、时代化、大众化放在出版工作的首位,为党领导全国人民进行民族复兴的伟大斗争、实现伟大梦想贡献自己的智慧和力量。

在新时代新征程中,重庆出版社将深入学习贯彻习近平总书记在参加十三届全国人大一次会议重庆代表团审议时的讲话精神,不忘初心,砥砺前行,以真抓实劲、敢抓狠劲、善抓巧劲、常抓韧劲,聚焦马克思主义的强大生命力,聚焦中国共产党人的伟大创造力,聚焦习近平新时代中国特色社会主义思想这一马克思主义中国化最新成果的历史意义、丰富内涵、实践要求、理论品质,聚焦增强中国特色社会主义道路自信、理论自信、制度自信、文化自信,不断推出马克思主义中国化、时代化、大众化的精品出版物,为培育和践行社会主义核心价值观,推动社会主义文化繁荣兴盛,实现中华民族伟大复兴的中国梦多积尺寸之功。

试析《大足石刻全集》出版团队的公益精神与社会担当

王 娟

《大足石刻全集》(以下简称"《全集》")系重庆出版集团自主策划实施的国家"十二五"重点图书出版规划项目,国家出版基金、重庆市出版专项资金资助项目。其历时14年的成功出版历程,是重庆出版集团具有公益精神和社会担当的重要体现。本文试以《全集》的成功出版为例,讲述、分析、总结《全集》出版团队的公益精神和社会担当意识。

从《全集》选题的缘起来分析

习总书记多次强调,文化工作者要坚定文化自信、把握时代脉搏、聆听时代声音,坚持与时代同步伐、以人民为中心、以精品奉献人民、用明德引领风尚。保护文化遗产、弘扬传统文化,增强民族自信。作为全国首届百佳出版社和全国新闻出版系统先进集体,重庆出版集团积极响应党中央的号召,以传承中华民族优秀传统文化为己任。

大足石刻是重庆乃至全国有代表性的中华民族优秀传统文化资源。作为人类石窟艺术史上的丰碑,大足石刻曾以"天才的艺术杰作,具有极高的历史、艺术、科学价值;佛、道、儒三教造像反映了中国宗教、哲学思想和民俗民情,在思想和艺术方面对后世产生了重大影响"等条件,被联合国教科文组织列入《世界遗产名录》。然而,大足石刻系砂质岩石上的摩崖造像,且已进入高速风化期。抢救文物,不只是文物工作者的义务,更是具有传承文化使命的出版人义不容辞的使命与责任。

从《全集》的实施过程来分析

《全集》的出版被业内专家学者誉为"百年伟业,千秋功德""文化担当,经典传世",开创了石窟考古报告的新篇章。作为由中国人自主编写出版的第一部考古报告,重庆出版人在毫无经验可寻的情况下,咬紧牙根,破除千难万险,朝着打造精品力作这一目标奋进的过程,就是重庆出版人公益精神和社会担当的最好写照。其主要做法有以下几个方面:

(一)荟群英,组建科学合理的工作团队

《全集》共计11卷19册,所有参与人员约200人。编撰方面分为学术委员会、编辑委员会、编纂三个工作团队。出版方面分为审稿、校对、印制、发行、编辑等五个工作团队。

《全集》学术委员会由中国社科院宗教研究所研究员丁明夷担任主任,来自中国科学院、中国社会科学院、中国文化遗产研究院、北京大学等单位的17位文博专家助阵,为《全集》的学术定位、内容编排设计、书稿的审读把关等工作出谋划策,提供强大的智力支持。

《全集》编纂工作团队承担《全集》的具体编写工作,分为调查记录、现场测绘、绘图、图版拍摄、拓片、铭文整理、资料整理、英文翻译、英文审定、报告编写、统稿、审定。这些工作组是依据《全集》考古报告的学术定位,以及具体的工作需求来设立的。人员专业涉及考古、文博、测绘、艺术、历史、社会、文献、统计、英语等学科。

审稿方面,集团从各部门抽调具有副编审以上职称、具有丰富项目经验的人员组成审稿专家队伍。校对方面,由集团校对室抽调具有中级以上职称、经验丰富的

人员组成专业的校对工作组。值得一提的是,为了更好地有效沟通和推进项目,《全集》还成立了编辑小分队,以纽带作用联系作者方、审稿组、校对组、印制组和发行组,负责日常的编辑、统筹及编务工作,切实推动项目的各项工作。

(二)不断探索与创新工作思路与方法

《全集》不同于普通的出版物,作为由中国自主编写的第一部大型石窟寺考古报告,不断探索与创新是《全集》精品出版的法宝。

1. 走出办公室,常年驻扎野外。

《全集》是考古报告,不是普通意义上的画册或者图集,而是对大足区境内被列入世界文化遗产的石刻进行系统整理与研究。鉴于《全集》规模大,拍摄任务重,要求高,经综合考虑,由重庆出版集团花费巨资购置最专业设备和交通工具,组建由美术分社副总编辑(主持工作)郑文武挂帅的专业拍摄团队,常年进驻大足现场,按照课题组提供的拍摄提纲,展开了历时7年的全面拍摄记录工作。摄影技术方面,摄制组果断放弃以往的"艺术照"拍摄模式,改用"证件照"拍摄模式,以此保存信息数据,为文物保护与传承作贡献。7年间,摄制组前后共拍摄100000多张照片,拓片翻拍1000余张。这些照片是工作组同志长期奋战在野外,风餐露宿,跋山涉水,克服严寒酷暑,挥洒汗水得来的。真的是"晴天一身土,雨天一身泥;夏天有蚊虫叮咬,冬天有寒风侵袭,攀岩壁穿丛林各种辛苦,冷暖自知"。为了工作,他们还不能时常与家人团聚,与家人经常是聚少离多。每天,除了要背负上百斤的摄影器材爬坡上坎,晚上还要清理图片、保养器材、安排第二天的摄制内容。拍摄组一边与大足石刻研究院协调拍摄大纲与进度,一边认真完成每个拍摄任务。首次拍摄完成后,还要根据课题组的要求和编写、编辑过程中发现的问题进行数次补拍。

不管遇到什么困难,他们都没有退缩,他们心中的责任和使命,让他们咬紧牙根坚持了下来。

2. 坚守精品意识,自加压力增卷帙。

《全集》共有11卷19册,但在最初确定的出版规划中,并未有现在第10卷和第11卷的内容。自2012年3月由国家出版基金立项以来,因工程规模和实施难度大于预期、科考过程中发现新的石窟内容、气候、图书编撰内容和难度远超预期等,项目申请了两次延期。在这些问题和压力面前,出版团队仍然坚守精品意识,从套书的整体性、完整性、科学性等角度出发,提出要增加第10卷和第11卷的内容。

《全集》第1至8卷分为上下两册,实现文图对照,以方便阅读。上册为文本册,主要包括报告文本、测绘线描图、示意图、效果图、地图、正射影像、碑文拓片等;下册为图版册,主要是与上册内容相对应的摄影图版、航拍图片、卫星图片、铭文及拓片等摄影图版。这种举措,既可以通过上下册相结合满足文物工作者的阅读需求,亦可以通过图版卷满足普通读者的阅读需求。第9卷《大足石刻专论》从大足学科基础建设角度出发,主要收录了有关大足石刻的断代、分期、考证等研究文章,对《全集》进行了科学的定义与论证,使得《全集》的体例更加完整,与其他卷在内容上相互论证。第10卷收录历史图版,使读者了解大足石刻历史旧貌。第11卷纳入大足石刻年表、大足石刻研究文献目录、大足石刻异体字对照表等,提高了《全集》的研究使用效率。

(三)不放弃,锲而不舍的钉子精神

项目原定于2014年10月完成,但鉴于以下原因两次申请延期:一是因为文物保护工作的启动和开展,原计划的现场记录、拍摄和测绘等工作无法开展;二是项目组在工作期间,相继发现多处新石窟造像和铭文,这些需要延长时间来考辨、整理和研究;三是测绘图质量标准的大幅提高,测绘进度受到影响;四是重庆气候原因,最适合开展工作的夏季,户外又常常高温,仪器常因工作时间长而状况百出;五是现场工作难度大,大足石刻分布在几十个乡镇野外,很多石刻造像需要专门搭建钢架,清理现场灌木杂草后才能开展工作,有的在景区还需要专人维护现场秩序;六是文稿编撰难度大,体量巨大,内容要求严谨,工程浩繁,后期编撰周期较长等等。这些还并不是项目组遇到的全部困难。可能有些人遇到一种或几种困难就会放弃了,这种投入了很多年都不见成效,还状况百出的项目,在绩效考核面前显得那么苍白无力。但是,他们还是坚持了下来。足以看出其出版团队的远见、魄力、韧劲儿和毅力,感受得到他们锲而不舍的钉子精神。

从《全集》的出版价值来分析

《全集》出版价值的背后是其出版团队公益精神与社会担当凝结成的硕果。价值越高,越能体现出其出版团队做这件事情的意义和价值,越能看得出其团队的公益精神与社会担当。

在行业领域,《全集》具有重要的里程碑意义,将中国石窟考古推向新的高度,集文献、影像、科考、测绘于一身,以考古报告的形式再现了世界文化遗产大足石刻数万多尊造像的原貌,填补了大足石刻多个重要研究领域的空白。《全集》注重科学性、史料性、文献性和艺术性,是研究和保护大足石刻的权威文献,是我国针对一个大型石窟群编写的第一部全面的考古报告集,在研究深度、拍照水平、测图质量和编排次第上,代表着 21 世纪大足石刻研究的新成就,堪称世界石窟考古报告里程碑式的代表之作。

在出版领域,《全集》将载入出版史册,填补石窟考古出版空白。截至目前,敦煌石窟、云冈石窟、龙门石窟、麦积山石窟等四大石窟均未出版如此大规模系统的考古报告,仅大足石刻一家。

《全集》的编辑出版是在挖掘、整理、传播既具地方性、全国性,又具世界性的巴渝优秀文化的基础上,以坚韧不拔、十年磨一剑的精神,创新发展的重要出版成果,是重庆出版人履行文化担当的重要体现。

《全集》出版之后,在出版界和文博界引起了较大的反响。《全集》不只是重庆出版集团响应党和国家的号召,传承中华文明,发掘优秀历史文化,记录和保护历史遗存,树立文化自信,弘扬民族精神,实现文化大发展大繁荣,实现中华民族伟大复兴的重要举措,这也是在发掘优秀传统的巴渝文化的基础上,创新发展的重要成果,是重庆出版人履行文化担当的责任感与使命感的重要体现。

中国出版协会常务副理事长、原国家新闻出版广电总局副局长邬书林:"这部书很好地体现了出版工作的本质功能","《全集》这样的严肃出版物体现了出版工作传播知识、传递信息、传承文明的本质功能"。

中宣部出版局副局长许正明:"这是一部心血之作、是一部高峰之作,同时也是一部示范之作,为考古研究出版树立了典范。《全集》的出版向全世界展现中国在保护世界文化遗产方面取得的卓越成就,填补了我国在大型石窟领域出版的一项空白,体现了当代文化人、出版人高度的文化自觉和历史担当。"

中国编辑学会会长郝振省:"《全集》的出版也是作者方和编辑方长期付出心血和智慧的结晶,尤其这种特大型的国家重点出版工程……重庆出版集团的几任领导一直到陈兴芜同志和她的团队的慧眼识珠、长期积累与科学的策划实施,项目组的无缝对接,骨干编辑出版的专业保障,不换镜头、不挪岗位,历时14年终于修成正果。"

北京大学中国文化遗产保护研究中心主任、博士生导师孙华教授说:"没有考古报告,很多全面和深度研究就无从下手,没有考古报告,石窟寺的保护工程一旦实施,就无法知晓实施之前的情况。《全集》的编纂出版是非常重要、值得纪念的事情,开创了石窟考古报告的新篇章。"

《全集》的出版团队以保护文化遗产、弘扬传统文化、打造传世经典为己任,克服重重困难,圆满完成既定任务,用勤劳汗水和顽强毅力诠释了新时期文化工作者的公益精神与社会担当。

融合发展篇

我们都是出版人

地方出版单位的数字化转型发展战略研究
——以重庆出版集团为例

李 斌

发展社会主义先进文化、广泛凝聚人民精神力量,是国家治理体系和治理能力现代化的深厚支撑。党的十九届四中全会强调,要"坚持和完善繁荣发展社会主义先进文化的制度","建立健全把社会效益放在首位、社会效益和经济效益相统一的文化创作生产体制机制"①。这一明确要求对于鼓励文化行业创新创造活力,推出高质量文化产品,具有非常关键的引导和指导意义。"文化建设要有体系再造思维,充分发挥新旧媒体、新旧文化业态的互补优势,从供给侧出发,重构文化生产、消费与传播的关系。"②

为贯彻落实党的十九届四中全会精神,重庆市委第五届七次全体会议也对重庆市文化体制企业改革发展指明了方向。重庆出版集团作为重庆市唯一的大型综合性出版机构,一直担当着服务大局、传播知识、坚守文化阵地的历史责任,始终坚持以积累和传播人类优秀文化、满足人民群众不断增长的文化需求为己任,坚持公益性文化事业和经营性文化产业双发展。

近些年来,重庆出版集团在深入推进文化体制改革,坚持创造性转化、创新性发展,把数字化转型和融合发展作为企业的优先发展战略。基于地方出版集团的性质和本地文化政策,其确定了"新出版+"定位,逐步构建全媒体出版集团,明确"数字出

---

① 中国制度图谱40问之二十一 坚持和完善繁荣发展社会主义先进文化的制度,怎么做?[EB/OL](2019-12-08)[2020-3-25].http://www.ccdi.gov.cn/yaowen/201912/t20191208_205741.html.
② 杨传张.学习贯彻党的十九届四中全会精神 深化文化体制改革研讨会在京举办[EB/OL].(2019-11-08)[2020-3-23].http://www.ccps.gov.cn/xwpd/jyky/201911/t20191108_135618.shtml.

版生态建设"为重点方向,努力实现"两个转变",即"传统出版向提供优质阅读服务转变"和"传统顾客向用户转变",目前已经取得不俗的成绩,为全国其他地方出版集团的数字化转型与发展提供了"样板"参考和一定的模式借鉴。

一、明确方向:深化数字出版生态建设改革

为进一步深化改革创新,自2019年起,重庆出版集团明确将"数字出版生态建设"作为了重要发展方向,具体以"内容导向、需求导向、创新导向和共赢导向"为指导原则,加速出版与科技的融合,打造高质量数字出版产品矩阵,优化用户体验,助推企业数字化转型升级。

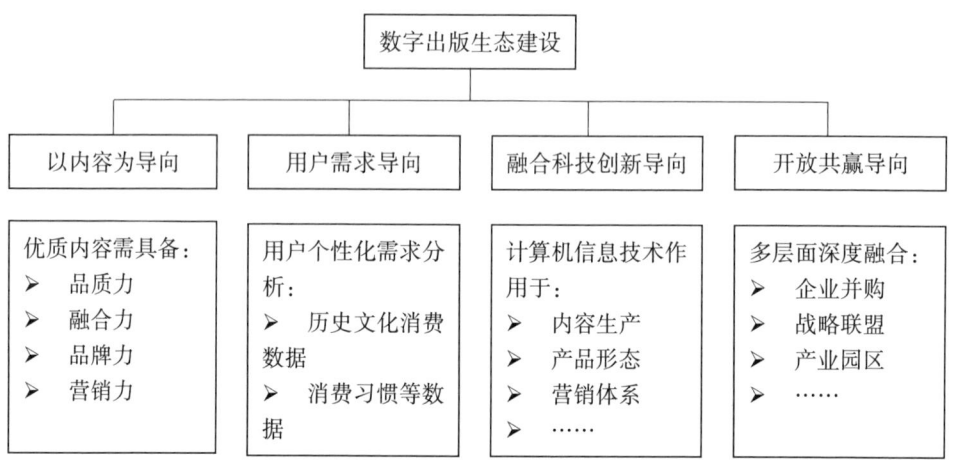

```
                        数字出版生态建设
          ┌──────────────┬──────────────┬──────────────┐
      以内容为导向      用户需求导向    融合科技创新导向   开放共赢导向

优质内容需具备:      用户个性化需求分   计算机信息技术作    多层面深度融合:
 ➤ 品质力           析:              用于:             ➤ 企业并购
 ➤ 融合力           ➤ 历史文化消费     ➤ 内容生产        ➤ 战略联盟
 ➤ 品牌力             数据            ➤ 产品形态        ➤ 产业园区
 ➤ 营销力           ➤ 消费习惯等数据   ➤ 营销体系        ➤ ……
                                     ➤ ……
```

图1　数字出版生态建设

第一,数字出版生态建设要坚持"以内容为导向"。无论何时,数字出版产品的开发和创作,均要坚持"内容为王"的理念,继续发挥传统出版在专业、优质内容资源方面的经验积蓄优势。那究竟什么样的内容才能被界定为优质内容呢? 通常是具

备"品质力、融合力、品牌力和营销力"①这四个鲜明特征。数字出版产品内容创作过程中要确保品质力,秉持高度的政治意识和政治站位,坚持正确导向,坚持主流,服务大局,既关注文化传承,关注时代之变,也反映民众心声;数字出版产品内容传播过程中要有融合力,整合创新传播渠道和平台,提高优质内容在目标受众中的有效到达率;数字出版产品内容在面对市场考验和竞争中要打造品牌力,通过一定的媒介宣传策划、社会公关活动、商标注册等途径,明晰并逐渐在市场和用户之中确立其品牌形象,打造内容主题系列化、高端化、精品化的品牌调性;数字出版产品内容要富含营销力,营销是数字出版生态闭环的最后一个环节,因此真正的优质内容应当具有足够的转化和变现能力,通过营销理念、对象和渠道创新,赢得流量、用户和市场空间。

第二,数字出版生态建设要重视"用户需求导向"。数字出版相比于传统出版,更注重和擅长"按需生产",具体是指数字出版产品在选题策划阶段,能够通过引入大数据挖掘、移动情境感知等技术,了解目标用户的真实个性化需求,从供给侧实现创新变革,不断提升产品供给的有效性与适配性。具体来看,数字出版商可以采取大数据技术进行数据挖掘和需求分析,在纵向维度上,综合用户在文化领域的历史消费数据,抓取特征并细分群体或圈层,开展差异化生产与推广,"拉新"和"留存"同时进行;在横向维度上,针对特定用户尤其是具有长期营销合作的"大客户",基于其消费偏好、消费理念和能力等数据,比较研究优质用户群体和目标用户、潜在用户之间的相关性②,并对其影响因素进行社会学、心理学分析,以此完成数字出版产品的策划与生产,深度满足用户需求,提高产品在市场竞争中的生存能力。"数字出版供给侧结构性改革的内生动力来自于市场利益的驱使,而市场利益来自于市场需求,不同的市场需求结构必然会塑造不同的市场供给结构。"③随着数字时代的创新发展,用户需求结构、类别的动态变化均在一定程度上左右着数字出版产业走向,是出版生态产业链的基础环节,因此重视用户的需求分析,相应加速供给侧改革和创新,对于地方出版集团实现良性、可持续发展至关重要。

---

① 李秀芬,林涌.优质内容是赢得市场的立足之本[J].新闻战线,2018(9):53—56.
② 徐艳.基于需求导向的数字出版产业生态系统的研究[J].编辑之友,2011(8):81—84.
③ 赵文义.略论学术期刊数字出版需求侧与供给侧的结构性改革[J].出版发行研究,2016(5):17—19.

第三,数字出版生态建设要贯彻"融合创新导向"。出版业要加大科学技术的融合创新应用,习近平总书记在致2018年世界公众科学素质大会的贺信中指出,"科学技术是第一生产力,创新是引领发展的第一动力"①。对于新闻出版行业来说,前沿技术也总是与业态更迭息息相关。近些年来,大数据、人工智能、5G、区块链、云计算、移动情境感知等先进信息技术的落地与应用,加速了数字出版在内容生产流程、产品形态、营销体系等各个方面的转型升级,助推数字出版企业"坚持把社会效益放在首位,实现经济效益和社会效益相统一",实现提质增效。以5G技术为例,在内容生产方面,加工出版流程将更为智能化、自动化,PGC(专业生产内容)会在保障内容品质方面扮演强劲角色;在产品形态方面,有了5G+VR/AR技术加持,数字出版产品将不再拘泥于简单的电子书、音视频作品,诸如主打个性化、专业化、智能化的知识库产品,以及强交互、社交化、更友好的VR/AR出版物,此类创新型的产品形态已经出现;在营销体系方面,数字出版企业的营销人才队伍需要不断更新营销理念,关注前期的用户需求分析,在主题、形态、介质和载体方面积极思考,不断探索和丰富产品营销渠道,试水"直播售书"等新交易模式。

第四,数字出版生态建设要秉持"融合创新导向"。建立健康、良性的数字出版大生态圈能够为企业发展提供有利的环境,这一点对于地方出版集团尤为关键。数字出版企业之间、出版企业与技术公司之间,秉持开放、共享、共赢的理念,通过内容、技术、资金、资源层面的相互开放,跨界服务,优势互补,延伸产业链,优化产业结构,实现彼此间的合作共赢。一般来说,主要包括以下三种方式:一是企业并购,一些实力较为雄厚的出版集团积极谋求数字化转型,通过并购能够较快地推进集团数字出版业务发展,如在2019年,中国民主法制出版社有限公司以人民币2.14亿元收购北京法宣在线科技有限公司51%的股权,开拓公司在法律在线宣传教育和在线法律服务的业务板块②;二是战略联盟,出版企业之间、出版企业跨行业进行战略合作,为了实现共同的目标而推进内容、技术资源等方面的融合,优势互补,利益共享,风

---

① 习近平向世界公众科学素质促进大会致贺信[EB/OL].(2018-09-17)[2020-03-26]. http://www.xinhuanet.com/politics/leaders/2018-09/17/c_1123443442.htm.
② 中国出版拟以2.14亿元收购法宣在线51%股权,后者净利润592万元[EB/OL].(2019-09-11)[2020-03-26],https://www.sohu.com/a/340393744_250147.

险共担[1],早在2011年,中南出版传媒集团股份有限公司便与华为技术有限公司开展战略合作,双方对中南传媒子公司天闻数媒共同注资3亿元,合作打造面向全球用户的专业数字出版与运营平台,拓展数字阅读市场[2];三是建立特定的数字出版产业园区,利用出版企业与互联网技术公司等的集聚,提高内容、技术、渠道等资源共享效率,延伸产业化生态链条,能够有效促进数字出版业务的提质增效,自2008年起,我国首个国家数字出版基地在上海张江落地,至2018年累计已经有14家数字出版基地先后成立[3],带动区域经济转型升级、培育增长新动能,也为我国数字出版业务发展产生重要示范引领作用,成为数字出版融合发展的典范。

二、部署格局:打造可持续发展的"1221"产业结构

2017年,《新闻出版广播影视"十三五"发展规划》将深化转型、融合发展作为"十三五"时期新闻出版业发展的重要任务[4],单一的传统出版转向为读者提供优质阅读服务。为贯彻落实党和国家新闻出版业数字化转型升级的相关政策,深入推进数字出版生态建设这一重要发展方向,重庆出版集团积极探索和调整产业结构,现阶段已经形成了"一圈两线两端一网"(简称"1221")的战略性布局。这一发展模式能够为地方出版集团或单位进行数字化转型提供较为成熟的经验,参考价值较高,在兼顾作为文化企业的意识形态属性同时,也抓牢其产业属性,实现自身可持续发展与服务群众精神文化需要"齐头并进"。

---

[1] 方卿,曾元祥.产业融合:数字出版产业发展的惟一选择[J].出版发行研究,2011(9):5—8.
[2] 中南传媒与华为签约仪式在新闻出版总署举行[EB/OL](2011-01-20)[2020-03-26].http://media.sohu.com/20110120/n278986228.shtml.
[3] 周蔡敏.全媒体环境下出版新业态公共服务内容探析[J].湖南大众传媒职业技术学院学报,2014,14(5):51—54.
[4] 李婧璇.出版融合转型:六大成果和五大问题[N].中国新闻出版广电报,2019-06-17.

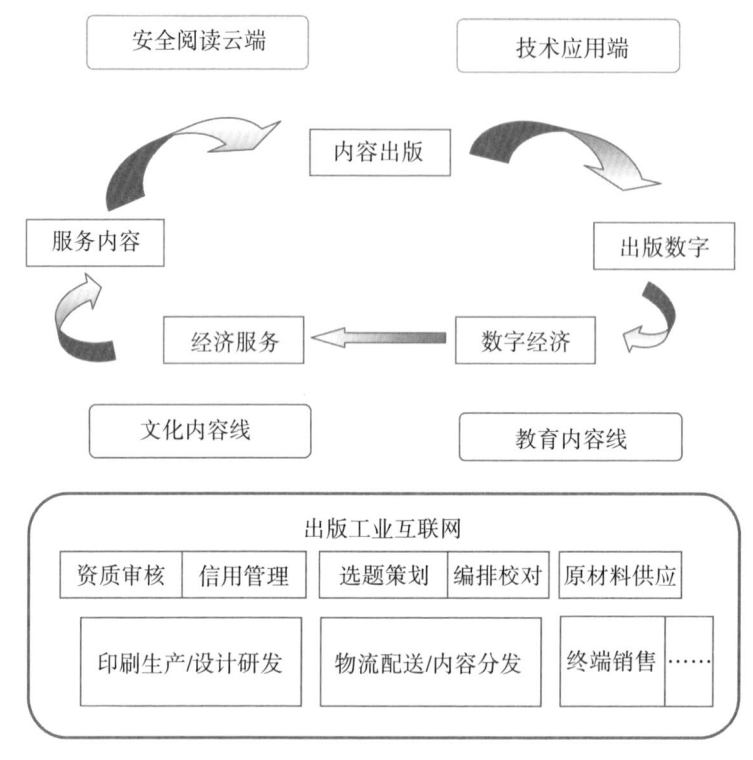

图2 "一圈两线两端一网"的产业格局

第一,基于内容这一核心资源,重庆出版集团通过内容传输链打通并构建"内容出版—出版数字—数字经济—经济服务—服务内容"的一个新型优质阅读服务生态圈。"内容出版"是指以优质内容生产为核心,通过大数据、物联网、人工智能、5G等先进信息技术的应用,为传统出版业赋能,构建全方位、多层次的内容生产体系,凸显专业化自动化和机器智能化。"出版数字"作为内容出版的后续环节,实质是将内容进行数字化处理,通过对内容数据的清洗,统一规范地进行管理、编制和储存,最终实现内容数据化、数据标准化、数据安全化和数据交易化,将内容转化为数据流资产为优质数字内容的商业化/非商业化应用提供体系化基础。"数字经济"指的是通过基于海量数据建立、训练并不断修正的算法模型,形成优质内容的新型分发网络,为各个应用终端提供资源支撑,这是整个生态闭环的"中枢环节",维系着前后台之间的内容数据配置和调度。之后的"经济服务"便是将内容价值变现的直接环节,通过对内容数据进行深度挖掘和分析,转化后的成果具有较高的市场价值,全面开放,以数据流资产向社会企业赋能,促使企业开始由"传统出版商"向"知识服务商"逐步转型,为用户提供高度专业化的数据解读和分析产品服务。"服务内容"是形成数字出版生态闭环的最后一环,各应用端对外提供的产品服务会产生大量的用户数据,在这个系统中设置围绕用户与内容之间的交互、反馈、数据收集和分析等机制,这些数据回流进入数据库,最终会通过用户画像等方式,"反哺"最初的内容出版环节,推动内容质量建设的提升,从而带动整个数字出版产业链的提档升级。

第二,在完整闭环的数字出版产业链基础之上,重庆出版集团有的放矢,重点打造"两翼",形成了较为成熟的"文化内容线"和"教育内容线",基于重庆本地特色和过往的出版资源优势,将内容建设聚焦于文化与教育行业,"精耕细作",通过全方位、多层次的内容生产体系,持续赋能产品内涵,在提升数字出版内容质量的同时,也促进了生态建设基础的良性供给。

第三,基于阅读服务生态圈和"文化""教育"优质内容重地,近些年来重庆出版集团打造形成了"安全阅读云端"和"技术应用端"的"两端"发展要点。"安全阅读云端"又被称为"文化教育大数据中心",是"出版数字"环节的落地项目。立足文化教育内容资源这一核心竞争力,把自有和第三方的文字、音频、视频等所有优质内容集成起来,通过大数据中心,按照统一的标准进行清洗、整理、分类、打标签,建成非结构性数据管理系统,可对数据进行挖掘、分析、应用。该数据管理系统对内能够为数字出版产品的选题策划、审校、加工、印制、销售等提供数据辅助决策,对外可为用户提供多重体验的个性化知识服务,结合大数据、人工智能、移动情境感知等技术,加速在内容、载体、服务、发行、营销等全产业链的升级和改造,重构数字出版新的经济增长点。其中值得注意的是,"安全阅读云"具有较为严格的内容审核手段,借助"机器+人工"双重模式,按照相关新闻出版内容监管政策和行业标准,分别对"用户生产内容"、"专业生产内容"以及"职业生产内容"等来源的内容数据进行严格把关,确保数字出版领域的文化安全和意识形态安全。除此之外,作为另一发展重点的"技术应用端",是集团依托"安全阅读云"进行价值变现和数据经营,打造各类面向前端用户输出内容和服务的技术应用,以此帮助实现扩大文化产品和服务供给。

第四,"出版工业互联网"充当了产业格局的最后"一网"角色,它是整个产业布局的基础工具平台,依托书号管理、准印管理和委托印刷等制度,通过数据实时交互,将端口开放给新闻出版单位、生态环境单位、市场监管和文化市场行政执法等监管部门,对接入的企业进行资质审核和信用管理,并将选题策划、编排校对、原材料供应、印刷生产、设计研发、物流配送/内容分发、终端销售等数字出版产品的生产全流程纳入集中管理,最终实现出版物按需印刷、原材料按需供应、成本标准化控制、环保一站式监管和企业信用化管理,促进集团产业链条管理规范,净化出版物产品的市场环境。

三、创新成果:融合发展赋能文化产品和服务供给

"知常明变者赢,守正创新者胜。"①当前,全国宣传思想战线进入了守正创新的重要阶段,新闻出版工作也需要进一步深化改革创新,广泛应用前沿的信息技术,推动出版产业链条变革,整合资源寻求融合发展,向大众的文化企业赋能,提升其产品供给有效性和服务能力。

"融合是出版业走向未来的关键词。"②基于此,重庆出版集团在坚持做强做大出版主业的同时,积极谋求融合创新发展,高度重视用信息技术为出版主业赋能。围绕"1221"产业发展战略布局,目前已形成"学习强国"数字农家书屋、渝书坊+、渝教育+、"我家小书柜"、"阅读重庆"全民阅读服务平台、"中国音乐史"数字阅读服务平台等高质量数字化产品矩阵,有效扩大了文化产品和服务供给能力,满足人民群众多样化的需求。

第一,将数字出版产品打造成宣传思想文化阵地的最前沿,落实文化企业的"导向要求",引导主流文化、先进文化。一方面,通过数字信息技术的应用和数字出版产品的营销推广,发挥"触角"作用,实现党的先进理论"飞入寻常百姓家";另一方

---

① 殷陆君.守正创新,书写新时代荣光——写在第二十个中国记者节[N].人民日报,2019-11-08(9).
② 冯宏声.融合是出版业走向未来的关键词——从转型升级到融合发展[J].出版参考,2015(6):7—9.

面,通过媒体融合推动舆论宣传方式创新,让国家政策宣讲深入浅出,让核心价值观的渗透接地气、有温度,更好地凝聚共识、汇聚力量;除此之外,通过VR/AR、超高清视频、5G网络等信息传播技术的应用,打造线上和线下相结合的立体式宣传网络,协同资源、联动合作,积极抢占互联网舆论高地优势[①]。重庆出版集团研发的"学习强国"数字农家书屋,便是一个典型范例。通过资源整合,以学习强国重庆学习平台为主要线上载体,以农家书屋触摸大屏为主要线下载体,统筹推进重庆市新时代文明实践中心、所、站建设试点,将"学习强国"数字农家书屋打造为学习宣传党的创新理论、巩固党在农村的执政基础、培养践行社会主义核心价值观、丰富群众生活,持续深入移风易俗、助力乡村振兴战略实施的重要载体和阵地。

　　第二,在坚持出版主业的基础上,积极寻求文化领域的深度融合发展,参考"互联网+"的业务模式,"走出去"实现出版与教育、体育、餐饮、网络文学等其他文化消费形式相结合,通过人工智能、移动情境感知、5G等先进信息技术,实现移动知识服务、智能阅读生态、个性化推荐等特色服务功能,融合发展既能让数字出版产业得到稳定、快速的增长,还可以刺激大范围文化消费动力,服务人民群众日益增长的精神文化需求。重庆出版集团近些年推出"渝书坊+"模式,旨在构造智能化全民阅读生态,目前已与学校、银行、餐饮、健身、网络文学等领域开展多重深度合作,打造出"楼下·健身阅读智慧屋""盛世阅读网"等产物,创新阅读新载体、新平台和新环境。除"渝书坊+"之外,"渝教育+"也是重庆出版集团实现融合发展战略的另一创新尝试,基于自身丰富的教材教辅数据资源,建设以教育内容数据为主的智能化基础教育生态,与此同时,以市场化运营和公益化捐赠两种发展模式,为缩小教育内容数字鸿沟、促进教育公平提供有力支持。

结论

　　2020年既是决胜全面建成小康社会、实现"十三五"规划收官之年,也是我们"建

---

① 邓崛峰,邹兴平.推动宣传思想工作守正创新的四个着力点[N].光明日报,2019-11-01(6).

设新闻出版强国"战略目标的关键之年,坚持主题出版、精品出版、融合出版发展方向已成为业界共识。

重庆出版集团的数字化转型融合发展模式已经初见成效,基于"明确发展方向—部署生产格局—融合创新成果"三步走的战略,抓牢文化企业意识形态属性的同时,也兼顾了产业属性和经济效益指标,为其他地方出版单位开展数字出版业务提供了较为成熟的经验借鉴。

首先,明确数字出版生态建设的战略发展方向,具体以"内容导向、需求导向、创新导向和共赢导向"为指导原则,加速出版与科技的融合,助推企业数字化转型升级;其次,积极部署产业格局,打造可持续发展的"1221"产业发展模式,实现经济效益增长与满足群众精神文化需要"齐头并进";最后,在坚持做强做大出版主业的同时,积极整合资源,谋求融合创新发展,高度重视用信息技术为出版主业赋能,提升文化产品和服务供给能力和质量。

推动出版业融合发展,把传统出版的影响力向网络空间延伸,是出版业巩固壮大宣传思想文化阵地的迫切需要,是履行文化职责的迫切需要,也是出版单位实现自身生存发展的迫切需要[1]。因此,在一部分领头企业的带领下,探索出一条数字化转型发展的基本路径,其他地方出版集团再结合本地特色和企业实际加以调整适用,有利于推动数字出版产业的整体高质量发展,既有数量又有质量,既有"高原"也不缺"高峰",有利于推动新闻出版业数字化转型升级走向纵深,提升国家文化软实力。

---

[1] 丁遥.探索融合发展新思路 推动交通行业标准走出去[J].出版参考,2018(2):36—38.

数字媒介环境下传统纸书出版的继承与创新

王怀龙

数字媒介是以网络、电脑、手机等为载体形式、以数字信号为存贮方式的媒介形态,是对应于印刷媒介的概念[①]。数字、信息和互联网等技术的发展,持续而深刻地改变着社会各行业的生产和经营模式,围绕更广泛地满足客户需求,实现自身价值最大化,传统的商业模式被不断突破,新业态、新服务不断呈现。毫不例外,新技术的开发应用对图书出版产业的影响也是前所未有的,数字媒介环境下,传统纸书出版应该如何在继承中创新,以满足不同读者需求,这在认识层面和实践领域都是值得深入思考和研究的课题。

一、数字媒介对图书出版业态和阅读行为的影响

数字出版产业的迅猛发展,打破了传统纸书出版一统天下的格局,给整个图书出版业态以及阅读行为带来了深刻的革命性的变革。

1. 图书出版形态多元化共生。人类的出版活动始终与科技进步相生相随,在印刷技术出现之前,古代人类把文字符号刻写在岩石、兽骨、树皮、竹简等介质上,后来又誊抄于纸张而成为书籍,纸张便作为基本的媒介,用以传播信息、记载历史,这构成了一定意义上的出版,如果从纸张出现的西汉算起,距今已经有2000多年历史。

[①] 胡凯. 媒介形态变迁视野下阅读行为嬗变——以印刷媒介和数字媒介为例[J]. 中国出版,2014(14):11.

然而,在我国,进入21世纪以来,数字技术和数字产品悄然兴起,改变了传统印刷媒介的单一承载方式,直接导致了各类数字化书籍的大量涌现。数字书籍(Digital book),是将一定的文字、图片、音频、影像信息以二进制代码的形式存储于数字媒介,发布于终端并传播于网络[①]。数字媒介环境下,图书由以前单一的印刷纸张为载体,发展为现在的以纸张和各种数码产品、移动终端为载体并存的格局,图书出版内涵更丰富、形态更多元。

2. 出版工作效率大幅提高。数字媒介环境下,图书内容的存贮、加工、承载、传播均以数字技术、多媒体技术、互联网技术为依托。选题策划、编辑校对、装帧设计、排版印制、市场营销等各环节都最大限度地借助于数字网络技术。出版与科技融合度越来越高,极大地提高了出版效率,使出版活动变得更加便利和快捷。过去,从作者供稿到正式出版成书,一般需要几个月时间,而现在出版一本书只需要几周,甚至个别情况下只需要几天的时间。

3. 阅读行为方式丰富多样。印刷媒介时代,图书生产有一套严格规范的操作规程,读者对出版社有较高的信任度,阅读活动也显得正式和庄重,人们往往选择在类似阅览室、图书馆、书房一类的安静处所,观其书型、闻其墨香、阅其文句、品其语意。在此情况下,读者无一例外地只能把纸书作为唯一阅读对象和途径。数字媒介的出现,使出版和阅读都更加立体,特别是互联网快速普及,极大地丰富了人们的阅读行为方式,阅读活动变得异常活跃,读者面对的是五花八门的阅读终端,可以根据自己的兴趣爱好自由选择阅读内容和阅读方式,阅读的时间和空间也得到了极大延展,不但可以看书,还可以听书,阅读活动变得更加灵活和便捷。

二、数字媒介环境下传统纸书的价值体现

数字媒介环境下,数字化阅读以其便捷、海量、交互性等特点迅速抓住读者,被市场接受,一时间,大有取代纸质阅读的架势。不过,好奇心和新鲜感之后,传统纸

---

① 李钟隽.数字时代跨平台出版的书籍设计与发展[J].中国出版,2012(12):36.

书的存在价值被越来越多的读者所重新感知。

1. 规范的出版规程使内容质量更能得到保证。从内容上讲,传统纸书是有出版资质的出版社严格按照国家图书质量标准,经过规范的编、审、校等程序生产出来的产品,从选题策划到书稿内容,从编辑校对到排版印制等各环节都要经过层层审核把关,有严格的操作管控程序,以达到内容的准确性、结构的完整性、逻辑的严密性,内容质量更有保障。而数字出版物除了直接由传统出版物转化而成的以外,绝大多数是缺少这些程序的,作者的作品往往未经过规范的审核程序,就通过网络平台直接传输到各种阅读终端,这种情况下的出版物质量就难免会参差不齐,给读者甄别质量优劣带来难度。

2. 丰富的呈现方式有利于思想文化的传承。书籍历来是记录和传播人类文明的重要载体,在传承人类历史经典、延续民族文化记忆中,具有不可替代的权威性,人们通过阅读,使人类的优秀思想文化和科学知识得以代代传承。书籍传承人类思想文化的功能,不仅体现在文字内容本身,还包括不同类型的内容特有的成书形制,所采用纸张的种类、材质、强度、克重等,图书的封面、内页版式设计风格,以及装帧印刷工艺的选择、图书开本和厚度的确定等均应与承载的内容合理搭配,以求更准确生动地表达其思想文化内涵,有利于读者系统领会其精神内核。对于思想性较强的人文社科、名著经典类,以及学术类、艺术类、科技类图书,数字化阅读难以获得对其思想内容的系统理解,纸书阅读才是更好的选择。一项实验研究了挪威的年轻阅读者,发现对于说明文和记叙文而言,同一份材料,那些阅读印刷纸张的人比在屏幕上阅读的人理解得更好[1]。

3. 个性化的产品形态给读者带来特殊的阅读体验。阅读本身就是一种文化。不同的产品形态产生不同的阅读体验效果,相较于数字化阅读而言,纸书阅读行为是人的视觉、听觉、触觉、味觉的综合体验,更具仪式感和神圣感。我国每年有二十多万种新书出版上市,形态各异,古人把开卷阅读比喻成源头活水,生动形象地反映了纸书阅读给人带来的心灵享受。打开一本图书,在品读文字内容的同时,也感受到翻动书页纸张时特殊的手感,甚至散发出的或浓或淡的墨香、发出的或清脆或圆

---

[1] 王文韬. 探索纸质书的形态创新[D]. 北京理工大学, 2015.

润的声音,都构成了阅读体验不可或缺的要件,这种物理存在感是数字化阅读所无法企及的。出于研究和学习等目的,在阅读一些学术著作或经典文献时,读者往往习惯于在书上做一些批注和笔记,以加深理解和记忆,这也是数字化阅读难以实现的功能。

4. 特殊的审美角度更利于提高阅读兴趣。纸书的审美角度是全方位的、个性化的。每一本书的纸张、封面、版式、装订等要素与其内容共同构成了一种特殊的文化符号和标识,给读者带来"受用感"很强的线性的、连续的阅读体验和效果,易于集中注意力,对其思想内涵进行深入思考。一部内容精良、设计精美的纸书,能给读者带来全方位的精神愉悦,形成人与书之间的情感交流,激发阅读兴趣,长时间沉浸于阅读而不觉疲惫;而数字化阅读以快速、跳跃、碎片化为特征,更适合于获得即时信息,更适合于休闲化、娱乐化阅读,容易产生疲惫感,往往不易集中精力长时间阅读。

5. 市场需求印证了传统纸书的存在价值。市场是检验商品价值的有效途径,传统纸书活跃的市场表现显示了其强大的生命力。过去十年间,正是中国数字出版快速发展时期,但纸书出版的品种数、总印数、印张数均稳步增长。据国家新闻出版署发布的年度《新闻出版产业分析报告》统计,2010年中国出版图书32.8万种、总印数71.71亿册、总印张数606.33亿[1];2019年中国出版图书50.6万种、总印数105.97亿册、总印张938亿[2]。数据显示,从2010年到2019年的十年间,中国纸书品种数、印张数、总印数平均每年分别增长5.43%、4.78%和5.47%。由此可见,在数字出版迅猛增长的同时,传统纸书仍然保持着旺盛的市场需求,市场规模稳步增长。

三、数字媒介环境下传统纸书出版的路径选择

面对数字媒介环境下的多元化出版形态和阅读方式,传统纸书出版需客观冷静分析研究市场变化,发挥其自身传统优势,走品牌化、专业化、特色化、精品化道路。同时充分融入现代科技,为传统纸书赋能,增加附加值,实现传统纸书向现代纸书

[1] 2010年全国新闻出版业基本情况,[EB/OL]. http://www.nrta.gov.cn/art/2018/5/4/art_2068_39651.html.
[2] 2019年新闻出版产业分析报告[EB/OL]. https://www.chinaxwcb.com/info/567231.

转型。

1. 对纸书出版保持足够信心。数字出版发展至今,越来越多的专家、出版者以及读者逐渐取得了这样的共识:随着新技术的不断发展,图书呈现形式可能会更加丰富,但因其不同的阅读体验效果,数字化阅读永远不可能完全替代纸书阅读,两种出版方式将会在相互借鉴和渗透中共生共存,而非此消彼长。在各类数字化阅读日益普及的当下,传统纸质阅读的优势在媒介竞争中仍旧得到尊重和认同。2021年4月23日,中国新闻出版研究院发布的《第十八次全国国民阅读调查成果》显示:2020年,我国成年国民人均纸书阅读量为4.70本,略高于2019年的4.65本。从成年国民倾向的阅读形式来看,2020年,有43.4%的成年国民倾向于"拿一本纸质图书阅读",比2019年的36.7%上升了6.7个百分点[1]。不难看出,越来越多的读者在感受了数字化阅读的奇妙之后,逐渐理性回归到纸书阅读体验,重新拾起那份文化的厚重。基于此,传统纸书出版者必须对出版行业的发展趋势有客观准确的判断,进一步强化编辑的价值认同和信心培育,以免在数字化大潮中迷失方向,这种自信不是故步自封和孤芳自赏,而是源于纸书本身的功能、价值和读者的理性选择。

2. 突出品牌特色,走专业化之路。数字媒介环境下,出版业的品牌竞争趋势更加凸显。一个在某一领域出版形成口碑特色的出版社,就会吸引相应领域的优秀高端作者,同理,读者在购买相同或相近内容的图书时,也会毫不犹豫地把目光投向业界有品牌影响力的出版社,结果自然就会形成强者愈强、弱者愈弱的格局。因此,在图书市场愈加处于分割状态,读者进一步分化的背景下,以前那种线多面广的粗放式出版模式已不再奏效。传统出版社,特别是大众类图书出版社,必须主动适应这种变化,走专业化、品牌化道路,根据自身长期经营的作者资源和编辑队伍的专业结构,集中优势力量,适当收缩战线,瞄准主攻方向,有所为有所不为,在更适合传统纸书出版的某些领域持续发力,通过长期积累,占有丰富的、垄断性的内容资源,成为真正的"内容之王",形成品牌优势。比如,重庆出版社围绕奇幻文学,出版了《三体》《冰与火之歌》等系列畅销书。围绕传统文化艺术出版了诸如《中国历代印风》《大足石刻全集》《庞中华字帖》等一大批有文化传承价值、市场表现好的优秀图书,都得到

---

[1] 第十八次全国国民阅读调查成果,中国出版网[EB/OL]. http://www.chuban.cc/yw/202104/t20210423_16914.html.

了读者良好的社会认同,树立了品牌。此类图书思想性强、文化含量高、表现形式丰富,具有阅读欣赏和典藏留存双重价值,其纸质形态图书长销不衰。

3. 精选精编精做,实施精品战略。数字媒介环境下,不同形态的出版物承担不同的功能,服务不同的读者对象,不同年龄段的读者、不同内容的阅读往往会选取不同的载体。据亚马逊发布的《2017全民阅读调查报告》显示,"经典阅读大多通过纸质书完成,流行类图书阅读大多通过电子书实现"[1]。由此可见,巩固和放大传统纸书的优势,就要在打造精品图书上下功夫,使其内容和形态都有别于数字出版物,实行差异化出版。内容选择上,注重文化品位、注重原创,对书稿的价值判断主要依据其内容本身的思想性、艺术性和学术价值等,把那些具有文化传承价值,能够启迪思想、慰藉心灵的优秀作品做成精品图书,奉献给读者去仔细品味、反复咀嚼,发挥其应有的引领阅读风尚的示范作用,而不是一味地迎合读者的"浅阅读"口味。编校管理上,实施更加严苛的质量管控,做优内容质量,把纸书打造成人们精神世界的一块净土、一片蓝天,拒绝低劣与平庸,力求精品。装帧设计上,把每一本书都当作一件艺术品看待,精雕细琢,在材料选取、工艺处理、色彩搭配,以及开本、文字、版式、封面、插图等成书要素方面与图书内容形成高度契合,激发生命活力,体现出纸书特有的质感和神韵,易于收藏。

4. 提升图书品相,迅速"俘获"读者。数字化网络时代高度发达的今天,图书生产销售的环境、条件,以及图书的存储、流通、销售渠道、购买方式都发生了明显变化,信息沟通方式和手段更加灵活便捷。据北京开卷数据分析,2020年图书线上渠道销售规模占比已达79%[2]。读者只要打开各类线上购书平台,就能轻而易举地找到自己想买的图书,而无须像以前为了买到一本自己想要的书而辗转跑到实体书店了。在各类线上平台,读者看到的只是图书效果图,不能像在实体店内对书籍的形态、工艺、材质等有直观感受,在这种情况下,纸书制作就要顺应图书销售模式的新变化,更加符合网络销售特点,特别要对图书装帧设计找准方向和定位,把最清晰、最直观的信息内容传达给读者,迅速吸引读者、"俘获"读者,做到既有"品质"又有"品相"。

---

[1] 刘强,李本乾. 我国新旧出版媒体的演进与趋势分析[J]. 出版科学,2019(4):18.
[2] 开卷发布《2020中国图书零售市场报告》[EB/OL]. http://www.cpin.com.cn/h-nd-606.html.

5. 主动融入新技术，为传统纸书赋能。随着大数据、互联网、人工智能等新技术广泛应用，传统纸书承载信息的结构发生变化，呈现出多维度立体化状态。利用二维码扫描识别技术，可以轻而易举地实现传统纸书的有限内容与海量线上平台资源的有效对接，赋能传统纸书，拓展传统纸书出版的想象空间，实现传统纸书向现代纸书转型。通常做法是针对纸书本身内容，深度挖掘阅读资源，为图书量身定做一些相关延伸阅读体验的内容，比如嫁接一些相关的音视频等，以此增加纸书附加值，吸引更多读者购买。对于一些专业类、技术类，比如考试类、教育类图书，则可以配套开发相关知识技能服务平台，使线下纸书使用与线上配套服务深度融合，引导读者在阅读纸书的同时，拓展二次消费，同时通过大数据抓取，及时了解读者需求，持续为读者提供精准知识服务，从而实现传统纸书的价值再造。

以业务流程再造推动传统出版和新兴出版融合发展

邱振邦

当前,新媒体新技术发展日新月异,给出版业发展带来巨大挑战,也带来巨大机遇。面对这样的形势,出版界心态复杂,既有市场萎缩的压力,也有借势腾飞的希冀。笔者认为,出版业要真正迎接新媒体新技术的挑战,应该把基于互联网、大数据、云计算等新技术的自身业务流程再造作为重要的切入点和突破口。

紧扣核心业务。基于互联网、大数据、云计算等新技术的出版业务流程再造,是紧紧围绕图书选题、编校、印刷、发行等环节来开展的,这就必然紧扣核心业务,不能偏离主题。这能很好地解决"走了太久,忘了为什么出发"的问题。

刚性带动转型。由于每一个出版从业人员都是业务流程的组织者、参与者、执行者,需让新技术、新平台、新手段的运用成为他们日常工作的必需,人人都要参与其中。这种刚性的要求,必然带动全员尽快学习适应新的业务流程,大大提升出版业转型升级的速度。

全员思维更新。大数据、云计算等技术在新的出版业务流程中的运用,必然更直接、更生动、更持久地带动出版业各环节员工广泛接触原有业务流程领域之外的大量信息和资源,以及全新的工作方式,这有利于他们开阔视野、更新观念、科学运作,有利于他们更好地运用互联网思维来聚合内容、论证选题、科学编校、创新印发。

激发生产活力。基于新技术的业务流程再造,将为出版从业人员带来创造更大价值的可能。借助大数据的挖掘与分析,可以提高我们的预测力、判断力、调控力;

通过社内外、编发间、传受者的互动与协同，可以增强我们的执行力、传播力、影响力。出版单位的生产活力由此得到激发。

培育研发能力。全员采用新的业务流程、信息数据和技术工具，使产品研发不再集中于少数人或者个别部门成为可能。新的平台为"大众创业、万众创新"提供实实在在的支撑条件，可以不断孵化出新的研发人才和新的优势产品，从而不断提升出版单位的核心竞争力，实现可持续发展。

提高出版效率。新技术条件下的业务流程再造，可以通过一体化的工作平台，提高出版业各环节的决策精准性和工作效率。也可以更好地解决无效出版、重复出版、编校质量下滑、库存越来越大等普遍性问题，将出版资源、资金资源、人力资源的效用发挥到最大化，从而提高出版效率。

当然，出版业务流程再造是一个系统、全面、一体化的工程，也是一个不断研发、充实、完善的过程。其核心部分应包括但不限于以下方面。

选题流程再造。这需要通过新技术手段对传统媒体和新兴媒体的出版相关动态、舆情热点、读者反馈等信息进行采集，并运用大数据分析技术为选题决策提供精准的依据和指南。同时，还应该建立全国性出版内容生产、交换、共享平台，方便共享交易，追踪稿件流程，使选题过程更为科学化。

编校流程再造。新技术条件下的编校流程再造，要为出版单位编辑、审校人员及管理人员等提供统一的编辑平台，实现对不同类型内容的复合编辑、结构化编辑、动态重组和富媒体制作等，实现各类型使用者的协同工作，并实现各通道无缝对接，从而提高编校审环节的工作效率，提高编校质量，在出版批量产品的同时，也可以为读者提供个性化的知识服务。

发布流程再造。这个新的流程将依托可二次开发，能够对多种形态的产品及内容进行发布管理。在出版单位面向渠道投送产品和内容的环节，系统可将前端传输过来的产品、内容存入产品内容发布库，将待发布的产品、内容进行内部链接的检测，发布目标确认后，自动发布到相应的目标，对发布产品内容进行留证，并支持对发布的授权时间期限、发布目标、版权记录等信息进行综合管理。纸质产品形态的发布也将转化为按需印刷，实现精确化。

销售流程再造。新技术条件下的销售是贯穿整个出版产品从选题到创作，从编辑到分发的全过程。这将依托全新的出版运营服务系统和运营数据支撑系统，为出版单位提供整体的、可拆分、可插拔的、全面的内容、资源、产品运营服务解决方案，支持不同形态的内容、资源、产品的运营服务，实现多终端的呈现，支持多终端、多形态的阅读方式。

笔者认为，出版业务流程再造既有赖于各出版单位的积极推动，更有赖于国家层面的统筹部署、组织实施和全行业的协同推进。因为很多领域的法规和标准制定、数据汇总与分享、技术研发等，是单个出版单位或技术单位无法完成的，而且分散推进实施会造成大量重复建设、资源浪费、安全隐患，最终还难以实现相互兼容。因此，建议国家有关部门加快组织实施。

图书出版发行的全媒体应用及盈利模式探索

高 岭

随着中国图书发行和零售市场的对外开放,民营和海外资本接踵而来,以及电子信息技术的不断发展,大众阅读习惯的不断改变,中国图书出版发行行业也面临一系列困难。如:高库存制约着图书出版业的发展、豪华图书舍本逐末、选题平庸重复出版、盗版图书出版屡禁不止、图书出版发行市场竞争混乱、图书出版结构不合理、创利模式单一等,造成目前出版发行行业整体盈利模式单一,水平低下。这种内忧外困的局面迫使传统出版发行行业进行思考和探索创新。笔者认为首要任务是积极调整自身发展思路,向上下游拓展业务,联起手来重新审视图书出版自身资源优势,在整个行业供应链的角度,尝试从单一产品模式向综合经营模式发展的转变,通过行业链的全媒体应用来实现传统出版发行业的转型升级。下面,笔者将从传媒角度思考出版产业模式的应用和产生方式盈利的可能性,探讨图书出版发行的全媒体应用及盈利模式。

一、图书也是具有传播利用价值的平台

在中国古代,人们曾对图书下过不同的定义。经过长达数千年的演变,作为图书内容的知识范围扩大了,记述和表达的方法增多了,使用的物质载体和生产

制作的方法发生了多次的变化，因而也就产生了图书的各种类型、著作方式、载体、书籍制度以及各种生产方式。所有这些，促使人们对图书有了较系统而明确的概念。从竹木简牍到今天的各类图书，不管其形式和内容如何变化，只要认真地加以考察和分析，就可以看出它们都具有以下几个要素：(1)要有被传播的知识信息；(2)要有记录知识的文字、图像信号；(3)要有记载文字、图像信号的物质载体；(4)图书的生产技术和工艺也是产生图书的基本条件。与其他出版物相比，图书的特点一是内容比较系统、全面、成熟可靠，二是出版周期较长，传递信息速度较慢。也许正因为图书这两个区别于其他媒体的特性，才使得图书在传媒概念的运用上很少。

媒体有两层含义，一是指承载信息的物体，二是指储存、呈现、处理、传递信息的实体。这样看来，图书和媒体的概念还是有很多重合的。传播知识信息、有固定载体（也就是有传播的技术手段）、有受众群体。正因为在传统图书出版行业，出版人更看重的是知识的传播，打造的是内容的科学性、权威性，忽略了图书的另一个潜在功能——媒体。但在如今信息爆炸时代，媒介传播与接受成为人们生活的主要内容，传媒手段日新月异，传统出版正有机会证实自身资源，挖掘媒体的潜力，创造新的盈利点。

二、出版物和发行上下游产业链媒体价值的挖掘

出版商在未来发展的定位中比较公认和明确的说法是定位为"内容供应商"，但除此之外还应该有一个尚待挖掘的价值——"媒体供应商"。从作者资源的整合挖掘→出版内容的传播→出版载体的运用→销售平台，从出版到读者手中的整个产业链，其实是一个具有巨大商机的上下游媒体平台。打造全媒体的产品供应链，应该是出版商和渠道商联手起来的发展方向。

1. 作者媒体影响力及作者经纪运作

随着粉丝经济的盛行，出版行业要打造的作者，不仅仅是传统意义上写稿子签版权的作者，更应当看重作者影响力带来的文化附加价值。作者尤其是知名作者作为文化领域的意见领袖，有广泛的媒体影响力和固定的粉丝。除了出版图书上市发行，作者还可以通过非图书载体为市场传递价值，为读者（粉丝）带来更多有益的理念。出版单位对作者资源的运用，不应仅仅局限于出版书籍，而应该发挥作者更大的价值，积极探索新的资源整合及盈利模式。下文将以明星经纪运作为参考，探讨作者经纪运作方面的问题。

（1）明星经纪现状参考及国内经纪人制度分析

你可能不知道陈淑芬，但你一定熟悉张学友与张国荣；你可能对李进一无所知，但你一定能讲出黎明与郑秀文的许许多多；你可能没听说过郝为，但对李亚鹏、王学兵、梅婷的种种你大概会甚为关心。

在明星身边确实有这样一群人，他们对于大众是陌生的，他们在新闻发布会上扮演着"挡箭牌"的角色，他们与明星如影随形，左右着明星的立场，掌控着明星的前途。在追星族眼中，他们是幸福的，因为他们距离明星最近；在公众眼中，他们是神秘的，因为他们生活在光环背后，他们被人们称为——明星经纪人（艺人经纪人）。

明星之所以需要自己的经纪人或经纪团队，是因为演艺作为一项事业，需要进行长期规划、策划，寻找演出机会，处理演出过程中可能遇到的各种问题，以及应对突发情况。而明星个人的能力、精力不足以应付所有问题，因此需要专业的人或团队代为处理。

随着文化产业在国际艺坛上成为新兴支柱产业，美国、法国、西班牙、英国等欧美国家均已建立了规范的文化经纪人职业制度。在中国，随着文化市场的活跃，对文化经纪人的需求骤增，但是，我国至今仍未形成成熟的娱乐经纪公司运作模式，小作坊式的操作使得经纪人行为具有浓郁的个人色彩，一些影视音乐制作公司开设经纪部门也只是为了满足剧组需要或挖掘新人，离真正的经营明星仍然有距离。

（2）作者经纪运作的可行性

虽然国内的明星经纪运作尚不成熟，但是随着文化的发展，新媒体的兴起以及文化产业链的不断拓张，越来越多的明星已经加入了写作出版图书的行列，为自己的演艺事业贴上了更深刻的"文化"标签。同时，也有越来越多的作者朝着明星的方向在运作，其社会影响力以及粉丝追捧度已经与影视明星无异。从文化产业的大方面来说，知名作者与知名影视明星没有本质区别，明星需要专业经纪人，或经纪团队来运作，作者也同样需要。

以出版界知名的明星级作家郭敬明为例，早在2005年就有消息称，"80后"青春偶像写手郭敬明已与一家经纪公司签约并将在"适当时机"推出2005年度"与写作无关的"新动作。

此条消息发出时，郭敬明的经纪人称近期内将举行新闻发布会正式发布这一消息，而郭敬明的进军领域和具体工作安排也将随之大白于天下。但是，至于新闻发布会的具体时间、内容以及该经纪公司的名字，经纪人都拒绝透露："我们会选择适当时机发布这些消息，到时大家就都知道了。出唱片、拍电影，都会有可能。"而郭敬明显得很守经纪公司的规矩，配合着做足"保密"工作。除确认自己确实不久前有了经纪人外，对任何关于工作安排的问题都坚决地挡了回去："这个你去问经纪人，一切都由她发布、安排。"

从这里可以看出，首先，郭敬明对自己的品牌运用，已经从出版领域跨向了其他领域，有进军娱乐圈的可能性，而他之所以能够跨领域发展，正是运用了自己明星级的粉丝号召力；其次，经纪人（经纪公司）对于郭敬明的安排有严格的控制性，消息的发布需选择适当时机，工作的安排也是从整体的角度去统筹，这也说明了经纪公司的专业性和包装作者的长远眼光。

写而优则经纪，后来郭敬明又创立了自己的经纪公司，用于包装其他有潜力的作者。从目前的运作来看，不管是郭敬明还是其团队，都可算得上是对作者经纪运作比较成功的案例，也为出版界的作者经纪运作首开先河。

再以重庆出版集团曾经签约出版的作者流潋紫为例。流潋紫是《后宫·甄嬛传》的作者，其"后宫"系列的最后两部在重庆出版集团出版。在与作者沟通的过程中，出版方人员就出版、版权、发行、宣传等事宜，主要是与其经纪人沟通。虽然作者并没有一个公司团队进行专门运作,但是,这位专门的经纪人懂法律、懂市场,可以为作者的包装和宣传进行合理的安排,避免了作者本人因为不熟悉写作之外的领域而可能出现的问题,同时也让作者有一个更好的环境专事写作。

因此,作者经纪运作有先例,有基础,存在可行性,但是,仅仅这样还不够,运作的模式还有待探讨。

(3)作者经纪运作模式及盈利点探讨

进行作者经纪,从本质上说,就是要将作者当作文化明星来进行包装打造,同时,运用文化明星的影响力,整合各种有效资源,在出版发行图书的基础上创造出更大的价值。

如何整合各种有效资源,让作者经纪为出版行业寻找新的盈利点?在此仅作初步探讨。

首先,整合其他行业资源,以文化讲座的方式创造新的盈利点。

图书资源、作者资源、媒体资源、渠道资源、地域性的行业资源,这些都是出版社可以整合的资源,是出版社的支点,有了这些支点,有了营销这根杠杆,出版行业能够撬动多大的行业能量?能够在多大程度上运用作者的知名度,创造更大的社会效益和经济效益?重庆出版集团进行过积极的尝试,例如让作者到企业进行讲座,联合媒体开展有针对性的文化活动等。

重庆出版集团曾经出版过一本书叫作《教子从此不累》,作者筱丹是全国排名前三的应用心理学家,她善于将心理学的原理和对子女的教育方式用深入浅出的方式娓娓道来,通俗易懂,读者易于接受,同时,讲的道理又对读者减压、家庭教育有直接的帮助,在几个城市做的每场演讲都赢得大量读者的心。考虑到作者的演讲功力和她在心理学的造诣,集团的发行公司联合珠海市新华书店,把活动场地从卖场转向了企业,联系到珠海格力集团。那段时间正好是富士康跳楼事件闹得沸沸扬扬的时期,像富士康、格力这样生产型企业的员工也非常需要进行心理疏导。因此,珠海格力集团邀请筱丹到集团进行心理减压方面的讲座,讲座的内容与《教子从此不累》这本书其实没有必然联系,但是作为回报,格力集团团购了大量的《教子从此不累》。通过这个案例,我们可以总结出一种模式:利用作者资源进入机关、企事业单位或学校，通过举办有效的讲座活动来催生图书团购。

把这种模式再做一下拓展，除催生图书团购外，能够为读者带来价值的作者，其讲座本身就可以是一个盈利点。在文化讲座的过程中，盈利模式可以是讲座的传统收费盈利模式，也可以是进机关、进企业，以文化增值服务来创造盈利点，引入公关会展公司的盈利方式。

其次，撇开作者概念，直接以文化人经纪方式盈利。

2013年，重庆出版集团发行公司帮助交通银行的VIP客户策划了一场文化活动。5月30日下午，在风景如画的重庆南山书院，伴随着清雅的古琴声，一场充满文化气息的养生沙龙开始举行，来自祖国宝岛台湾的养生专家向在座来宾讲述了脊椎养护的要领。这位中医骨科专家曾经是台中市市长的健康顾问，他没有出版过图书，但是出版方运用这个资源，把这个活动当作一个整体的文化活动来打造，盈利模式也不仅仅是卖书。

在这场以文化讲座为主的活动中，出版方探索出了新的盈利模式：策划讲座主题，联合相关领域专家，做好现场工作，整个策划作为一个打包服务赠送给银行的VIP客户，他们的客户享受这个文化服务，银行买单，出版社作为文化单位，提供这样的文化服务。在这个模式中，作者概念已被撇开，运用的资源也不仅限于作者，而是站在一个文化单位的大平台上，运作与文化相关的活动及讲座。对出版单位来说，整合文化资源有相当的优势，盈利自然成为可能。

最后，作者代言、商业活动出席等其他商业模式。

此模式与影视明星经纪模式类似，但关键点在于如何将作者（广义文化人）打造成为具有明星效应，具备粉丝号召力的"文化明星"。只有具备了足够的影响力，这种与明星代言无本质区别的商业盈利模式才能成为可能。

2. 图书作品本身广告资源的挖掘及运用

图书作为一种文化载体，担负着向读者传递文化价值的责任。在图书发行的过程中，出版单位已经建立起全国性的有效渠道，也就是说，图书将成为传递内容的载体。从这个意义上讲，每一本书，不管它的发行渠道单一还是多元，不管它的发行量多还是少,都具备了一定的媒体传播功能,既然具备了媒体传播功能,也就有了广告价值。

在对广告资源的挖掘上,也已有书商进行过积极的尝试,下文将对图书作品本身广告资源的挖掘及运用进行说明。

(1)图书广告:直接营销

在营销日益精准化的大数据时代,如今又出现了一个新的媒体平台,它同样具有大数据传播下精准营销和效果直达的特征,这就是精准营销的又一利器——图书广告。

图书广告是指利用图书作为传播媒介,通过封二、封三、封底、书签、勒口、插页、腰封等载体上的广告图文进行广告传播的形式。它以其形式新颖、营销精准、渠道畅通、成本优化等优势,得到读者、作者、出版机构以及广告客户的多方青睐,可以实现品牌推广、广告表达、精准营销等方面的诉求。

2011年,中国出版协会在湖南长沙举行的图书公益广告座谈会上,提出了利用图书闲置资源刊发公益广告,为读者增加消费附加值,为出版单位提升两个效益的改革意见,并通报了征求原新闻出版总署、国家工商总局关于图书刊发公益广告的政策意见情况。

图书广告是科学利用图书闲置页码资源的一个举措,也是增加读者消费附加值的一个创新。但是,直接广告在内容处理上一定要找准读者需求,贴近读者,不引起读者反感,才能达到直接营销的效果。

(2)植入广告:让图书为产品代言

自电影、电视攻城略地后,植入式广告已经悄然进入图书领域。相比每年20余万种之多的图书出版速度,植入式广告在书业还属于新兴事物,但发展势头可谓强劲。

追溯历史,人们会发现,图书植入广告才是植入式广告的"始祖"——法国著名作家巴尔扎克在写作《人间喜剧》时,书中就有裁缝店的植入式广告。巴尔扎克有一个叫布依松的裁缝朋友,他曾为巴尔扎克做了许多衣服,却不收钱。为报答朋友,巴尔扎克就把这位裁缝的姓名、住址原封不动地写进《人间喜剧》。书中,社会名流、达官贵人都是裁缝店的顾客，他们都对裁缝的手艺大加赞赏。许多读者读了小说慕名前来，纷纷惠顾，使这家裁缝店的生意大为兴旺。《人间喜剧》这部系列书终止于1849年，即早在1849年，就有了图书植入广告的尝试，当然这只是友情帮忙，算不上商业广告。到了1873年，著名科幻作家凡尔纳在《环游地球80天》中，有了商业性的植入式广告：一家海运公司说服作者，让书中的主人公乘坐的轮船是该海运公司的产品。由此推论，最早的商业性植入式广告可追溯到1873年。

而目前，善于策划的书商也在积极尝试在图书内容中植入广告。由读客公司策划的《踢踢兜丽江之恋》，就将"踢踢兜"T恤精心植入图书内容中。图书讲述了一段发生在丽江的邂逅及刻骨铭心的恋情，而读者在阅读图书的过程中，渐渐对"踢踢兜"T恤品牌产生了印象。在喜欢图书讲述的故事的同时，"踢踢兜"T恤的热销也说明了此次植入广告的成功。当然，这种成功不是偶然，它需要策划，更需要有真正的优质图书内容传播给读者，读者首先是被爱情故事打动，其次才是对"踢踢兜"品牌有了逐渐的了解。

由此可见，植入广告要达到广告传播效果，首先，图书要有上乘的品质和广泛的传播渠道。其次，图书的目标读者与植入广告的目标受众须一致，否则浪费了广告资源，却不能达到浑然一体、润物细无声的广告效果，还可能引起读者反感的风险。

文学评论家郝雨认为，在商业化时代，文学与商业的合谋在所难免，图书植入广告是正常的现象，而且这种现象还有更旺的趋势，"文学艺术毕竟也要生存，假如比较隐晦、巧妙、含蓄，植入广告也不是很严重的问题"。但是，他同时也表示，如果植入广告太露骨，让人感觉很不舒服，则不但损害文学作品本身，对广告也是损害。读者不看，广告就白投了。只有作品好故事好，广告植入才有价值。

3. 多媒体资源转换

如前所述，图书是一个载体，真正传播的是内容，所以，图书传播的关键在于"内容"，而不在于"这本书"。那么，同样的内容，运用不同的载体，仍然是具备传播价值的，这就涉及多媒体资源转换的问题。

目前，各个出版单位已经在进行多媒体资源转换的尝试并初见成效。《后宫·甄嬛传》改编为电视剧深受好评,电影《海角七号》在热映后出版了图书产品,轰动一时的汉宫剧《美人心计》其实改编自一部网络小说,这部小说出版的时候叫作《未央沉浮》……在进行影视版权改编的过程中,出版单位(或作者)除了可以运用其他载体对图书进行有效宣传、促进图书销售,还可以获得版权销售应得的经济回报,形成一个良性循环。同样,动漫的版权交易以及图书电子版权的销售,也将为图书内容的传播提供新的载体和新的盈利模式。

关于提升传统媒体官方新媒体影响力的思考

刘绍星　胡燕磊

2014年8月,中央全面深化改革领导小组第四次会议审议通过了《关于推动传统媒体和新兴媒体融合发展的指导意见》,为传统媒体"试水"新媒体创造了契机。

2016年6月发布的《新媒体蓝皮书:中国新媒体发展报告No.7(2016)》显示,截至2015年8月,经认证的媒体类微博为26259个,其中传统媒体微博为17323个。微信公众账号自2012年8月推出,注册数量一路飙升,截至2016年2月,微信公众账号已超1000万个,其中泛媒体类公众号超过1/4。2015年,全国的主流媒体客户端达231个,形成"东澎湃,南并读,西封面,北无病,中九派"的格局。

由此可见,移动互联网时代,新媒体已然成为媒体实现融合发展的重要平台,微博、微信、客户端等已成为传统媒体新闻报道、舆论引导的主战场。中国需要好声音,网络需要正能量。那么,新常态下如何有效运营传统媒体官方新媒体,如何传播正能量、占领意识形态主阵地,值得传统媒体深入研究、不断探索。

一、传统媒体官方新媒体报道呈现的特征

(一)传播力度大,覆盖范围广

微博、微信和客户端等作为传统媒体涉水新媒体平台的代表,近年来得到飞速

发展。尤其在当今"人人都是记者"的融媒格局下,只要拥有一部手机,便可不受时间、空间限制在网络上发布新闻消息,迅速传播到世界各个角落。相比个人或者其他自媒体平台,传统媒体官方新媒体由于消息来源可靠、采编队伍专业性强、公信力高等因素,具有消息准确度高、传播力度大、覆盖范围广等明显优势。

以《人民日报》为例,2015年9月3日抗战胜利纪念日当天,《人民日报》依托官方微博、微信和客户端,集新闻、图片、视频、评论互动等多种形式集中报道纪念活动。据统计,相关阅读量超过12亿人次,其中微博阅读量超11亿人次,微信公众号阅读量超过1500万人次,客户端阅读量超过8700万人次,收到了良好的传播效果。

(二)互动性强,受众主体更加多元

一直以来,传统媒体采编专业性强、编审制度严格,导致传统媒体与受众的实时互动难以实现。与之形成对比的是,传统媒体官方新媒体因其具有开放性和互动性,一改从前单向性的传播方式,任何受众都可以随时参与信息传播的全过程,实现了"受众—媒体"的多元互动。

2016年5月初发生的"魏则西事件"一度成为社会关注的热点话题。仔细观察各媒体平台特别是传统媒体新媒体平台对该事件的报道,可发现这些报道都在不同程度上体现了受众主体的多元化——来自社会各个阶层的声音,无论是处于事件中心的当事人,还是草根网民、政府、公共知识分子、媒体人士等,他们的意志、观点和态度都在不同程度上得到了集中体现。不仅如此,借助新媒体的互动性和开放性等特征,这些不同声音在新媒体平台上实现了积极互动。

(三)深度挖掘,资源利用率高

在"全民记者"时代,每一条微博、微信,甚至粉丝评论都可能成为新闻来源。面对鱼龙混杂的网络信息,传统媒体通过仔细甄别,不仅可以捕捉到有价值的信息,还能通过对新闻信息的整合加工、后续挖掘进行不同形式的报道,并借助微博、微信、客户端等多种新媒体平台,实现新闻信息的二次甚至是多次加工整合,最终实现新闻信息价值的最大化。

以《新京报》为例，作为一家以深度报道和评论见长的时政类传统媒体，《新京报》在报道新闻事件时，它通常采取传统报纸、官方新闻网站、微博，以及以"剥洋葱"为代表的官方微信矩阵等多种媒体介质相结合的方式，对单篇或多篇新闻稿件进行整合加工、深度挖掘，以受众需求和最有利于媒体平台的传播方式进行推送，有效提高了新闻资源的利用率。

二、传统媒体官方新媒体报道存在的问题

(一)缺乏明确的目标定位

目前，传统媒体官方新媒体在目标定位上往往存在这样那样的问题。一方面，不少传统媒体认为，新媒体平台只是传递新闻信息的一个窗口，由此导致新媒体发布的信息与传统媒体中的报道几乎一模一样，缺乏灵活性和变通性，没有充分发挥官方新媒体所应有的特点和作用。另一方面，传统媒体官方新媒体在进行日常管理时，或由于认识不足，混淆了官方新媒体与个人微博、微信的界定，导致受众目标定位不清，或在内容推送时，容易带有较强的个人主观意识，致使正能量缺乏和传播效果不好。

澎湃新闻在这方面的做法值得借鉴。2014年7月，上海报业集团《东方早报》团队打造的澎湃新闻客户端正式上线。在目标定位上，《东方早报》立足上海和长三角，因此它的目标受众群是上海和长三角的居民以及关注这一地区的受众，类似于"微观—宏观"的模式。澎湃新闻则以"宏观(国际)—中观(全国)—微观(上海和长三角)"的定位来运营。此外，在受众定位方面，澎湃新闻以都市中高端人群为主，受众定位又决定了其内容风格：原创、严肃、有思想。这在快餐文化盛行的新闻语境中，不但实现了对新闻事业形象的坚守，也吸引了更多受众的关注。

(二)内容同质化造成信息疲劳

不少传统媒体官方新媒体在转发推送新闻时，未充分考虑到新媒体介质和受众

的特点,缺乏创造和加工,从而导致内容同质化现象严重,这不仅影响了传统媒体的形象,也不利于传统媒体公信力和品牌的提升。例如,在对同一新闻事件报道推送时,不少传统媒体官方新媒体常常只是对标题进行简单删减,而不注重内容的加工提炼和报道角度的创新突破,最终导致"换汤不换药"或千篇一律的局面,缺乏吸引力。

在新媒体迅速发展的今天,人们可以随时随地在微博、微信上发布信息,因而人们在获取信息的同时,也受到海量信息的困扰。微信公众平台虽然对每天发送信息的数量有所限制,但是信息内容的同质化无疑也让用户感到疲劳。

(三)新闻报道把关不严

移动互联网时代,每一个重大新闻事件发生后,第一时间发布消息的往往是微博、微信等新媒体,先是几十个字的文字、图片或者短视频,接下来就是围绕这一事件进展的碎片化新闻迭代。与传统媒体一直以来所遵循的深度、理性、客观报道不同,新媒体在快速发布新闻的同时,因过于追求速度和吸引眼球,报道往往做不到深度透彻,而只停留在事实表面上。

此外,面对海量的网络信息,新媒体很难在短时间内甄别真伪,极易造成真假信息并存,从而误导受众,造成不良影响。相对而言,传统媒体的记者、编辑由于具备专业的新闻素养,且把关流程严谨规范,能够对新闻事件进行深入的报道解读,不易出错。在新的网络生态环境下,受众和社会需要更多的话题引领和舆论引导。因此,传播主流价值观和正能量应该是传统媒体官方新媒体义不容辞的责任。

(四)用户服务意识薄弱

一方面,从传统媒体官方新媒体平台的运营人员构成来看,由于资金、编制等因素制约,多数人员是从传统媒体的记者、编辑转变而来,或者身兼数职,既负责传统媒体的新闻采写,又负责新媒体的运作,由于精力时间有限,并且长期受传统的体制机制束缚,他们既缺乏"用户需求至上"的新媒体意识,也没有从用户角度出发,往往不能制作出适应新媒体特点的新闻信息。另一方面,囿于一直以来传统媒体在信息传播过程中始终处于主导地位的现实,传统媒体在进行微博、微信、客户端开发建设过程中,往往不能跳出为用户提供新闻这一固有思维,不能从服务受众、提供产品的角度出发去打造集新闻、信息、服务功能为一体的综合信息服务型平台。

三、关于传统媒体官方新媒体发展之浅见

(一)深耕内容,细分渠道

众所周知,与新媒体相比,传统媒体的核心价值和优势在于内容。因此,传统媒体官方新媒体在进行新闻推送时,不能仅把传统媒体的报道或原封不动地照搬照抄,或是只做简单的增删,而是要充分借用传统媒体的内容优势,根据新媒体的特点定制内容,真正做到贴近实际、贴近生活、贴近受众。同时,在碎片化的阅读语境下,新媒体的内容也需要碎片化的推广渠道,即细分推广渠道,找准对应的人群受众,采用与之对应的推广方式。

例如,我们通过观察《南方日报》《南方都市报》和《南方周末》的官方微信、微博等新媒体平台发现,与过去常常采用报纸头版新闻的"精编版"形式不同,目前多数传统媒体的新媒体除了每天向受众推送当天报纸的头版内容,更多的是根据微信、微博的受众群体特征,不定时地推送"本土新闻""南瓜学堂""24楼影院""直播""深读"等栏目来满足不同受众的需求。例如,《重庆晚报》官方微信、微博不仅每天向受众推送当天报纸的头版内容,还根据不同的受众定位提供"掌上律师""名医坐堂"等信息服务。

(二)加强议程设置,引导主流舆论话题

微博、微信、客户端作为传统媒体在新媒体介质上的延伸,应当充分融合新媒体的互动性、即时性和传统媒体的权威性、公信力等多重特征,在社会性、导向性的基础上提高议程设置能力,引领主流舆论话题。

以"天津港'8·12'特大火灾爆炸事故"为例。虽然该事件最早是由网民在微博

中发布文字和视频而引发关注,但是随着事件的发展,包括后续的事实确认、定性和追责等一系列报道环节都是由传统媒体主导议程设置的,特别是通过传统媒体官方新媒体的传播扩散,使一些不实的谣言不攻自破,民众的疑惑得到了有效消解,成功引导了主流舆论话题。不仅如此,官方新媒体还可以在此基础上,将记者采访过程中的一些花絮、心得、感悟等在微博、微信等平台上推送。这些内容有时出于报纸版面等原因无法见报,但因其具有极强的可读性、人情味、接地气等特点,非常适合放在微信、微博上推送。由此,微信相对私密的形式、微博百家争鸣的受众特征以及报纸的公共空间、意见表达形成一种优势互补的局面,这不但把读者有效导流到微博、微信平台,成功引导了话题舆论,让新闻报道更加立体、丰满,而且有助于打造传统媒体的品牌,实现多方共赢。

(三)以需求为导向,注重用户体验

在新的媒介生态环境下,媒体和用户的联系是建立在社交关系基础上的,每个用户都希望接收到自己想要的、感兴趣的信息,而不是将大量的时间浪费在不需要的内容上。此外,微博、微信、客户端所推送的信息内容主要是以关注和订阅模式出现,这两个功能恰恰表明了用户的目的在于找到自己感兴趣的内容和更专业的视角和观点。

因此,传统媒体官方新媒体的信息发布应以用户需求为导向,不断完善用户体验,将优质的新闻资讯进行多种方式的整合加工,为用户提供功能更强、价值更高,能引起共鸣的信息内容。比如,有的传统媒体会根据新媒体平台的主推内容和粉丝反馈,精心策划制作专题,或者是通过微话题、微访谈等新功能开发创新内容形式,增强粉丝的黏性;有的则非常注重品牌营销,举全媒体之力,包括报纸、网站、微博、微信等,与优质公众号互相推荐,或直接在官微上组织抽奖、有奖问答等活动,以吸引用户订阅,加强品牌推广力度。

(四)明确定位,整合各方资源

目前,微博、微信等新媒体已成为传统媒体新闻产品宣传、营销和公关的综合平台,甚至是传统媒体新的经济增长点。考虑到新媒体自身的特质,传统媒体在发展新媒体的过程中,不能仅将其作为传统媒体的营销工具和副产品,而应将其作为一个相对独立的整体,倾注更大精力来运营。

基于这样的定位,传统媒体官方新媒体平台的信息资源整合就显得尤为重要。一是外部资源的整合,包括对所有信息源的整合,无论是突发事件新闻线索,还是粉丝评论留言,或者是新闻热线电话信息,新媒体都可以作为一个分发、核实、追踪、采访的平台,完成对新闻的初级加工,为传统媒体的再次开发、深度挖掘提供信息资源;二是内部资源的整合,使采、编、播资源形成一个畅通高效的运转系统,同时通过微博、微信、客户端等新媒体渠道实现对外发布和互动,从而为公众设置一个相对完整的信息结构和信息来源窗口。

(五)注重人才培养,创新体制机制

新媒体时代对传媒从业人员提出了更高的要求。不少媒体正在逐步探索新的用人方式,一些媒体设立了专门机构或指定专人负责官方新媒体的运营管理。不可否认,传统媒体的从业人员普遍具有较高的政治素质、娴熟的业务技能,但要想在新媒体环境下不被淘汰,仍需不断钻研,继续提高新闻的敏感性,从受众需求出发,做好新闻价值的传播。

此外,传统媒体官方新媒体还应根据新媒体自身的特点,创新体制机制,建立适合自己的全新流程体系。同时,传统媒体官方新媒体人员要放下身段,虚心向其他自媒体学习,多与自媒体沟通接触、探讨座谈,必要时可与自媒体开展多种形式的合作,共同发展。

在媒介融合趋势愈演愈烈的当下,不少传统媒体纷纷涉足微信、微博、客户端等新媒体平台,以期更好地提升传统媒体的影响力,但在其官方新媒体运营的过程中,还存在目标不明确、内容把关不严、同质化现象严重和受众意识薄弱等问题。传统媒体必须通过深耕内容、细分渠道,加强议程设置、引导主流舆论话题,明确定位、整合各方资源,注重用户需求、人才培养,创新体制机制等措施,提升官方新媒体运行的有效性,促进传统媒体和新媒体的互动发展。

参考文献

1. 陈路路,刘燕锦.传统媒体官方微博的内容与发布策略[J].中国报业,2013(9).
2. 喻国明,李彪,何睿.论媒体微博的运营及其发展趋势[J].新闻传播,2013(4).
3. 新媒体蓝皮书:中国新媒体发展报告 No.7(2016)[EB/OL].http://ex.cssn.cn/dybg/dyba_wh/201606/20160624_3083738.shtml.
4. 高红玲,金鸿浩.从关注点差异看传统媒体影响力的提升空间[J].新闻前哨,2011(6).

互联网时代图书选题策划创新

程 辉

在互联网时代,图书选题策划运用大数据、云计算、物联网等信息技术,创新思维、渠道和模式,与读者深入互动,充分吸纳其需求,将传统的"出版者—读者"颠覆为"读者—出版者",从而策划出适销对路的图书,实现无退货、少库存的目的。

美国南加州大学传媒学院曼纽尔·卡斯特尔教授在《互联时化》纪录片中指出:"网络的形成,将成为贯穿一切事物的形成。"互联网正在成为现代社会真正的基础设施之一,就像电力和道路一样。据国家工信部统计,截至2015年底,移动互联网用户达到9.05亿户,微信用户超过6亿,淘宝用户突破4亿。互联网已渗透到社会生活的方方面面,它不仅给阅读模式和群体带来了革命性的变革,更重要的是,它促使出版者思考探索并用互联网时代的大数据、云计算、物联网优势以及互联网互动性、开放性、共享性的特点,策划更合乎市场需求的图书选题,以适应互联网时代的读者需求。

图书选题策划是精神文化产品构思的过程,有其丰富的内涵和外延。对选题前景、可操作性要作详尽的规划,从选题内容与形式的设计、选题实施方案、营销方案等各方面作全面考虑。要在充分的市场调研的基础上进行,是一项系统性工程,且有一定的出版理念、经营思路、市场预期的综合体现。更是出版企业做大做强的基石,是企业形成核心竞争力的关键,是核心竞争力的核心。

互联网时代,信息技术(包括互联网、云计算、大数据等)的迅猛发展和广泛应用,给图书选题策划创新提供了快捷、广泛、便利的渠道、平台、模式。数字技术的迅猛发展和网络文化的传播使整个社会从封闭性向开放性转变的过程变得势不可挡,人们对文化产品的需求更加多样化、个性化，这对传统出版编辑处理的综合能力、选题策划能力、市场营销能力提出了全新的挑战，尤其是图书选题策划，直接决定了出版企业的产品生产力和市场竞争力。因此，探索图书选题策划创新，对图书业发展具有重要的现实意义。

一、互联网时代的图书选题策划需要思维创新

互联网思维是指在互联网、云计算、大数据等科技不断发展的背景下，对市场、对用户、对产品、对企业价值链乃至整个商业生态进行重新审视的思考方式。互联网思维包括碎片化思维、粉丝思维、焦点思维、快速思维、第一思维、迭代思维等各种新思维形式，能准确快速地找到自己的目标客户的关键市场，第一时间占领市场。传统企业转型升级的最核心要义，就是必须具备互联网思维，不是因为有了互联网，才有了这些思维，而是因为互联网的出现和发展，使这些思维得以集中爆发。正如腾讯创始人马化腾所说："传统企业即使还想不出怎么去结合互联网，但一定要具备互联网思维。"互联网思维正改变每一个行业，出版行业也不例外。传统出版企业能否转型升级融合发展，关键在于出版人思维模式能否转型。图书选题策划的思维创新，是出版人思维模式转型的前提和基础，就应该与时俱进，首先用互联网思维武装头脑，在出版流程和组织架构上，均应作相应的调整和规划，以适应新的发展形势，满足读者市场的个性化需求。

(一)读者思维

互联网时代的核心，是用户思维，就出版业而言，即读者思维。强调读者体验，是指在互联网、大数据、云计算等科技不断发展的前提下，对市场、读者、图书乃至整个出版业生态进行重新审视的思考方法，遵从多元化、个性化、扁平化，崇尚协作分享，具有平等、民主、开放的特征，它与工业化时代遵从单一化、标准化、规模化，崇尚精英文化的思维模式有着本质的差异。"以读者为中心"的互联网时代，读者的话语

权日益增加,并且影响着图书选题策划的各个环节,以读者为中心,出版价值一定要建立在读者价值之上。就出版而言,读者思维是所有互联网思维的核心,没有读者思维也就不可能策划出接地气、适销对路的图书选题。

(二)小众化思维

不管你的需求多么特殊,你想要什么样的产品,互联网基本都能帮你找到。过去那种靠规模经济取胜的大而全模式被灵活多变的小而专模式所替代。只有懂得聚焦,懂得走差异化道路,才能做出更好的小众化产品,得到某个特定群体的偏爱。对出版来说,小众化的思维就是定制出版或者叫"自出版"。如学林出版社出版的《中国俗话趣典》,有一读者急需这本书,且量较大,但出版社库存不够。为满足读者的个性需求,出版社在3天内按需印刷,定制出版,完成了该读者的订单。

(三)去平台思维

互联网里的平台都不是做出来的,都是积累起来的,是在为用户服务的过程中形成的,最开始都是从一个点做起,互联网把大家聚合在一起是第一步,下一步一定会形成各种各样的平台,所以平台经济将是未来十年的主旋律,未来是一个平台制胜的时代,这几年不管是互联网新秀,还是传统企业转型的成功者,基本上都是平台型的,如百度、阿里巴巴、腾讯、小米、360、京东、苏宁等等。今后的创业者要么从一开始,就想好去打造一个平台,让别人来参与,要么加入别人已有的平台,通过特许经营等方式,借别人的平台做生意。不过平台经济的特点是数一数二,一个市场上最多能容纳一两个品牌平台让大家二选一,而不会像过去那样,同一类产品会出现几十个品牌。所以图书选题策划不需要自己去做平台,否则投入了大量的人力物力财力,仍很难达到预期的目的,更好的办法是去平台思维,借用已有的有影响力的互联网平台,借船出海,便能收到事半功倍的效果。如2015年下半年,重庆出版社与中资海派文化公司合作,借用亚马逊互联网平台,策划出版的《回形针行动》一书,一经投放市场,便受到众多读者的青睐。

(四)故事娱乐化思维

这是一个信息过剩的时代,过度竞争导致注意力分散,如何吸引读者的眼球,成为互联网时代的图书选题策划的主要挑战。为了博出彩,一定要有生动的故事,有放松的娱乐体现,才能激发大家的好奇心和热情。各种励志的故事,致富的奇迹,都在不断挑动受众内心深处那种想知而未知的欲望。娱乐快乐,都是消费的必然趋势。日前,北京师范大学新闻与传播学院对"您读书的目的是什么"进行网络调查,选择"消遣娱乐"的读者达到了50%。所以不管哪个行业,包括出版业,要想赢得读者,都要在故事性和娱乐性上做文章,增强可读性。

(五)跨界思维

随着互联网和新科技的发展,纯实体经济与纯虚拟经济开始融合,很多产业的边界变得模糊,互联网触角已无孔不入。对产业的界定变得困难,很难讲阿里巴巴是一家做什么产业的企业。掌握了用户和数据资产,就可以参与到跨界竞争,跨界变得越来越普遍。出版业在《加强传统出版与新兴出版融合发展的指导意见》的推动下,跨行业、跨地区、跨所有制的大型出版传媒企业将相继诞生,图书选题策划同样不受地域、行业等的制约,选题类别包罗万象,属你中有我,我中有你的复合型业态。

(六)扁平化思维

未来受冲击最大的莫过于各类中介机构、中间环节代理机构。不论是经济方面还是服务方面,不管是体验方面还是风险方面,都会面临很大的挑战。互联网的威力,在于把渠道扁平化,出版社与终端读者之间可以直通,听取读者的声音,得到读者的反馈,让读者参与进来,对中间环节如书店等卖场形成压力。互联网消除信息不对称的特性,在组织构建上的表现就是消除了中间层,使组织构建变得扁平化,部门的概念越来越弱化。小米公司的扁平化组织架构,没有层次,基本上是三级,七个核心创始人—部门领导—员工,不会让团队太大,稍大一点就拆分为小团队,它的组织结构是一层产品、一层营销、一层硬件、一层电商,每一层由一名创始人坐镇,能一竿子插到底地执行,大家互不干涉,都希望能在各自分管的领域给力,一起把事情干好。因此,图书选题策划的组织结构也应像小米那样精干有效,直接面向读者,面向市场,将他们的所思所想融入选题策划之中。重庆出版社图书选题策划论证机制,体现了扁平化思维。即发行与出版公司对接论证,减少中间环节,选题是否通过,通过后的首印数及定价,都是依据图书市场情况而定。由此产生的选题,如《一花一世界》("季羡林品读人生系列")、《平行宇宙》("科学可以这样看系列")和《香蕉哲学》("人生随笔感悟系列")等一批重点图书,市场反响良好,销量均达10万册以上。

二、互联网时代图书选题策划需要渠道创新

传统出版业的选题策划是通过问卷调查、个别访问、读者座谈、设立意见箱等方式来了解读者的需求。这不但工作量大,成本高,效率低,而且采样数据有限,准确率也不够高。数据信息采集是选题策划最为基础的工作,是图书选题策划中市场预测工作的重要环节。互联网时代下,出版者通过数据公司(如开卷)、电商(如京东、当当、亚马逊等)提供的海量信息,经过对信息进行筛选和分析,对潜在的读者群和购买力作出预判,探索选题策划、图书定制出版,判断图书的定价、印量和出版时机,实现精准的市场投放,切实为读者服好务,使读者在阅读过程中,有感官体验、交互体验和情景体验。

(一)大数据为图书选题策划导航

互联网最大的魅力在于网上的行为全都可以被跟踪和引导,通过对线上分享、浏览、购买等信息的分析,商家很容易了解到用户的需求及潜在的要求。互联网公司是典型的数据公司,亚马逊、谷歌以及中国的三大互联网公司BAT(百度、阿里巴巴、腾讯),都是拥有大数据的互联网公司。他们都是大矿主,坐拥数据金矿。百度拥有用户搜索的需求数据,阿里巴巴有交易数据和信用数据,腾讯有用户关系数据

和基于此产生的社交数据。这些大的互联网公司在跨界做零售、媒体、金融等各个行业的时候，首先掌握的就是用户的数据，这些数据能帮助我们做出更好的决策，用友董事长王文京说："数据可以说明过去，但数据也可以驱动现在，数据更可以决定未来。"比如美剧《纸牌屋》就是使用互联网数据功能的成功案例，这部剧是美国一家大的互联网公司通过用户数据调研，调查出喜欢A导演、B演员、C编剧的基础用户数，然后用A做导演，B做主角，C写剧本，拍出《纸牌屋》推向用户，获得了极大的成功。同样在互联网时代，图书出版也应利用这些平台，收集有关数据，和这些大互联网公司结成战略合作伙伴，与外部产业形成共生关系，深入了解市场需求，从而策划出读者真正需求的精神食粮。如美国学乐出版社的全球畅销书《39条线索》，这一小说的选题是建立在其在线游戏大数据基础上的。该出版社通过在线游戏追踪最吸引人的线索和人物，以此为构思策划创作了该系列小说。

(二)专业数据为图书选题策划引路

充分利用拥有出版行业相关数据，如开卷、东方等图书数据公司及当当、亚马逊、京东等电商的网站销售数据，对同类图书选题进行分析，确定主题，从而开始选题策划。如青岛出版集团与京东集团签订战略合作协议，卖书只是合作的目的之一，更重要的是利用京东平台的数据分析和读者需求分析，探索图书出版的规律性。青岛出版集团网络出版发行公司总经理钦林威说："一本书出版之前，我们就可以通过数据分析，对潜在的读者群和购买力作出预判，从而确定一本书的印量价格，改变以往图书出版的流程，实现精准的市场有效发行。"从图书选题到定价、印数，均通过有关数据分析帮助出版社锁定读者。

(三)自有数据为图书选题策划助力

出版社或出版商，建立读者平台，或者借助具有影响力的互联网公司平台，以提取信息和建立读者忠诚度为主，卖书只是次要的目的，从读者在线和零售渠道生成的信息获得重要的数据，这对了解读者以及维系出版环境的未来将起到关键的作用。长江传媒数字出版有限公司，与淘宝网络有限公司签订合作协议，利用阿里巴巴在技术营运和渠道上的优势，在平台搭建、数字内容资源和出版、选题策划营销等方面进行广泛深入的合作。企鹅兰登书屋澳大利亚公司构建了以读者为中心的数字开发部，借此了解读者的年龄性别、阅读喜好，根据获得的读者数据进行跟踪，预测分析读者对哪些类型和题材的图书感兴趣，从而影响到出版商的选题策划，书稿选择，广告投放，以及发行渠道的统筹。京东从2014年起涉足出版选题策划，以《大卫·贝克汉姆》一书为始，已推出近150种图书，涵盖了文学、经管、传记、少儿读物、生活旅游等板块。京东图书音像事业部总经理杨海峰强调，京东的出版业务并非要替代出版社，而是基于京东的读者数据和用户消费行为分析来做针对性的图书选题策划。

三、互联网时代图书选题策划需要模式创新

互联网时代经过了门户网站阶段、博客时代，到现在以微博、微信为代表的自媒体时代，任何一个人都可以在社交网络中建立起传播渠道，出版者、作者、读者融合在一起，拥有了独立的话语权，具有开放性、平等性、互动性。互联网时代也是一个平台支撑的时代，要么从开始就打造一个平台让读者参与，要么加入别人已有的平台，如新浪读书、腾讯读书、豆瓣阅读、SNS社交平台、微信公众号等，将读者、作者、出版者联系在一起，增强互动性、平等性、透明性，如时代传媒旗下的新媒体公司推出的自出版平台"时光流影"，腾讯的"天天读好书"、微信读书公众号"文博天天读书"等。开放平台实现了作者、读者、出版者的沟通，直接联系读者、作者、出版者，让读者从选题策划开始全程参与（从前期选题策划、中期营销，到后期购买），改变过去被动接受为现在的主动参与，出版模式由过去的出版者—作者—读者，演变为现在的读者—作者—出版者。即由原来的产品（图书）—市场（读者）演变为现在的市场（读者）—产品（图书），从而做到策划出版的图书有的放矢，有效发行，无退货、少库存。

(一)读者到出版者模式,即C2B模式

在工业时代,一切商业模式都是建立在企业——用户"垂直"的关系上,即B2C模式,而互联网改变了企业和用户之间的关系,由垂直变为水平,企业与用户之间是平等的合作关系。企业争取各种资源,以实现对用户时空的垄断,比如用广告占领电视节目,门店占领消费场所。而互联网时代,用户不再单向被动地接受企业信息的传播,而是通过与他人互动来行使用户的主权,在互联网之前,任何企业都很难真正满足海量用户的个性化需求。

只有到了互联网时代,以用户为中心的C2B模式,才有了实现的可能。出版者可借鉴这种商业模式,利用知名的社交媒体,如天涯社区、新浪社区、豆瓣、亚马逊网、当当论坛、人人网、知乎网、QQ群以及微信公众号等载体,加强与目标读者的互动,从图书选题策划开始,使其参与其中。从选题的名称、内容情节设置、封面开本的设计到定价的高低、发行时机都广泛深入地听取读者的意见,来修改完善图书选题策划,通过互联网汇集读者个性化的需求,实现多品种少印量的定制出版。众筹是C2B模式的一种表现,众筹不但解决了出版资金问题,而且能让读者参与其中,形成互动,筹集了人脉和圈子,锁定了目标读者群,如《风口:把握产业互联网带来的创业转型新机遇》一书创造了中国出版众筹的典范,通过微信朋友圈的传播,仅仅用了40天的时间,就联合起了310位发起人和800多名参与者,筹资达400多万元,远超周鸿祎《周鸿祎自述:我的互联网方法论》在京东商城创造的161万元的图书出版业众筹纪录。该书销售业绩同样喜人,书还没上市,就已经卖出了10多万册。又如,重庆出版社策划反映本土文化的画册《故城》,吸引了两家企业以及上百名老重庆粉丝参与众筹,获得极大成功。这种模式降低了选题进入市场后的退货风险,可以预估出合理的首印数,科学地进行出版统筹,成为一种传统出版方式的有效补充。

(二)作者到读者模式,即C2C模式

出版者让作者全程参与图书选题策划,并通过作者特别是有影响力的作者(如"微博大V""意见领袖"等)依托微博、微信、QQ、社交平台等全媒体建立作者读者的

立体的传播结构，施加作者的影响，以作者的丰富知识内涵、人格魅力来吸引读者成为其粉丝，进而让粉丝参与到作者的选题策划当中，作者与粉丝加强互动，将粉丝的所思所想所愿吸纳到选题中，让他们感觉到参与的快乐和成就感由此衍生出粉丝效应，形成口碑营销。如重庆出版社的《香蕉哲学》系列，共4本，其作者杨昌溢微博名字叫作"飞机的坏品位"，拥有粉丝30万之多，他在谋划《香蕉哲学》选题时在微博上与博友进行广泛深入的互动，将书稿的相当一部分公诸微博，让博友讨论，发表自己的见解看法，再加修改完善。这不但提高了书稿的质量，更重要的是聚集了大量的人气，图书未出版便预售一空，累计印刷42万多册，这就是大V与粉丝参与互动产生的良好效果。

(三)线上线下模式，即O2O模式

出版社关注并参与到门户网站的社交平台或读书频道，关注线上的话题、热点、兴奋点和兴趣点，线下出版者加以收集整理提炼成图书选题，在线上及时反馈图书的策划内容，让有兴趣的读者参与其中，在线下将这些意见吸纳到书稿中，并及时将修改完善后的书稿的精彩部分在线上反馈给读者，让他们有一种被认可的参与感，从而形成一种选题策划闭环式的O2O模式，这是其一。还有另一种模式就是出版社在线下通过对线上读者意见的广泛收集整理提炼后出版的图书，线下经过编辑印刷成册，并在图书上印上二维码，销售后读者通过扫码上线对已出版的图书加以评论，并提出改进意见，乃至于对类似的选题策划提出好的建议，由此形成出版者与读者间的线上线下闭环的O2O模式，如重庆出版社的"码"上菜谱系列，有20余种图书，均印有二维码，有不少的目标读者通过扫描二维码后在线上提出很多建设性意见建议，有的读者还将自己拍摄的质量很高的图传给出版社，作为重印再版时替换的图片。

图书选题策划要充分利用互联网时代的先进技术，应具有国际视野、了解国际需求，抓住国内国际两个市场，挖掘国外读者对中国图书的潜在需求，策划高质量的中国读本，满足海外读者的需求。同时，也要有重点，有选择地引进优秀的外国图书满足国内读者的需求。

作为互联网时代出版人，必须坚持正确的出版导向，坚守职业道德，谨防网络推手的炒作，对网络信息、社交网信息O2O模式等数据信息要去粗取精、去伪存真、为我所用；同时，要对参与选题策划的读者隐私权、知情权、肖像权加以保护，特别是要对作者的署名权、著作权加以保护，为图书策划提供准确翔实的数据信息，为读者和作者构建一个开放、透明、合法、平等的互联网平台。

参考文献

1. 中国互联网协会.2015年中国互联网产业综述与2016发展趋势报告.(2016-01-06).
2. 马化腾.未来一定要具备互联网思维[EB/OL].(2014-01-04).http://stock.17ok.com/news/392/2014/0102/2337640.html.
3. 李颖.2015年图书出版满意度调查报告　坚守"内容至上"原则.(2016-01-21)
4. 徐昊,马斌.时代的变换:互联网构建新世界[M].北京:机械工业出版社,2015.
5. 赵大伟.互联网思维孤独九剑[M].北京:机械工业出版社,2014.
6. 张良娟.出版社纷纷加快"融合与跨界"[EB/OL].(2014-9-10).https://www.bkpcn.com/Web/ArticleShow.aspx?artid=121494&cateid=A0501.
7. 张攀.京东出版:稳重求进　合作共赢[N].中国出版传媒商报,2015-06-19.
8. 宋磊,姚光敏,涂涛.众筹可以这样玩[M].重庆:重庆出版社,2015.

刍议融合发展背景下文化传媒业的新策略

李 子

前言

新媒体技术的运用推动了媒体转型和发展，媒体融合已成为传媒产业发展的现实和大趋势，推动传媒产业发生巨大变化，形成了新的特点。相较于新媒体产业的发展，传统媒体产业的发展势头明显减弱，除了探讨传统媒体转型对传媒产业发展的影响外，新媒体产业的发展也成为了学界和业界关注的重点。媒体融合不仅需要考虑互联网技术以及大数据技术的介入，还需要重点进行传播形态的定位，以及传播途径与传统传媒的融合，融合不是形式上的"加在一起"，而是需要多方面考虑，包括会出现的并不兼容的问题。因此，在融合背景下文化传媒需要以现状以及可能出现的问题为策略出发点，力求考虑全面，不留疑点难点，加快促进媒体融合。

一、融合发展背景下文化传媒业面临的挑战与机遇

(一)文化传媒业逐渐边缘模糊

在融合背景下,传统文化传媒业呈现一种融合状态,在时代的推进下,文化传媒行业在组织、内容、市场占有、人才培养等多个方面发生了巨大变化。在这些变化中,传统文化传媒业与新媒体之间的边界逐渐发生了变化,变得边缘模糊,文化传媒已经从传统转型为新型媒体模式。移动端的文化传播模式使文化传媒业与新媒体一样在同一市场中竞争,因此,文化传媒业也应顺应时代发展,加快改革进程,抢占市场份额,在发挥传统文化传媒权威性优点的同时,加速融合,实现文化传播主流形式的回归,提升市场竞争力[1]。

(二)新技术助力文化传播,提升用户体验

用户注意力是文化传媒业生产力转化为经济力的重要保障,融合背景下,用户注意力与传媒技术创新、传媒主体之间发生巨大变化,文化传媒业与新媒体之间的竞争已达巅峰。在融合背景下,新技术的加入无疑是给在转型困境中的文化传媒业带来了突破点,首先是以AR和AI为代表的数字技术在文化传媒业的广泛应用,实现现实与虚拟相交融的沉浸式体验,真正做到"身临其境",使用户在吸收信息的同时身心得到最大的满足。以文化传媒业的报纸业为例,随着"人工智能+新媒体"技术的日益成熟,"一切皆媒体"的时代已经到来。在新闻信息良莠不齐的现代社会,精准的判断与分析思考是非常必要的,人工智能机器人新闻具有很高的准确性,易于理解的数据和信息,清晰流畅的报告,满足社会的紧急新闻需求。因此,文化传媒工作者要善于利用现代高科技技术减轻繁琐的工作压力,将更多的精力用在新闻报道的真实性与专业性上。

---

[1] 方兴东,钟祥铭.中国媒体融合的本质、使命与道路选择——从数字传播理论看中国媒体融合的新思维[J].现代出版,2020(4):41—47.

(三)跨界经营成为新型传媒方式

媒体融合的背景下文化传媒业跨界经营已经成为传媒经营新趋势,在新趋势的驱动下,文化传媒业各个机构之间抛弃过去"老死不相往来"的姿态,开始实现各机构联合的多元化营销模式。文化传媒产品也不依赖"单打独斗"营销理念,转变发展战略,实现产业产品营销的延伸发展策略。无论是跨界,还是联合,在媒体融合的背景下,既是机遇也是挑战,要想在时代的冲击下实现平稳转型,文化传媒业内部力量的加强也是改革创新的重点[①]。

(四)文化传媒业专业队伍的重置与整合

媒体融合背景下,文化传媒业的从业人员工作职能和工作内容被不断细化,在新技术和新文化传播模式下,需要文化传媒业加强对专业人员队伍的培训与建构[②]。例如,疫情发生以来,出版发行领域的多个环节受到了不同程度的冲击,出版社的内容创作、生产印制环节、线下营销渠道等都面临着一些困难,而数字出版在业务流程、传播渠道、平台及资源方面的优势充分显露出来。因此,广大出版业的从业人员要积极学习先进的数字化出版技能,深化改革自己的固有思维,以更好的姿态融入到新的数字化市场中去,成为"全能"的文化媒体传播者。

二、融合发展背景下文化传媒业的新策略

(一)文化传媒应创新营销手段

文化媒体产品营销创新的核心在于制造高热度的话题,依靠高质量的内容和话题,辅助创意营销手段,加深文化媒体机构和粉丝群体的协同营销,会达到意想不到的"炸裂式"的传播效果。例如,近年来随着国产电影的发展,除了电影创作和制作

---

① 贺怡萌."5G+AI"时代传媒业的发展特色与传播逻辑——基于2019年中国传媒业大事件的思考[J].出版广角,2020(11):71—73.
② 邹波.新媒体背景下传统文化的传播策略研究[J].传媒,2019(19):90—93.

质量的提高外,电影营销理念和手段的革新,利用社交媒体的话题营销和粉丝营销也起到了重要作用。

2019年最火爆的电影《哪吒之魔童降世》,其题材是中国民众耳熟能详的神话故事,抛开其作品本身的优秀特质之外,电影的热播还要归功于创新的营销手段。其导演"饺子"背后不为人知的"秘密"——艰难的创作历程,屡受打击却不放弃梦想的励志故事与商业元素的完美结合,经由知乎、公众号、微博等新媒体传播下形成了巨大的话题热度,从而引发了大众媒体的集中关注,最终成就了该影片口碑和票房的双赢[①]。

(二)树立融合发展的创新思维

技术发展趋势正在迅速转变,新的文化媒体形态可能会继续出现,但是无论如何变化,内容始终是关键。无论是以传统传媒手段为代表的传统图书、电影、电视、新闻等,还是以手机、微信等为代表的互联网媒体,内容始终是参与营销活动的竞争优势。借助"互联网+、大数据、5G+AI"等,将内容创作放到文化传媒创新营销的上游,对产品内容进行多方面的整合,改以往单一整合的思维为多方位、多领域的融合发展思维。通过整合提升内容生产能力,并从内容流通、版权交易、销售渠道等环节形成有力的支撑体系,把内容生产转变为系统行为,从而进一步促进文化媒体业的融合发展[②]。例如,"5G+AI"技术对于文化传媒业具有颠覆性的改变,这一次的信息革命使文化传媒实现了"万物互联"的传播形态。技术赋能对于出版业融合发展是起建设性作用的。例如,梦想人和济南出版社合作推出国家标准AR地理教材,让学生学习地理时不再觉得晦涩难懂了,并提升学习兴趣。出版业将优质内容进行更加精准的呈现,融合出版未来可期。伴随着5G时代的到来,未来,可视化阅读将会成为主流,AR作为可视化呈现效果最好的技术之一,效果显著、成本较低、用户体验感好、可传播性强,适配95%以上的出版物。比如2015年,中国出版集团数字传媒有限公司制作了一本《道士下山》的数字图书,配合上映的同名电影发布,且在电子书中加入了《道士下山》的电影片段及有声方式。由此,读者既可以看文字,也可以看电

---

① 卜洪漩.融媒体背景下移动短视频新闻传播策略探析[J].巢湖学院学报,2019,21(4):98—104.
② 卜彦芳,董紫薇.历史进程、理论记忆与框架建构:中国传媒经济研究四十年[J].现代传播(中国传媒大学学报),2019,41(5):127—133.

影,还能听小说。

(三)打造融媒体背景下的全媒体平台

为了建立一种沟通方法并加强创新,文化传媒业需要在三个方面进行工作。一是专注于构建平台,吸引用户并使观众成为内容创作的主体。二是,它积极整合新技术以不断满足用户需求。三是树立抓住机遇的意识,将原始内容的生产能力作为价值追求。在媒体融合的大背景下,文化传媒业全媒体平台应运而生,这种服务平台模式为文化传媒业转型提供了一条新的思路,该平台可以融合多种媒体技术,将传统文化传媒产品,比如新闻传播,做大做强做全,能够更有效地与用户进行情感沟通,提升回应信息的到达率。例如,上海电视台的《新闻坊》节目是一档开播于2002年的老牌民生新闻热线类节目,一直坚持"民有所呼,我有所应"的节目宗旨。在2018年上线的"新闻坊+"小程序,将最初散布在官方账号中的突发新闻、寻求帮助和投诉的渠道全部集中在一个综合的新平台上,从而创建了一个全新服务平台。媒体可以回答热线电话,进行网络交互、网络图形和文本实时广播以及音频实时广播[①]。

(四)加强融媒体人才队伍建设

文化传媒业应加强原有采编人员的技术能力,加强与高校的合作,可以采取请高校专家进行培训等措施进行联合培养,打造一支以信息化技术、新媒体技术运用为主要技能的全媒体人才队伍。除了文化传媒业自有人员需要加强培训之外,还应制定高科技、高素质人才引进计划,以市场导向为人才需求基准,注重引进一批具有融合思维、互联网思维以及创新思维的全媒体内容生产人才,还要注重引进既懂文化又懂技术、既懂管理又懂运营的复合型高端人才[②]。

(五)建立健全文化传媒业融合发展政策

文化传媒业的创新发展离不开政策的支持,尽管中央出台了许多相关政策,但是大多数政策都是综合性的,对实际的文化传媒产业还是缺少针对性指导。因此,

---

① 吴芳.试论融合发展语境下文化传媒业的新路径[J].福建广播电视大学学报,2019(2):26—29.
② 崔保国,郑维雄,何丹嵋.数字经济时代的传媒产业创新发展[J].新闻战线,2018(11):73—78.

文化传媒产业应推出针对性指导政策,力求全面、实际、操作性强的政策进行指导改革。一是政府应增加对文化媒体产业的财政投资,主要集中在新媒体技术的开发和应用上。二是加强监督,包括资金、人才等政策程序的监督和指导,确保各项政策的顺利实施,加快文化传媒产业的创新和转型[①]。

结语

文化传媒业在媒体融合的背景下实现创新改革,在改革的道路上虽然遇到很多困难,但是从长远眼光来看,既是挑战,也是机遇。因此,文化传媒业的各个机构要更新观念,积极融合,积极将新技术、新理念、新方法运用到实际工作中去,更新服务模式,进行数据整合和利用,打造全媒体服务平台,为我国文化输出贡献自己的力量。同时,各级政府要大力支持文化传媒行业的融合转型,推出各种政策来推进文化媒体的改革创新,协调产业、媒体、市场之间的发展。

---

① 甘险峰,李勇.机遇与挑战并存:媒体融合进入改革创新"深水区"——2017年中国新闻业事件盘点[J].编辑之友,2018(2):17—27.

如何培养造就创新型数字出版人才

——以重庆天健互联网出版有限责任公司为例

刘爱民

近几年,科技发展突飞猛进,以云计算、大数据、移动互联网、人工智能、虚拟现实、物联网、三网融合、搜索引擎等为代表的新技术层出不穷。这些新技术孕育了出版的新业态,为出版产业的数字化转型升级和融合发展提供了强有力的支撑。但各出版单位在全面推进数字化转型升级和融合发展过程中,均面临数字出版人才在数量和质量上与实际需求不匹配,急需既懂出版业务又懂数字技术、既懂内容加工又懂市场经营的复合型数字出版人才。

一、出版业面临的变革

在新技术的推动下,出版业的生产流程、产品形态、传播方式、服务模式发生了深刻的变革。

1. 生产流程的变革

新技术使选题策划、内容组织、内容审校、生产与管理、产品发布、产品运营维护变得更加灵活便捷,用户需求导向成为了整个生产流程的首要环节。编辑工作扩展到产品设计、资源加工、产品运营维护等技术应用领域,编辑人员需要通过与读者的互动,深入分析选题,实现产品策划设计。

2. 产品形态的变革

出版产品不再必须具有固化的物质形态,如以纸介质为载体的图书、报纸和期刊,以及以磁、光、电等介质为载体的音像制品和电子出版物等,而是结合载体和传播渠道,内容资源的媒介由纸介质和磁、光、电等介质转换成数字介质。目前数字出版产品形态主要包括电子图书、数字期刊、数字报纸、数字音乐、网络动漫、网络游戏、网络原创文学、网络地图、网络教育出版物、数据库出版物、手机出版物等[1],以及按需印刷读物等形态,上述数字出版产品是通过网络或其他阅读终端的形式呈现给读者,为读者提供多介质、立体化、动态化的产品服务。

3. 传播方式的变革

一是传统出版物通过网上书店进行传播;二是大量的数字化产品通过专业网站、自建平台、微信、微博、APP等进行传播。

4. 服务模式的变革

以互联网为载体的数字出版物,须以用户为中心,注重用户使用体验,满足用户的需求。这些变革迫使出版单位从传统出版商向内容提供商、知识服务商进行转变。

在信息技术的推动下,出版业正快速地向数字化、网络化发展演变。进入数字出版时代,对出版人才也提出了新的要求。

二、数字出版人才培养要求

我国在传统出版领域的人才培养经过几十年的探索和发展,模式较为成熟,人才培养方面已经基本涵盖了编、印、发等各个业务环节,但在进入数字出版时代后,

---

[1] 国家新闻出版广电总局出版专业资格考试办公室.数字出版基础(2015年版)[M].北京:电子工业出版社,2015:2—3.

数字出版人才培养上出现了不少的问题,主要表现在功能定位模糊、系统理论知识欠缺、实践能力不足等,这些问题严重制约了传统出版单位的数字化升级转型和融合发展的进程。

出版单位要解决数字出版人才培养的难题,首先要明确数字出版对人才培养规格的要求,即数字出版究竟需要什么样的人才。

1. 数字出版人才的知识要求

一是广博的文化素养。数字出版人才首先必须是合格的出版人才,必须具有广博的人文社科知识和自然科学基础知识,具有宽广的文化视野和深厚的文化底蕴。出版人员的文化素养还包括科学的思维方式、广泛的阅读兴趣和良好的学习习惯,以及对出版文化市场有全面深入的理解和把握。

二是丰富的编辑出版知识。数字出版人才还须具备系统的编辑出版理论素养,在熟悉整个出版流程的基础上,深入研究编辑出版规律,掌握编辑出版专业知识,提高驾驭出版活动的能力。

三是专业的计算机技术和数字出版技术知识。数字出版人才在熟悉出版业务的基础上,还要能熟练掌握计算机技术和数字出版技术,主要包括媒体加工技术、网站搭建技术、网站的系统构成、XML技术、数据库技术、检索技术、数字版权保护技术、电子商务技术等。数字出版人才能够运用信息化技术、网络平台、多媒体转换等现代技术进行数字产品策划、数字产品加工、数字产品管理、数字产品运营维护等,并根据市场需求策划符合大众口味的产品,产品的包装设计不仅要美观,还要体现创新精神,融入创新理念,真正做到让受众满意。

2. 数字出版人才的能力要求

在数字出版工作中,数字出版人才需要对海量信息进行搜索采集、整理加工、设计制作、审读审核、上线发布、维护服务的具体工作。因此数字出版人才应具备以下四个方面的能力。

一是项目(产品)策划能力。项目(产品)是数字出版的主体,是内容开发与技转化的总开关,它涵盖了从策划、优化、功能构架、市场推广等重要节点。这种能力具体来说就是能够根据市场调查和用户需求分析,确定开发何种产品,以及选择何种技术、何种产品形态、何种商业模式等,并能掌控相应产品的开发进度,还要根据产品的生命周期,协调设计、研发、营销、运营等,确定和组织实施相应的产品推广策略,以及其他一系列相关的产品管理活动等。

二是内容编辑加工能力。内容是数字出版的基本点与成长点,内容编辑加工能力要求数字出版人才首先必须具备互联网思维,其次要对内容有识别力、研判力,通过对内容进行多元构建和立体开发,能对海量内容资源进行挖掘与整合,了解富媒体技术和呈现形式。数字出版人才需要熟练掌握和运用各种媒体的格式、属性、转换、剪辑、标识等,例如,图片的剪切、尺寸调整、调色、格式转换,视频的剪辑、合成、压缩、字幕编辑,以及各种格式的大小、清晰度、版权保护机制等。通过精良的制作,生产出赏心悦目的数字内容产品。

三是内容管理及运营能力。数字出版人才需要对数字出版产品的元数据、内容文件及版权进行管理,需要对数字出版产品内容的合规性、合理性进行审查和检验,时刻检查信息内容是否完整发布,是否即时发布,始终保持内容的即时性传播、完整性传播和信息内容的交互传播。

四是项目(产品)营销推广能力。数字出版人才须具备创新的数字营销理念,运用科学合理的市场调研方法,探索和找寻合理的盈利模式,寻找和发现最适合自身的营销渠道,将数字出版产品和服务进行宣传营销推广,通过品牌建设、渠道开拓、产品和服务的销售,获得收入,实现盈利。在对数字出版产品进行营销时,还要充分考虑产品内容和产品的呈现方式,考虑分销还是销售平台,以及如何实现跨领域营销。只有了解自己产品的特点,面向消费者宣传才能有理有据,才能抓准消费群体的消费心理,有针对性地对其进行宣传。

三、如何通过企业实训培养创新型数字出版业务骨干队伍

传统出版单位如何培养造就这样一支适应企业发展需要的数字出版人才队伍呢？笔者所在单位——天健互联网出版有限责任公司，这几年就是通过企业实训的方式，培养了一支数字出版业务骨干队伍。

天健互联网出版有限责任公司成立于2005年11月，是重庆出版集团下属的从事数字出版的全资子公司，也是全国较早公司化运营的数字出版机构。公司成立10多年来，在数字出版方面进行了积极的探索，也取得了一些成绩。公司策划实施的5个项目均入选国家新闻出版改革发展项目库；实施了集团ERP系统、OA系统，实现了编辑、出版、发行、财务、物流、办公一体化管理；构建了协同编纂与动态出版系统，完成重庆出版集团数字资源库的建设和资源入库工作，并建立了集团首套基于国际通用标准的数字内容加工的企业标准；开发了天健出版网、基于移动互联网自助出版发行平台（天健自助出版发行平台）、天健按需出版应用示范平台等，有力推动了集团整体数字化转型和融合发展，集团先后成为全国第二批数字出版转型示范单位、国家数字复合出版应用试点单位、全国新闻出版信息标准化技术委员会委员单位。

这些成绩的取得一方面得益于集团的高度重视和大力支持，另一方面主要是公司一直高度重视人才队伍的建设和培养。在人才队伍的建设和培养过程中，我们也走过弯路。比如，公司曾积极从互联网企业引进相关专门人才，但引进的人才一方面不熟悉出版业务，另一方面也留不住，人才问题一度成为制约公司进一步发展的最大桎梏。为了从根本上解决人才问题，公司下定决心加强自身人才队伍的建设，抓住天健自助出版发行平台项目实施的机会，决定通过企业实训来培养造就一支适应新形势的数字出版人才队伍。

项目启动之初，公司就与平台开发商山东斯麦尔数字出版技术有限公司达成一致，共同制定了员工实训的整体方案和项目考核的三个标准，即平台顺利上线、为公

司培养一支专门的数字出版人才队伍、平台运营实现盈利。

实训过程的具体做法如下。

1. 实训准备阶段

公司全体人员与斯麦尔公司组成一个项目团队,项目团队下设四个小组:产品设计组、开发组、数字化加工组、运营推广组,公司人员全程深度参与项目建设和实施,与斯麦尔公司共同来完成平台研发过程中所涉及的产品定位、竞品分析、需求分析、原型设计、产品开发等各环节。

2. 实训阶段

(1)制定了详细项目实施计划,建立健全了晨会制度和例会制度,制定了项目组考勤制度和项目奖惩细则。

(2)安排了一系列的数字出版技术的学习培训,学习培训内容包括XML语言、内容加工标准、数据库技术、检索技术、互联网技术等。

(3)安排了内容加工、内容采集、内容管理、项目策划、产品设计、UI设计、前端开发、数据库开发、营销推广等内容的实训。

3. 实训效果

通过长达8个月的实训,基本为公司培养造就了一支创新型数字出版业务骨干队伍,这支队伍包括产品设计团队、开发团队、数字化加工团队、项目运营推广团队。

(1)产品设计团队可以独立完成产品策划、产品原型的设计,与UI设计师完成产品的界面设计,推动和协调产品开发。

(2)开发团队掌握天健自助出版发行平台的整体设计思想、数据模型、前后台开发方法,可以自行完成报表、接口及部分功能修改。

(3)数字化加工团队能够熟练掌握PDF、XML、EPUB、MOBI等各类格式电子书的制作,并能够根据不同运营平台的需求维护公司的加工标准。

(4)项目运营推广团队能够独立运营天健自助出版发行平台,并通过多种渠道进行有效的项目推广、宣传,定期策划不同类型的线上、线下活动,较好地提高在线用户的满意度。

天健自助出版发行平台项目已于2016年12月顺利通过重庆市软件测评中心的测评和专家组的验收并正式上线,平台已经聚集了吴家骏、小桥老树等优秀青年作家2000多人,作品超过5万件。网站IP日均访问量在4万左右,PV日均访问量在25万左右,Alexa排名在2万名左右。

全媒体时代农业期刊传统媒体与新媒体的深度融合探索

孙淑培

全媒体时代是媒体传播的新闻信息,不仅有文字还有音频和视频等,传播的形式不仅有纸媒还有广播、网页等,以手机、电脑等终端进行信息传播,读者可以在任何时间、任何地方进行阅读。随着经济的不断发展,出现越来越多的新技术,不仅改变了人们的生活方式,也推动了传媒企业的快速发展。虽然,新媒体有着比较突出的优势特点,但是传统媒体也有着其不可替代的作用。因此,如何将传统媒体与新媒体进行融合,是企业发展的重要问题。

一、传统媒体与新媒体融合的必然性

经过长时间发展沉淀,传统媒体在大众心里有着独特、不可撼动的地位,传统媒体象征着媒体信息的客观性、真实性、权威性。基于传统媒体产生的社会背景,传统媒体有着深厚的社会责任感,传统媒体不是简单地搜集信息然后进行传播,它在搜集到信息后会经过一层层的加工、筛选,然后制作成有一定要求和标准的媒体产品,再通过一定的介质传播给大众。虽然传统媒体受新媒体的冲击较大,但传统媒体在大众心里依旧有着较高的影响力,大众对传统媒体的信任度更高,更能带动民众的思维导向。当前,面对重大事件、国家政策、发展路线和方针等,相关人士和机构依旧会选择传统媒体进行公布和传播。然而,传统媒体也有着显而易见的缺点,比如传播速度较慢、传播范围较窄、与观众的互动功能薄弱等。当代人更加感兴趣、关注更多的是一些娱乐、体育、民生等方面的信息,更能接受便捷及时的传播方式,更喜欢一些轻快、随性的传播形式,更喜欢相互之间进行互动、探讨。以此,为了给民众提供一个更加便捷、有趣又正面的媒体时代,新媒体和传统媒体的深入融合是必然趋势。深入了解、剖析传统媒体和新媒体的优缺点,通过扬长补短的方式进行深入融合,优化资源配置,提高传播效果和传播速度,以促进媒体业的发展和壮大。

二、新媒体与传统媒体融合的现状和问题

随着现在网络技术的发展和大众需求和喜好的转变,传统媒体受到很大的冲击作用,出现发行量小、大众满意率低、阅读量小等情况。为突破这种局面、提高竞争力,传统媒体也采取了一定的措施来和新媒体融合,但是从实际情况来看,当前传统媒体和新媒体的融合比较浅层次,主要有以下几点问题:

(一)融合形式化

很多的传统媒体与新媒体融合的方式是借鉴新媒体的特点,比如搭建平台、开发新的传播渠道等。但是在企业内部,传统媒体业务与新媒体业务依旧分属不同体系,各自独立运行。这种融合比较形式化,未达到融合的真正目的。

(二)专业生产力低下

传统媒体向新媒体融合必经的一个过程就是建立自己的传媒链路,以新媒体的生产、销售、反馈平台为基础搭建自己的组织结构。但是,当前的实际情况是传统媒体并没有完成自己一体化的结构建设,在信息处理技术方面、平台搭建方面、传播机制方面、生产机制方面都有所体现。导致专业生产能力较低,符合大众需求的新闻产品较少。

(三)经济效益低

我国很多传统媒体本身各个方面基础较弱,没有雄厚的资金支持、没有专业的人才、没有大量的渠道搜集信息等,自身没有足够的能力来进行转变和融合。但是,在市场大风向下盲目跟风,引入"大数据""云计算"等项目,后期没有大量的资金支持来全面升级,产生的结果就是投入了大量的人力和物力,却得不到收益,更甚者是影响原有企业的发展。

三、传统媒体与新媒体进行融合的措施方法

(一)提高媒体工作者掌握新技术的能力

传统媒体和新媒体的融合首先需要做出改变的就是媒体工作者们,传统的媒体工作者主要的工作是写稿、矫正、播出,而新媒体时代对媒体工作者的要求更高。在新媒体时代,民众的需求发生了巨大的变化,人们需要了解的信息多种多样、范围广泛,还需要准确、快速地获取信息,就导致媒体企业需要创造出多种产品以满足不同人的喜好和需求。同时就要求媒体工作者具备各方面的能力,比如图片处理能力,不同形式的文字编辑能力,快速熟悉使用新生的各种传播媒介的能力、摄影能力、剪辑能力等等。比如通过微信公众号发文的,需要图文结合,图片要生动、形象又切合主题,语言要轻快、有趣,还能吸引大众的眼球;传播新闻等也需要引用一些流行元素,比如做长图、引用H5等工具。总之,媒体工作者要从表达方式和传播技术以及传播工具的使用上做出改变,以蜕变成能够满足不同人群的不同需求,顺应时代发展的媒体人。

(二)新闻内容的深度融合

不论是传统媒体还是新媒体,传媒企业的工作本质都是将一些特定的新闻内容进行传播,优质又有吸引力的新闻内容是吸引大众的关键,也是传媒企业发展的关

键。新媒体比传统媒体更加受大众的喜爱和接受,媒体内容更符合当前大众的需求是最显著的特点。因此,传统媒体要在保证自身优势的前提下,借鉴新媒体去深入了解当代大众的心理需求、喜好特质,拓宽新闻内容的范围,搜寻热门话题和贴近人们生活的素材,根据不同的内容选择适当的方式,快速地进行传播。

较传统媒体而言新媒体还有一个比较突出的特征,就是大众在接收到媒体信息的时候可以快速地进行互动、交流感悟,只要有手机、有电脑、会打字,就可以针对新闻内容来发表自己的看法和观点。这样可以对原始的媒体内容进行再次加工、拓宽、传播。这是传统媒体向新媒体融合需要借鉴的一个方面,通过互动深化媒体内容,并进行广泛传播。

(三)传播渠道的融合

虽然新闻内容是吸引大众的关键,但是在当前国家经济水平更高、网络信息技术更加成熟、人们快节奏生活的前提下,新闻的传播方式、传播媒介显得尤为重要。传统媒体主要依靠报纸、书刊进行传播,这种方式传播速度慢、成本高、阅读不方便,难以满足当代人的需求。相比之下新媒体在传播方式上的优势更为突出,现在年轻人的手机上基本有微信、微博、今日头条等社交或者新闻软件,新媒体在互联网的基础上,将新闻内容投放在各类应用软件上,以此作为媒介进行传播。这种方式突出的优点第一,零成本阅读,大部分的情况下只要有手机、有网络就可以阅读这些新闻,不需要额外支付其他的费用,比如买报纸书刊的费用等;第二,传播速度快,媒体工作者只要发现新闻点,编辑好稿件,投送到网络上,大众就可以马上接收进行阅读、互动讨论,相比传统媒体省去了印刷、刊登、派送报纸书刊的时间,所以在新媒体环境下,从新闻的发生到传递给大众只要几分钟的时间甚至可以实时播放;第三,阅读新闻的时间更加灵活,可以利用零碎的时间进行阅读,比如在公交车上、在地铁上、在买东西排队的时候,都可以在手机上查看新闻;第四,通过网络渠道进行新闻传播,不仅方便大众进行交流、互动,也方便媒体企业通过这些互动信息更加深入和直接地了解大众心理,了解大众对新闻的喜好方向,以便后期可以有选择、有方向地投递新闻内容,也是企业进行自我改善的一个方式。因此,传统媒体在传播渠道方面要向新媒体靠近和学习,或者传统的媒体机构可以和新媒体机构进行合作,相互取长补短,以促进传媒企业的发展。

(四)创新观念的融合

不管是传统媒体还是新媒体,最终的目的都是将新闻内容投放到市场上,获取更多的阅读观众、更多的阅读量。要达到这一目的,做到满足观众的需求尤为重要,而大众的需求会因为各种各样的原因而发生变化,并且对新的事物都有着极高的兴趣和热度,因此传媒企业要时刻持有创新的观念,来发展自己、来迎接社会带来的挑战和机遇。而创新可以是对新闻内容进行创新,也可以是对表现方式进行创新,也可以是对传播渠道进行创新等等。时刻保持创新的观念是传统媒体和新媒体都要具备的重要意识。

(五)建设资源优势

传统媒体和新媒体之间简单的叠加和并行,不是真正的深度融合。真正的深入融合是要从新闻内容、技术使用、平台建设、组织模式、运营方式等全方位进行共享和融通,以达到资源优势共享。在传统媒体和新媒体进行融合的过程中,传统媒体要对自身的社会、关系、资源进行挖掘和生产,用自身优势来整合分散的资源。

(六)以提升大众体验为核心,满足客户个性化需求

传统媒体与新媒体相比较,用户地位差异较明显。良好的大众体验才会带来较高的阅读量,在这方面新媒体处理更加优秀。因此,要进行深度融合的传统媒体需要深入分析大众的心理需求,以此为基础生产出符合大众需求的产品。要实现这一目的,可以借助大数据和互联网信息技术,收集大量的数据,并对其进行分析、匹配、研究,以深入了解大众的心理需求和喜好。

首先,借助 crm 平台与大众建立密切的关系,此平台的主要目的是建立与客户之间长期的互帮互助关系。不论是传统媒体还是新媒体,都要以受众群体而展开,媒体企业与受众群体之间建立一种相互信任的关系尤为重要。通过 crm 平台,可以集

中受众的信息,然后建立专门的部门进行从搜集信息到归纳整理信息再到解读信息的一体化管理,这样能更加容易地创造出完美的媒体产品。在与广告客户的关系维护上,媒体企业要多与客户沟通、明确客户需求,站在客户的角度完成产品的输出,以提供客户的信任度,满足客户需求。

其次,改善移动产品的内容,让客户可以利用碎片化的时间来进行阅读。随着经济的快速发展,人们的生活节奏越来越快,可以用来接受传媒信息的时间越来越碎片化。如果这些碎片化的时间能够很好地利用起来,可以提高很大的阅读量和传播量。

四、农业期刊在传统媒体和新媒体的融合情况

农业期刊的主要发展方式是面向市场、自负盈亏,刊登的期刊类型主要是研究类文章和农业技术类文章,而大多数的农业技术类文章没有经费来源,因此农业期刊的主要收入来源是广告收入。期刊内容质量低、广告市场不景气,收入不稳定等是农业期刊在全媒体时代下的基本情况。因此,如何做好传统媒体与新媒体的深度融合,也是农业期刊发展的重要问题。可以从以下的策略方法上入手:

(一)以内容和服务为基础,做好传统媒体

在全媒体时代下,农业期刊要坚定不移地发挥传统媒体的优势,以优秀的内容为核心,策划开发好的专题,并将之打造成农业期刊的特色。以《农家科技》杂志为例,在大力实施乡村振兴战略的背景下,杂志以"乡村振兴新答卷"为专题栏目,报道先进典型,展现农业农村发展新面貌、新事迹和新成就。通过约请专家学者撰写深度调查报告和"三农"工作者在实施乡村振兴战略行动计划中的具体实践中的新认识、新启示和亟待破解的具体问题。通过专题策划,紧跟市场热点,增强了杂志的可读性和权威性,加深了杂志和读者对象的深度链接和服务。该栏目获得2018年重庆市出版专项资金期刊资助项目。《农家科技》还开设"新职农"栏目,介绍果园主、农场

主,种植、养殖大户等在创业中的"酸甜苦辣"、宝贵经验,既能够引起既定读者的共鸣,又有一定的借鉴意义。

此外,杂志在策划选题时,不仅结合当前形势,还要充分利用互联网信息技术,结合大数据技术,来了解市场需求,找到符合当前需求的期刊内容和服务方式。以此来提供农业期刊的价值和权威性。

(二)积极发展新媒体,拓宽农业期刊的出版方式

1. 建立农业期刊平台

微信公众平台有着显而易见的优点,比如开发成本低、传播速度快、社交范围广泛、用户多等;因此,微信公众平台对于农业期刊来说,不仅可以推送内容,还可以扩宽客户群体,进行广告宣传、活动宣传、举办活动等。所以,农业期刊也可以很好地利用微信公众平台等好的平台,来带动传统媒体和新媒体的融合。除了建立微信号之外,还要借助其他第三方平台,如今日头条、百家号、企鹅号、一点资讯、抖音等平台,通过其他渠道,对重点内容进行推送,扩大扩宽网站内容的传播渠道,提升品牌影响力。

2. 建立农业期刊网站

建立独立的农业期刊网站,可以借助网站的分类功能、检索功能、使用方便等来突破传统期刊的服务限制,在原有期刊的基础上打造出多种形态的期刊产品。网站的无纸化生产,可以提高媒体企业的工作效率,解放出更多的生产力来提升期刊品质。平台可以借助新媒体、大数据,对用户消费者进行深耕细分,以精准的定位为特定的受众提供增值服务,利用品牌、培训、销售等,使生产者、消费者、平台经营者形成良性生态系统圈。

(三)采用多元化的经营方式

当前农业期刊的收入受新媒体影响较大,农业期刊想要盈利可以借助新媒体的各种技术和优势,进行多元化的经营。比如,农业期刊可以借助自身的行业优势,与政府和行业协会合作,进行行业动态的实时报道;可以举行农业产品博览会,提供咨

询和培训等经营模式。通过多模式的经营,来提高农业期刊的收入,以促进农业期刊的不断发展壮大。

经营跨界融合,建立新连接。内容不等于产品,只有将内容转化为产品,再加上增值服务,传统媒体在互联网大潮中才有立足之地。农业期刊可以根据优势资源纵深在垂直领域的经营链条,取得长足发展。以《农村百事通》为例,提出"产业农百",通过已创建农村百事通出版产业基地和电商平台,发展种植业、养殖业和旅游业,直接向农业产业经济要效益。

五、结束语

在当今的社会环境下,信息爆炸,受众的需求越来越多样化,单纯的信息传播已经难以满足现状。所以,传统媒体和新媒体必须打破当前各自为政、独立运营的模式,不断研究突破、加强合作、扬长避短、深入融合,以打造出真正能够顺应时代发展的媒体企业,生产出更加符合当前大众需求的媒体产品。

参考文献

1. 覃圣云.媒体融合时代农业科普期刊转型之路——以《农村新技术》杂志为例[J].传媒,2018(12).
2. 吴春萱.融媒时代传统媒体广告经营策略与模式创新[J].渤海大学学报(哲学社会科学版),2018(2).
3. 李晋兰.媒体融合时代纸媒的新发展[J].中国传媒科技,2018(1).
4. 徐琳君,陈国荣,程彬彬,等."互联网+"时代农业核心期刊网站的应用现状及提升策略[J].编辑学报,2018(S1).

知识服务视域下"新出版+X"构建阅读新生态

——以重庆出版集团的探索为例

刘 翼 王浩川

阅读是一种精神气质的修炼,能够使人充实、明理、智慧,是一个人成长的阶梯,一个国家和民族精神发育、文明传承的重要途径。出版业要自觉承担起"举旗帜、聚民心、育新人、兴文化、展形象"的使命任务,发挥好弘扬民族精神、增进价值认同、引领社会风尚的重要作用,要紧紧围绕人民群众的关切和期盼,创新话语表达、传播方式,构建阅读新生态,创造创新全方位知识服务体系,以更好地满足群众的阅读需求与知识需求。本文从出版的视角分析目前我国阅读生态面临的问题和挑战、阅读新生态的特征,并结合重庆出版集团的实践谈谈如何构建阅读新生态,从而促进阅读在提升全民素质和社会进步中发挥更大的作用。

一、以"新出版+"构建阅读新生态的背景和意义

坚持和完善繁荣发展社会主义先进文化的制度,巩固全体人民团结奋斗的共同思想基础。党的十九大四中全会要求,要"必须坚定文化自信,牢牢把握社会主义先进文化前进方向,激发全民族文化创造活力,更好构筑中国精神、中国价值、中国力量","建立健全把社会效益放在首位、社会效益和经济效益相统一的文化创作生产体制机制"。这一明确要求为文化行业体制改革发展指明了方向,具有非常重要的指导意义。文化行业要充分发挥再造思维,创新创造活力,重构文化生产,积

极整合资源，谋求融合创新发展，高度重视用信息技术为出版主业赋能，提升文化产品和服务供给能力和质量。

信息技术时代，传统文化行业面临读者从传统阅读行为习惯向浅阅读、碎片化阅读转变，电子书、社交媒体、多媒体阅读平台、知识库等为主流的新型媒体层出不穷，给传统文化行业带来前所未有的冲击。各出版企业以党的十九大四中全会精神为发展纲领，纷纷谋求转型升级，积极引进信息技术，跨界融合，逐步由内容提供商向知识服务提供商转型。面对转型升级的大趋势、大环境，重庆出版集团提出"新出版+"的发展之路，通过全新的"+科技""+教育""+文旅""+健康"等构建一个以技术为驱动，以读者知识需求为导向，畅通知识内容生产与分发上下游，畅通产业链上下游，落实文化企业"举旗帜、聚民心、育新人、兴文化、展形象"使命任务的阅读新生态。

二、出版企业构建阅读新生态的意义和探索

随着移动互联网技术飞速发展，信息传输速度较传统互联网时代大幅提升，构建人际交流网络也异常便捷，让分享信息与相互沟通变得极为方便。知识获取渠道与方式也正逐渐改变，知识传递方式从传统的教与学的单向传动变为共享式多向互动，获取渠道也越来越广泛，更多人希望通过碎片化时间获取更多优质资源。同时，读者的阅读需要不再是简单的文献内容、书本知识获取，而是如何从复杂的信息环境中获取解决问题的信息内容，并将这些信息动态重组为相应的解决方案。这种变革对以提供内容为主业的传统出版企业造成一定的冲击。

为应对人们获取知识的习惯及方式发生的巨大改变，国内越来越多的出版社特别是专业出版社主动转型，利用自身内容资源优势，向知识服务转型探索。一是产品数字化。将纸质产品转化成数字产品，沿用原渠道进行推广，如教育科学出版社的"教科文库"、人民公安出版社的"中国警察智识数据库"。二是运营互联网化。将纸质产品转化为适应互联网时代的产品，提升产品服务能力，策略性放弃原有渠道，

通过互联网进行运营,如人民法院出版社的"法信"、人民卫生出版社的"临床助手"等。此外,部分互联网企业凭借技术与庞大的用户优势,在整合各出版单位内容资源基础上,推出用户在线生产知识,即用户在获取知识服务的同时对产品及服务进行评价、反馈的互联网知识服务平台产品,如"百度知道""知乎"等。总体来说,出版企业在向知识服务商转型的过程中,主要存在以下两个方面的问题。

一是商业模式不突出、产品无法满足市场需求。在知识服务探索之路中,因为技术短板与缺乏互联网思维,出版企业打造的数字化知识服务产品通常存在商业模式不突出、运营推广难度大等问题,导致无法将知识内容变现,难以通过自身造血模式实现知识内容的持续生产与平台产品的持续迭代升级,满足不了市场需求。

二是上下游不连通、没有适应信息时代的阅读新生态系统。因多种因素,出版企业在探索知识服务道路时,多数只能以加强内容建设为核心,提供内容服务,针对用户的工作和学习场景提供知识内容和学习工具。少数出版社的产品能够通过挖掘用户需求,将知识内容深入具体场景中,为用户提供解决问题的服务。但几乎没有出版企业成功构建完善的用户成长体系,拥有知识共享社群,以促进知识生产者活跃持久地提供内容生产,打通行业上下游,建立健全从知识生产到使用的内容分发渠道阅读新生态。

三、面对新形势,如何构建阅读新生态

实践证明,走改革之路、谋创新发展,是出版企业在中国经济步入新常态的必由之路,是新形势下文化企业承担传播思想、传承文明、传递知识使命与责任,实现两个效益,在变局中谋新局,在探索中求发展的必由之路。

新形势下,出版企业要向读者提供的立体知识服务体系需要构建新的阅读生态系统。人类数千年文明累积的知识内容浩若烟海,仅出版的图书就有数千万种,但每个人的阅读时间都非常有限,构建阅读新生态就是要以提供知识服务为核心,通过构建立体的阅读内容生产体系加强内容安全质量把关,对内容进行清洗加工、知

识图谱化体系化等数字化数据化加工方式,打破不同领域知识相互之间的壁垒,利用区块链、大数据、虚拟现实、增强现实、人工智能等先进技术,创新立体传播渠道,在阅读新生态中让知识实现更大范围的传播。新的阅读生态系统应该具备以下几个特征。

一是阅读生态应多元开放、和谐共生。阅读新生态需要构建一个多元开放、和谐共生的阅读生态系统,营造出版人与作者之间、作者与读者之间、读者与读者之间、读者与出版人之间以及出版机构和整个社会之间互联、互助、共享、共进的阅读新风尚。

二是阅读内容应精品化、体系化。各种阅读内容可以满足读者的诸如兴趣阅读、职业阅读、学习阅读等,但应从阅读经典、精品开始。蜜蜂采百花之精华,才酿出最甜的蜂蜜,阅读也是同样道理。经典之所以成为经典,因为它是一个时代人类思想的精华。利用碎片化的时间进行高效阅读和体系化的阅读。

三是阅读形式应多样化、个性化。新技术和新媒体的出现,使阅读媒介、阅读习惯发生了变化,呈现多样化、个性化特点。出版机构要利用高新技术与出版进行创新融合,构建传统图书、电子书、有声书、视频等结构化的内容体系。

四是阅读权利应公平化、均等化。出版机构要以人为本,认真落实文化惠民政策,保障贫困儿童、新市民子女、残障人士等特殊群体的阅读需求,确保每一个人的阅读权利。

四、重庆出版集团构建阅读新生态的积极探索

近年来,重庆出版集团以"新出版+X"模式适应用户多样化、个性化、分众化阅读需求,为人民群众提供更多更好导向正确、主题鲜明、内容丰富、载体多样、获取便捷的优秀出版物,为构建阅读新生态进行了积极探索。

一是以内容提供商向知识服务提供商转变为战略目标,做好顶层规划设计。重庆出版集团明确把成为知识服务提供商作为战略方向,坚持内容导向、需求导向、创

新导向、共赢导向，提出建设"内容出版、出版数字、数字经济、经济服务、服务内容"的生态闭环。内容出版，就是以内容为核心，用信息技术为传统出版产业赋能，加速物联网、人工智能、大数据等新技术的应用，构建全方位、多层次的内容生产体系。出版数字，就是通过对出版内容的数字化转换，实现内容数据化、数据标准化、数据安全化和数据交易化，为优质数字内容的商业化、非商业化应用奠定基础。数字经济，就是通过数据建模等方式将丰富优质的内容资源源源不断地通过各种管道外接分发，为各个应用端提供优质数据支撑。经济服务，就是通过数据赋能，为内容生产商和内容销售商提升能力，使优质数字内容能更好地为用户提供优质服务，也是实现内容价值变现的直接环节。服务内容，就是借助各类应用、服务与机制体制，通过增强围绕内容所开展的互动、分析、反馈等机制，推动内容建设的提升，从而带动整个产业链升级。

二是构建立体的全方位内容生产体系。重庆出版集团特别重视大数据、云计算、人工智能、物联网等高新技术与出版业的创新融合，以需求促资源，以资源促科技，以科技促出版，以出版促需求，形成良性循环。一方面，高度重视发挥传统出版在把关导向、选题策划、质量提升等方面的作用，多做精品，树立品牌；另一方面，运用高新技术改造传统出版的生产方式和传播方式，构建新型的优质阅读服务生态圈，通过专业生产内容（PGC）、用户创造内容（UGC）和职业生产内容（OGC）等生产方式聚集优质内容资源，构建立体的全方位的内容成产体系来推动传统出版转型升级和融合发展，提升传统出版产品的水平和价值。

三是打造"安全阅读云"，确保内容的安全。"安全阅读云"又叫"文化教育大数据中心"，是重庆出版集团根据向内容互动大数据产业转型的战略布局而投资建设的。目前，项目一期已经通过初验并上线试运行，已经形成包括内容、用户、交互在内的数据管理系统，可对数据进行治理、挖掘、分析、应用，建成业务资产、内容资产、生产资产三大类库。大数据中心对内为选题策划、审校、加工、印制、销售提供数据辅助决策支持；对外为用户提供多种形式体验的大数据知识服务，加速出版内容、载体、服务、发行全产业链的升级改造，从而重构出版行业新的增长点。出版安全云通过PGC、OGC、UGC多种形式聚集内容资源，通过技术手段和专业人士把关对所有入库内容数据进行审核,筛选出不合规内容或不良倾向的内容,有效为出版监管、为数字出版领域的文化安全和意识形态安全提供支撑。

四是构建多渠道的分发体系,通过"新出版+X"形式,实现传统出版向提供优质阅读服务的转变。重庆出版集团通过数据建模、数字内容应用等方式将丰富优质的内容资源源源不断地通过管道外接分发,为各个应用端提供优质阅读内容及数据支撑;以"安全阅读云"为基础核心,依托大数据、云计算、人工智能等新技术,通过"渝书坊+"应用端,构建智能化全民阅读生态圈。目前已有"+机关""+学校""+银行""+商场""+餐饮""+健身"等形式。如"盛世阅读"网站和APP,是"渝书坊+"的创新成果,由重庆出版集团对本土网络文学网站盛世阅读网改版升级而成,与出版集团的信息化系统融合,形成一个集写作、编辑、出版、分发、阅读、互动、IP运营等功能于一体的新型网络文学平台。

五是以人为本,彰显出版业的社会责任担当。落实文化惠民,保障贫困儿童、残障人士、农民等特殊群体的阅读需求,确保每一个人的阅读权利。重庆出版集团充分发挥文化企业推动全民阅读建设、打造书香社会的重要作用,建设了一批服务于社会的新数字阅读服务平台。如"数字农家书屋"利用重庆出版集团内容优势,提供优质的阅读内容和三农资讯、农技培训等服务。此外,还创新开展人民群众喜闻乐见的阅读活动,大力培育"阅读重庆""最美童声朗诵最美童诗"等阅读品牌。2020年新冠肺炎疫情发生后,为了弘扬抗疫精神,重庆出版集团发起了"手足相抵 悲喜与共"抗疫主题征稿活动,征集到大量作品,并录制音频多渠道传播,推出了一大批可歌可泣的先进典型和感人事迹,展现了中国人民团结一心、顾全大局,守望相助、共克时艰的伟大精神和坚决打赢疫情防控的人民战争、总体战、阻击战的坚定信心。

参考文献

1. 习近平.举旗帜聚民心育新人兴文化展形象 更好完成新形势下宣传思想工作使命任务[N].人民日报,2018-08-23.
2. 董牧孜,杨司奇,李永博,等.2019阅读生态报告[EB/OL].(2020-01-12)[2020-04-18]. http://www.bjnews.com.cn/culture/2020/01/12/673151.html.

3. 朱焱. 玩转"出版+",出版社如何发力融合发展?[EB/OL]. (2018-10-22)[2020-04-18]. http://www.cbbr.com.cn/article/124804.html.
4. 李雄鹰. 重构我们的阅读生态[EB/OL]. (2017-03-16)[2020-04-18]. http://www.banyuetan.org/chcontent/wh/pd/2017316/222884.shtml.
5. 刘长明. 传统出版业知识服务转型的分析和展望[J]. 中国传媒科技,2018(8).

浅谈出版集团关于并购整合的风险点及运营融合发展

王 储

按照"有利于国有资本保值增值,有利于提高国有经济竞争力,有利于放大国有资本功能"的标准收购中小企业优质股权,对推动国有企业改革不断深化具有非常重要的意义。我们出版集团也在迎合市场多元化发展,不断开拓新兴文化领域、数字出版、内容整合等。在此工作中,我谈一下自己对国有企业收购民营企业股权的风险及增资新行业的一点心得体会及融合环境下,传统出版企业转型升级的重要性,主要体现为下面几个方面:

1. 国有资产流失的风险。主要在于国有企业在收购民营企业过程中,信息不对称,民企根据自身利益考虑会习惯于粉饰企业报表,造成目标企业财务数据失真,或隐瞒隐形担保、债务、隐形诉讼等重要信息,造成收购后国有资产流失的风险。

2. 经营风险。如前期准备不当会导致收购后盈利能力下降、成本高涨、净利润减少、效率低下等经营风险。只有通过前期的法律尽调、审计评估等一系列详细的前期工作,做好每个风险点的把控及解决方案,才能高质量地强强联合式地收购整合,才能发挥规模经济效应,优化资源配置,实现结构升级和跨越式发展。

3. 企业文化风险。不同的企业之间会有各自不同的经营方式、管理制度、企业文化、组织结构等。再加上国企和民企的企业文化差异,不容易进行整合,会导致企业低效率运转而造成文化风险。比如,网络新媒体美国在线和传统媒体时代华纳的并购失败的重要原因是文化冲突,无法在发展目标、管理方法、资源整合方面达成一致,反而增加了经营与管理成本。收购只是手段,整合才是目的,企业并购后需在经营、机制、文化、财务和团队等方面加强整合。

4.财务风险。企业的收购整合对于业务结构、成本结构和财务结构都会产生影响,可能导致资金流断裂风险和偿还债务能力风险,特别是对于举债收购,当负债率过高,则有可能到期不能偿还本息,甚至丧失偿还能力。企业的收购还存在由诸如被收入企业的负债多少、财务报表是否真实、有无资产抵押担保、有无诉讼纷争等信息的不对称引起的财务风险。要对目标公司进行财务状况和经营能力的全面分析,防止收购方高估目标企业的发展前景、盈利能力,以及低估并购后的整合成本等。同时并购后要加强财务制度体系的整合,包括财务核算制度、内部控制制度、投融资制度等方面的整合,防范财务风险。

近年来,随着数字信息和网络技术的迅速发展,传统出版企业加快融合发展迫在眉睫,信息化急速增长的同时,内容的同质化和粗制滥造现象严重,读者越来越倾向于寻找优质内容。

在此背景下,我们出版集团依托长期积淀的内容资源及其特有的权威性、公信力,在提倡积极采用新兴传播媒介、介质和模式时忽略了发挥自身内容资源的优势。在融合中,"创新升级"理念融合了内容、平台与渠道、服务与变现三个环节的业务布局,主要体现在两个方面:一是能够持续生产满足受众需求的优质内容;二是要搭建高流量、高黏性用户入口和平台以实施跨媒体内容运营。比如楼下、渝书坊项目,以健身和文化阅读为一体的创新结合,迈开了新一步。

企业要多元化的盈利模式,考察国内外出版业转型实践,创新盈利模式乃传统出版的产业变革趋势。在创新融合背景下,集团也在积极探索新型盈利模式,从过去单一依赖纸质产品赢利转向依赖纸质产品及衍生品等。其中,出版资源衍生品的开发已经逐渐成为传统出版企业实现盈利的重要手段,成为一种未来的发展趋势。深层次开发相关内容的衍生品,线上线下进行投放,并开拓周边市场,可以为出版业带来更多额外收益。而且,这种衍生品还有助于带动纸质产品的销售,实现多重盈利。

随着传统媒体数字化进程的快速推进,传统出版企业的人才为了有效应对新技术带来的挑战,有必要做好数字化转型的各种准备,不仅在于进一步优化知识结构,还在于调整心理状态,转化传统的工作方式,以培养尽快适应数字化转型的专业素质。在数字化的背景下,出版人所承担的职责与工作内容发生了巨大的变化,其职责不再限于编辑业务或发行业务,出版人成为集资源收集与整合、出版项目策划、内容组织、创新融合与编校以及全方位的宣传策划等多方面能力于一身的出版从业全能人员。

改革综合篇

我们都是出版人

重庆出版集团"走出去"战略和畅销书的产生

罗小卫

重庆出版社1950年成立,距今70周年了。重庆出版社在历史上创造了许多辉煌业绩,"中学文理科学习指导丛书"即"海淀教辅"帮助无数被"文革"耽误的青年考上大学;《中国抗日战争时期大后方文学书系》(获中国图书奖)等三大书系奠定了"拨乱反正"后,重庆出版社在全国综合大社的地位;"西方马克思主义研究丛书"成为高校政治、哲学系本科和研究生必读书籍;《当代社会主义的若干问题》获中宣部"五个一工程"奖,《中国石窟雕塑全集》获中国首届优秀艺术图书奖一等奖。重庆出版社1988年在全国率先设立"科学学术著作出版基金",聘请钱伟长、周光召等学术权威组成指导委员会,资助出版具有国内外学术领先的高质量科学学术著作,在全国科学、出版界产生巨大影响。

2003年2月,我出任重庆出版社社长、党组书记。当时人们对文化的需求日益增大,图书出版已呈多元化倾向,"事改企"势在必行。2005年4月,成立重庆出版集团公司。集团党委制定了"做强主业、做大产业、辅业反哺主业、增强核心竞争力"的发展战略,并提出了"主业走出去、产业多元化、股份制"的实现路径。

渝版图书要走出国门,必先冲出夔门。在国家新闻出版总署分管领导的推动下,2005年集团成立了北京宏图华章文化传播公司,在此基础上,成立了集团第一个图书主业股份制公司——北京华章同人文化传播公司(三级),并先后在上海、广东成立了宏图华章文化传播公司。经过多年的努力,宏图华章公司成了重庆出版社图书的重要出版平台和宣传窗口。北京、上海、广东宏图华章公司和集团本部各出版单位以及重庆天下图书(股份)公司交相辉映,创造了一批图书出版的"神话"故事,极大提高了渝版图书的知名度和市场竞争力。

2005年,在北京华章同人公司股东石涛先生的推荐下,重庆出版社代表中国大陆加入了由英国坎农格特出版社发起,24个国家出版社加盟的"重述神话·中国卷"国际出版项目。项目组负责人选中中国知名作家苏童为中国大陆第一个改写中国神话故事的作者,当时预付稿费是五万英镑。苏童将中国神话传说"孟姜女哭长城"用现代文笔改写成神话故事《碧奴》,2005年由重庆出版社出版。同时,其他23个加盟"重述神话"国际出版项目的国家出版社都购买了《碧奴》的版权。这是重庆出版集团实施"图书主业走出去"战略第一战,取得了骄人的成绩。难能可贵的是,《碧奴》不仅卖出了二十多个国家的版权,而且在国内市场也受到读者追捧,销售了12万册。作者苏童说,像《碧奴》这类纯文学且小众题材的作品,重庆出版社卖了十多万册,真是没想到。继苏童之后,叶兆言、李锐、阿来等知名作家陆续加盟"重述神话"国际项目,重庆出版社也因此被国务院新闻办公室吸纳为中国图书对外推广计划工作小组成员单位。

一花引来百花开。记得有一天,北京公司和集团发行公司负责人来找我,说毕淑敏有一部书稿《女心理师》可以拿到手,但对方要求首付版税86万。她们认为稿子内容很好,绝对有市场潜力,预算只要销售八万册左右就可保本。我当时对卖畅销书没有多少概念,但对毕老师过去出版的《红处方》《血玲珑》《拯救乳房》有印象。集团几位主要领导受到北京公司敢于做、发行公司敢于卖畅销书"英雄气概"的感染和毕老师名气的影响,居然就同意了两公司的申请。就在这时,北京传来消息,《女心理师》书稿有六家全国最有名气的文艺出版社参与竞争,首付版税已经涨到100万。怎么办?机会稍纵即逝,大家一咬牙,百万就百万,拼了!结果《女心理师(上、下)》销售了50多万册,成为重庆出版社第一部市场超级畅销书。

超级畅销书《女心理师》的诞生总结经验有三点:一是上下齐心做强图书主业,敢拼搏。二是领导班子敢担当,社里有经济实力。三是毕老师将书稿给我们的重要原因是,重庆出版社能将苏童的《碧奴》卖掉十多万册,她有理由相信重庆出版社也会把她的《女心理师》卖得更好。当然,时任北京公司副总经理刘玉浦与毕老师的交情也起了重要作用。

百万畅销书《藏地密码》的出现也不是偶然。《藏地密码》书稿是读客文化公司给我们提供的选题。这部书稿落到北京华章同人公司之前已经经过了数家出版社之手,由于题材是写西藏,比较敏感,大家都比较慎重。当我们看了书稿第一册后,大家被作者奇妙的构思所吸引,都觉得是一部将西藏风情和奇幻及文学色彩有机结合的好小说,也是重庆出版社第一次与民营文化公司在图书选题策划和发行渠道上的合作,再加上《藏地密码》首印版税较低,没有太大的经济风险,于是决定大胆做。《藏地密码》面市后,受到读者狂热追捧。因为有十册,出版周期较长,许多性子急的读者纷纷来信、来电"骂"出版社有意拖沓。

有了出版《碧奴》《女心理师》《藏地密码》等畅销书的经验,集团便设立了畅销书特别奖,鼓励编、设、印、发各个环节齐心协力多做畅销书、做好和卖好畅销书。在良好的出版氛围和优惠政策的激励下,重庆出版社市场畅销书不断产生。如《当代资本主义新变化》《忠诚与背叛》《国色重庆》《马·恩·列画传》《重庆古镇》《预防"非典"百姓手册》《源泉》《成吉思汗与今日世界之形成》《中国哲学史》《英才是这样造就的》《塔木德》《气场》《少儿德育歌》《优势谈判》《看谁在说谎》《王立群读史记之项羽》《后宫·甄嬛传》《黑熊报恩》《平行宇宙》《塔利班》《老谋子司马懿》《阿甘正传》《中国远征军》《最寒冷的冬天:美国人眼中的朝鲜战争》等等。

特别值得一提的是,在单本畅销书不断产生的同时,还涌现出了一大批多次加印、在市场上有持续影响力的系列丛书畅销书。如"冰与火之歌""外国文学重现经典""文化伟人代表作图释""旅行与探险经典文库""科学可以这样看""心理罪""东线""最寒冷的冬天""香蕉哲学""敲门砖""独角兽""季羡林品读人生""日本战国时期历史人物""庞中华钢笔字帖""最美童诗""红岩卡通故事""作文素材""绝色川菜"等系列丛书。

由于成立集团以来重庆出版社出版的畅销书太多,恕不一一列举,但那"编印发"相互配合、上下齐心做大图书主业的情景成了我最珍贵的回忆。2010年开卷数据显示,重庆出版社大众类图书市场占有率(不含二渠道销售数据)0.83%,此后五年平均占有率在0.67%左右。由于有了畅销书、长销书的支撑,从2005年开始,重庆出版社大众类图书年市场影响力逐渐扩大,生产码洋逐年上升:2010年至2015年,生产码洋每年稳定在2亿—2.7亿,比2003年增长了近十倍,实现了"做强主业、做大产业、辅业反哺主业、增强核心竞争力"的发展战略。"听巴山夜雨,品渝州书香"这句广告语被重庆出版人满满地填上了丰富多彩的文化内涵。

十多年来,在与同事们策划、编辑和打磨畅销书的过程中,我不自觉地完成了由一个党政干部向出版人的转型。我与许多作者成了朋友,熟悉了图书出版全过程,了解到出版一本图书,特别是受读者欢迎的"双效"图书是多么的不容易。我退岗前,有记者问我:你职场生涯换了许多个工作,你最喜欢哪项工作?我真心地回答:"还是出版最有味道。"

重庆出版集团学术性图书"走出去"战略研究

秦 琥

一、中国图书"走出去"战略的由来

2012年11月党的十八大报告中提出"中华文化走出去要迈出更大步伐"的要求。习近平总书记在2013年8月召开的全国宣传思想工作会议上指出,要精心做好对外宣传工作,创新对外宣传方式,着力打造融通中外的新概念新范畴新表述,讲好中国故事,传播好中国声音。文化"走出去",其目的是传播中华优秀文化,提高国家文化软实力,增强中华文化的国际竞争力和影响力。具体是指通过政府行为和市场准则,开展多渠道、多形式和多层次的对外交流与贸易,不断提高中华文化的国际传播能力,不断发展外向型的文化产业,扩大中国文化产品和文化服务在世界文化市场上的份额[1]。

出版业作为文化工作的重要组成部分,主动承担起中华文化"走出去"的战略重任是题中应有之义。中国出版业界未雨绸缪,早在2006年1月,国务院新闻办公室、新闻出版总署就召集部分出版机构在北京香山召开会议,首次正式提出了中国图书"走出去"的问题,把图书版权输出作为出版行业的一项重大战略部署确定下来。会

---
[1] 罗小卫.重庆出版集团"走出去"战略的实践与思考[J].出版广角,2015(7):47.

议期间同时成立了"中国图书推广计划"(CBI)工作小组,支持国内外出版机构在国际市场出版中国主题图书,打造图书版权贸易出口和实物出口两个平台。2012年1月,国家新闻出版总署出台《关于加快我国新闻出版业走出去若干意见》,从国家层面对新闻出版业走出去进行全方位布局。此次意见的出台,是我国打造新闻出版强国,推动文化产业成为国民经济支柱性产业的重要举措,对优化新闻出版业"走出去"结构布局、推动新闻出版业"走出去"发挥了十分重要的作用。

二、重庆出版集团"走出去"战略的实施

重庆出版集团实施"走出去"战略,大致可以划分为两个阶段:

(一)集团成立之前

作为一家大型综合出版社,重庆出版社曾经与全国其他出版社一样主要以引进图书为主,并且长期依靠教材和教辅生存,几乎没有什么主动对外版权贸易与国际合作。有版权贸易记录的1999年至2005年的统计数字显示,在这7年时间里重庆出版社共引进图书294种,年均42种,引进地共计14个国家和地区;输出图书版权10种,年均1.42种,输出地仅有泰国、韩国和中国台湾等亚洲周边国家和地区;版税总收入仅9万元,年均仅1.28万元。版权引进与输出品种比例为29.4比1,逆差巨大。导致这种局面的原因可以分为两个层面:

第一个层面,就重庆出版社本身而言,由于地处西南腹地,开展版权贸易与国际合作具有先天不足:一是对外信息沟通不畅,与国外出版机构交流与合作的机会不多。二是由于多年来靠教材和教辅生存,"皇帝的女儿不愁嫁",导致适合版权输出的大众类图书数量少之又少。三是既懂出版专业又懂外语、适合从事版权工作的人才严重短缺。四是综合出版社的性质导致整体出版特色不够鲜明,追求面面俱到却又缺乏外向型的高端产品。五是没有形成走出国门的普遍意识,从选题策划到发行营销的整个流程都没有把面向国际出版市场作为目标。

第二个层面,更为深层、更为普遍,甚至对整个出版行业均适用的原因大致包括以下几个方面:一是东西方文化与表现形式之间存在巨大差异。不同的民族历史、自然环境、人文习俗等因素造就了东西方文化之间的鸿沟,形成了不同的思维方式和阅读习惯。二是中国与西方世界意识形态的尖锐对立。中华文化"走出去"具有鲜明的时代特征和民族特征,既包括传统的优秀中国文化,又包括社会主义先进文化,反映社会主义核心价值观和社会主义制度优越性的图书不容易被奉行自由主义的西方读者所接受。三是中国图书原创力不足。中国叙事、中国话语还未能形成引领世界的风尚,反而是"研究"西方思潮的著作汗牛充栋。四是目标受众市场不明确,对国际市场和行销渠道认识不足。"走出去"的过程很被动,坐等国外出版商上门。很少主动考虑受众群体的实际需求,缺乏针对性。目前国内有些出版社出版的所谓"外向型"图书并不注重实际达到的"走出去"效果。所谓能"走出去",却不能"走进去"。五是翻译机制不成熟。汉语拥有独特的美学和精神向度,与欧美语言迥然有别,这给翻译带来极大的障碍。既熟悉专业又精通汉语的行家里手难以寻觅。翻译问题几乎成为中国图书能否输出的首要条件。即便能够输出,没有传神的翻译也无法真正打动国外读者。在谈到莫言为何能获得诺贝尔文学奖时,有人甚至不无夸张地认为:"使莫言得奖的小说,其真正的作者是美国人葛浩文,因为葛浩文的出色翻译,以及他在翻译时对莫言原作进行的许多大胆删节甚至改写,使它们更适合西方读者的阅读口味,才引起了诺奖评委的青睐。"[1]重庆出版社出版的《三体》的翻译也备受外国读者好评,在美国亚马逊图书网,有读者评论说:"本书的英文翻译读起来不可思议地好,流畅得如同我想象中的中文原著一样。"可惜,真正能触动外国读者心灵的绝妙翻译当属凤毛麟角。

(二)集团成立之后

2005年,在原重庆出版社的基础上成功裂变组建新的重庆出版集团公司。集团成立之初,即确立了"主业走出去、产业多元化"的战略发展思路,解放思想,大胆创新,在输出产品、输出方式和输出渠道上下功夫,探索出多种图书输出模式:一是参

---

[1] 朱自奋.作者和译者之间是一种不安、互惠互利的关系[N].文汇读书周报,2014-01-08.

与国际合作出版项目。二是利用作者自身资源策划输出图书。三是与国外出版商合作,"量身定做"外向型图书。四是利用图书版权贸易机会,扩大文化服务范围。五是利用传统经贸渠道抱团实施文化输出。六是主动牵头共同发起国际合作出版项目[①]。2006年至2016年,重庆出版集团累计引进图书近1300种,图书引进品种和质量均大幅提升。在图书输出方面,截至2016年底,已累计输出版权725种;输出地包括英国、法国、德国、加拿大、荷兰、韩国、日本、土耳其、埃及、越南以及中国香港、中国台湾等31个国家和地区,已大大超越亚洲范围,触角伸向了欧美等发达国家。以最近三年为例,2014年重庆出版集团向13个国家和地区引进图书168种,向5个国家和地区输出图书74种;2015年,集团向15个国家和地区引进图书148种,向5个国家和地区输出图书75种;2016年,集团向8个国家和地区引进图书122种,向6个国家和地区输出图书66种。版权引进和输出品种比例由1999年至2005年的29.4比1下降到2006年至2016年的1.79比1。输出图书的内容,也从过去简单的历史类图书,发展到涵盖学术、社科、文学、科技和少儿等多类型图书,其中就包括下文将要述及的《中国民间色彩民俗》、"当代中国思想文化论丛"、"中国特色社会主义五大建设丛书"、《中国外国文学研究的学术历程》等。

三、重庆出版集团学术性图书"走出去"案例分析

中国出版业界常讲"内容为王"。其实对于中国图书要"走出去"直至"走进"外国读者的心灵而言,"内容为王"的道理同样适用。对"走出去"的图书而言,这个内容上的"王"就是图书的"外向型"特征,即适合外国图书市场需求的特性。从图书选题上讲,所谓"外向"并不是"外国的",相反,它恰恰是中国的,是立足中国而面向世界的,或者着眼中国而适合世界的。即便书中涉及外国的人或事,也必须包含中国自己的观点和论断,而非人云亦云,拾人牙慧。近年来,重庆出版社在学术性图书"走出去"方面进行了一些尝试,形成了一些思路,积累了一些经验,实现了一些

---

① 罗小卫.重庆出版集团"走出去"战略的实践与思考[J].出版广角,2015(7):48-50.

突破。

(一)强调"民族的就是世界的"

中华民族的灿烂文化,上下绵延五千年而没有中止过,显示出强大的生命力,也证明了其独特的适应性和科学性。中华文化作为人类文明的重要组成部分,始终与世界其他文明相互融合与促进。"民族的就是世界的"绝不是一句空洞的口号,而是客观实际。认识到这一点,对于我们把握输出图书的内容是十分必要的。当然,"民族的"东西既包括历史的传统遗存,又包括当今的推陈出新。

就后者而言,作为世界第二大经济体,中国的治国经验无论对西方发达国家还是广大发展中国家而言都越来越具有普遍的借鉴和参考价值,因而"主旋律"图书在"走出去"实践中已经占据越来越重要的地位。例如,《习近平谈治国理政》自2014年10月出版以来已经输出到100多个国家和地区,总发行量超过40万册[1]。

就前者而言,中国传统文化彰显人文精神,奉行道德至上,弘扬精神人格[2],具有延续性、凝聚力与包容性。以中国传统文化为主题的图书,尤其受到同属儒家文化圈的亚洲有关国家和地区的欢迎。传统中国是东亚大陆文化的宗邦,四邻诸国,皆受影响,越南亦然。越南在文字发展、文化传统、生活习俗等诸多方面均与中国文化同源。重庆出版社出版的《中国民间色彩民俗》成功向越南国际文化与传媒有限公司输出。色彩既是自然现象,也是文化现象。人类在自然色彩的基础上,创造出了五花八门的色彩民俗。但长期以来学术界对于色彩民俗的关注和重视程度却非常不够,更谈不上系统的调查和研究。《中国民间色彩民俗》广泛收集了自先秦以来的中国历史色彩民俗资料,既有大量的历史文献资料,又有丰富的考古发掘和民族调查资料,并结合了作者多年的田野调查资料,从民俗学、人类学、历史学的不同视角对其进行描述和研究。从色彩与人生的角度切入,先谈色彩民俗的起源和发展,然后辨析色彩民俗的各种功能,随后根据色彩的类别描述中国民间习见的各种色彩民俗现象,继而论述各种自然宗教和人为宗教的色彩文化,最后全面地概括了中国民间色彩民俗的诸种特点,深入地分析了其形成变化的历史原因和现实原因,使全书

---

[1] 赵新乐.《习近平谈治国理政》全球发行超600万册[N].中国新闻出版广电报,2016-11-18.
[2] 杨生平.中国传统文化的基本特征及其价值[J].新视野,2016(5):104—105.

构成了一个完整有序的逻辑结构,显示出了清晰的层次性和条理性。除了文化同源之外,《中国民间色彩民俗》内容的厚重与丰富才是成功向越南输出版权的最重要因素。

(二)与时俱进,关注社会热点策划输出图书产品

如果说"主旋律"和"传统文化"是因为其鲜明的中国基因而具有了"外向型"特征的话,那么"与时俱进"和关注"社会热点"的图书则是因为紧扣当今世界重大问题和流行趋势而受到外国图书市场的欢迎。也就是说,如果一个纯粹的中国故事具有了世界性的时代特征,在文化上具有相通性,能够引起读者心理上的共鸣,也相对容易走出国门。

这方面,最典型的例子就是长江文艺出版社出版的《狼图腾》。一个发生在中国内蒙古草原的故事,因为其涉及当今世界关注热点的生态平衡、文化冲突而畅销世界。自2004年首次出版以来,《狼图腾》不仅在中国已再版150多次、销售超过500万册,还以超过30种语言在全球超过110个国家和地区发行[1],从而成为中国图书版权输出的绝对典范。

党的十八大报告首次提出了经济建设、政治建设、文化建设、社会建设、生态文明建设"五位一体"的总体布局,标志着我国社会主义现代化建设进入了新的历史阶段,体现了我们党对于中国特色社会主义的认识达到了新境界,是我们党着眼于实现社会主义现代化和中华民族伟大复兴,推进中国特色社会主义事业作出的崭新论述。重庆出版社顺势策划推出"中国特色社会主义'五大建设'丛书"(11册),由中央马克思主义理论研究和建设工程专家、复旦大学马克思主义研究院院长吴晓明等担任主编,由复旦大学、华东师范大学的俞吾金、林尚立、陈学明、陈家宽、童世骏等专家学者撰写,用大众化的朴实文风、深入浅出的理论语言,科学解读"中国梦"。"大学者写小书,大道理通俗化"是本套丛书的显著特点和独特魅力。本套丛书整体打包成功向日本环球科学与文化出版株式会社(グローバル科学文化出版株式会社)输出版权,实现了渝版党政读物向发达国家输出版权的巨大突破。

---

[1] 舒晋瑜.安波舜:解密《狼图腾》版权输出神话[N].中华读书报,2009-09-02.

(三)利用作者人脉资源策划输出图书产品

俞可平教授是中国著名政治学家,被美国《外交政策》杂志评选为"全球百名思想家",现任北京大学政府管理学院院长。他是重庆出版社的功勋作者之一,在世界社科学术界享有盛誉。在其任职中央编译局副局长期间,重庆出版社商请俞可平教授组织出版一套反映当代中国最新政治学术研究成果的丛书,这就是"当代中国思想文化论丛"的由来。论丛围绕民主与法制、全球化与自主、环境与可持续发展、文化与文化转型、中国与全球治理、中国与世界经济6个主题展开论述,向世界贡献中国学者的理论智慧。本论丛由俞可平与阿里夫·德里克(Arif Dirlik)一道担任主编,德里克是著名的汉学家、西方左派学者,在美国杜克大学历史系和香港中文大学历史系担任教授。

重庆出版社与荷兰布里尔学术出版社(Brill Academic Publishers)联合出版。布里尔学术出版社是欧洲最古老的专业学术出版公司,其销售对象主要针对欧洲、美国和日本的高端学者、研究人员或图书馆等严谨学术机构。"当代中国思想文化论丛"成为重庆出版集团乃至渝版学术性图书版权输出的先锋,诚如布里尔学术出版社所说:"这套书让西方学者和读者第一次听到真正中国学者的声音。"与此同时,该论丛的出版和版权输出还得到了当时中央和新闻出版总署有关领导的高度肯定和赞扬。

四、结语

总体而言,重庆所在的西部地区经济和文化发展相对落后,缺乏成规模地拥有深厚学术功底的作者队伍,也没有营造出浓厚的学术研究氛围,闭门造车者居多,革故鼎新者鲜见。这就造成了渝版学术性图书远远不及中国经济发达地区,尤其是北上广地区的现状,而相对落后的出版业又直接导致了图书版权输出的弱势。但是我们欣喜地看到,这些年来渝版图书已经开始发力,奋起直追,尤其是在图书版权输出方面迈出了坚实的步伐。渝版图书不仅要"走出去",更要实实在在地"走进"读者的心灵。要做到这一点,还有很长的路要走。为此,在图书内容上要把握三个要素:中华传统文化特色、与时俱进和求同存异;在语言、翻译和装帧设计等表现形式上尽可能贴近海外目标市场的文化背景和阅读习惯;在输出方式上力求多措并举,以图书授权使用为"走出去"的数量基础保障,以国际合作出版(包括选题合作、版本合作、图书系列项目合作、图书包等)[①]、海外机构为"走进去"的主要抓手;发展方向上综合施策,以大文化理念、跨行业融合在目标市场扎根。只有这样,我们才能真正讲好自己的故事,让渝版学术性图书真正走向世界,让世界聆听到更多中国学者的声音。

---

① 张兵一.西部地区图书如何走向世界[J].科学咨询·决策管理,2009(3):26—27.

重庆出版集团矢志不渝
出版马克思主义图书

郝天韵　刘蓓蓓

从北京市东城区弓弦胡同的中国社科院宿舍到朝阳区的劲松宾馆,有将近6公里的距离。1988年盛夏的一个午后,蝉鸣声声,酷暑难耐,一位老者扶着自行车走过这段路,将后座上厚厚的书稿交到一名女青年手里。女青年小心翼翼地抱着书稿回到房间,将它们塞满了整整两个行李箱。第二天,她便带着这些书稿踏上开往重庆的绿皮火车。

老者徐崇温,是中国社会科学院哲学研究所研究员,中国社会科学院荣誉学部委员、马克思主义研究院特聘研究员。当年那位抱着书稿的女青年是刚到重庆出版社工作的编辑,如今的重庆出版集团党委书记、总编辑陈兴芜。而那套书稿,便是当年由徐崇温主编的"国外马克思主义和社会主义研究丛书"的一部分。该丛书产生了重大社会影响,因其封面设计采用了亮丽灰色,在学术界树起了"灰皮书"的学术口碑,至今仍是研究马克思主义的学者必读经典书目之一。

"当时为什么不用邮寄呢?"镜头拉回到31年后,同样是在一个夏日,《中国新闻出版广电报》记者在重庆出版集团办公大楼23层总编辑办公室里,这样追问陈兴芜当年的情景。

"因为怕丢呀!"回首往事,陈兴芜感慨万千,"那时候的书稿都是作者手写的,每页纸都可谓弥足珍贵,邮寄容易损坏,也怕掉页丢页,因此'人力'肩扛背驮带回是最保险的。"感动于每一位名家大师的兢兢业业,传承好老一辈重庆出版人求真务实的敬业精神,陈兴芜说,自己何其幸运,在前人积累的深厚基础上,与重庆出版集团同仁坚持不懈地打造马克思主义中国化、时代化、大众化最新成果出版重镇。

"'灰皮书'系列可以说是一粒'种子',让中国化的马克思主义根植于重庆出版集团过去、现在与未来的发展历程中,不断成长、开花结果。"陈兴芜坦言。

构筑理论高地,推出与时代同呼吸的学术著作

20世纪80年代末,"灰皮书"的出版对深化我国马克思主义理论研究和建设发挥了重要作用。对于重庆出版社来说,出版"灰皮书"绝非偶然,是时代使命和责任担当的体现。一直以来,深化马克思主义理论研究和建设,推动马克思主义的中国化、时代化、大众化,是重庆出版人锲而不舍的追求。

"坚守马克思主义中国化精品出版,这是集团的光荣传统,要传承下去,发扬光大。因为自1950年建社起,重庆出版人就将传播马克思主义作为重要使命。"重庆出版集团副总编辑别必亮这样对记者说。

重庆出版社历届领导班子都高度重视马克思主义中国化图书的出版。1986年4月,时任总编辑沈世鸣一上任就提出:"要做出版家,把社会效益摆在第一位,拼命出一批在全国有影响的优秀图书。"在这一思路的推动下,重庆出版社策划、组织编辑出版了"灰皮书"等一系列在全国有影响的优秀图书,产生了积极的社会效应,沈世鸣也获得韬奋出版奖。

沈世鸣的理念和坚守深深影响着陈兴芜:"毕业后分配到出版社,我便在沈总的带领下工作,她那句'对一件事要有诚挚力,才能做成一件事',至今萦绕在耳。"

"20世纪80年代,当社会上就'什么是真马克思主义,什么是假马克思主义''对马克思主义是否应当坚持'等话题,出现观望徘徊、逡巡不前时,'灰皮书'系列及时出版了。"陈兴芜向记者介绍,该套丛书系统引介了国外研究马克思主义和社会主义各个流派的代表作,有助于中国马克思主义和社会主义的研究者在与世界各种思潮的交流与碰撞中,全面精准地把握马克思主义的基本精神,"不仅帮助人们增强了对

马克思主义的信念,而且结合中国特色社会主义的伟大实践,把马克思主义中国化向前推进了一步。"

中国社会科学院原副院长、哲学家汝信曾评价说:"这套书中的译著都是国外研究马克思主义的名著。重庆出版社能在短时间成套推出,这在当时的条件下是很不容易的,有眼光,有魄力,抓住了时代的脉搏。"

大众化探索,出版让百姓读得懂的理论读物

2005年4月,以重庆出版社为基础组建的重庆出版集团正式成立。集团始终坚守构筑理论高地与大众化探索相结合、原创与引进相结合、抓热点与重基础并举的工作思路,努力实现马列主义出版物受众面的最大化,让马克思主义理论之花在神州大地盛开。

"21世纪初,重庆出版社专门成立了马克思主义中国化学术图书出版基金,制定了详细的图书出版计划,先后策划出版了紧密联系实际的'当代资本主义研究丛书''当代国外马克思主义研究丛书''当代中国思想文化论丛''马克思主义经典著作基本观点研究参考丛书'《马克思为什么是对的》等300余种马克思主义理论研究和通俗读物,形成数十个出版系列。"集团总编室主任刘向东向记者介绍,其中有多部作品获得"五个一工程"奖、中华优秀出版物奖,或入选中宣部优秀通俗理论读物推荐活动。

不断探索大众化的出版之路,不断创新出版理念。有关编辑室负责人曾海龙举例道,"理论新视野丛书"以"大学者写小书,大道理通俗化"为宗旨,用明白晓畅的文字宣传普及党的理论创新成果;《探路城乡统筹》深入探讨构建我国新型城乡关系,创新性采用"绘本理论龙门阵"形式,对理论通俗化、大众化进行了卓有成效的尝试……

值得一提的是,2018年5月,由中央编译局编著、重庆出版集团策划出版的马克思主义大众化精品力作《马克思画传》普及本,被列为纪念马克思诞辰200周年3种重点图书之一,受到社会各界广泛关注。"书中精选图片550余幅,以简洁准确的文

字,完整而又鲜明地再现了马克思的人生轨迹,带领读者走进马克思生活的时代,深入了解马克思进行理论探索创造和革命实践的历程,进而引导读者去学习探究马克思主义,深刻理解和把握马克思主义真理的力量。"陈兴芜说。

《马克思画传》普及本在取得巨大社会效益的同时,也收获了显著的经济效益——发行8万多册,码洋600余万元。这是重庆出版集团长期致力于马克思主义理论研究和普及读物出版的结果,更是重庆出版人数十年来与全国学术界、文化界、中国社科院、中央编译局等密切合作的结果。

走出国门,用精品图书向世界阐释中国道路

"深化马克思主义理论研究和建设,并让这些出版成果走出夔门、冲出国门、走向世界,是重庆出版集团当前的中心工作之一,也将是未来长期努力的目标。"陈兴芜告诉记者,"从全局谋划一域,以一域服务全局。"以这种精神,重庆出版集团立足自身发展实际、顺应时代发展大势、服务全国发展大局,树立了新的目标。

"我们大力实施'走出去'战略,利用国际传播平台,积极开展版权合作,讲好中国故事、传播中国声音。"别必亮告诉记者,比如,由北京大学教授俞可平主编的、重庆出版集团与荷兰博睿(Brill)出版公司共同策划的"当代中国思想文化论丛"已经陆续推出;徐崇温的《民主社会主义评析》一书成功向土耳其输出版权;"中国特色社会主义'五大建设'丛书"和《中国梦的理论视域》的版权也先后输出到日本;《法学变革论》、"重述神话"系列等一批图书实现了向海外输出版权……

近年来,重庆出版集团的"走出去"战略在质和量上均实现稳步提升。集团版权部部长田茂向记者介绍,集团近5年向全球30多个国家和地区输出社科类图书版权330多种。其中,不乏《中国的和平发展道路》《中国特色社会主义道路研究》《中国特色社会主义理论体系研究》《中国外国文学研究的学术历程》(12卷)等高端学术著作,以及《快递中国》《新常态下财经热点探析》《大国论衡——中国经济社会转型的若干节点》《分享经济重新定义未来》等展现中国道路、中国经济社会发展新成就的

图书。

"马克思主义诞生以来,世界发生了翻天覆地的变化,今天的中国已经进入一个崭新的发展阶段。要谱写好新时代中国特色社会主义的新篇章,我们更需要让马克思主义理论著作和普及读物出版工作始终紧贴中国发展脉搏、紧跟时代发展步伐。同时,作为出版人,我们紧随世界发展大势,向世界介绍中国道路,传递中国正能量。"采访的最后,回望60多年来坚持探索马克思主义中国化出版的实践历程,陈兴芜意味深长地总结道。

创新不止步，精品迭涌现
——70岁的重庆出版社砥砺奋进正当时

赵迎昭

70年砥砺奋进，70年春华秋实。11月6日下午，重庆出版社70周年暨集团成立15周年"新出版·新经济·新生态"文化创新服务大会在雾都宾馆举行。

站在重庆出版社成立70周年暨重庆出版集团成立15周年这一重要时间节点上举办的此次盛会，旨在展示重庆出版社在社会发展进程中的文化担当，彰显与时俱进的企业风貌和建设一流出版传媒集团的决心。

听巴山夜雨，品渝州书香。回望70年光辉岁月，重庆出版社推出了哪些优秀出版物？展望未来，重庆出版集团又将如何在数字化转型和融合发展之路上踏浪前行？

以精品奉献人民　主题出版物备受瞩目

70年风雨兼程，70年硕果累累，重庆出版社守正创新，开拓进取，出版了享誉海内外的"三大书系"以及"国外马克思主义和社会主义研究丛书"、《大足石刻全集》等众多精品力作。其中，主题出版亮点频出，备受瞩目。

时间回到1986年。是年，时任出版社总编辑沈世鸣提出："把社会效益摆在第一位，拼命出一批在全国有影响的优秀图书。"就这样，重庆出版社出版了享誉海内外的"三大书系"："中国抗日战争时期大后方文学书系""中国解放区文学书系""世界反法西斯文学书系";在全国出版界率先设立"重庆出版社科学学术著作出版基金",迄今资助出版了百余部重大自然、社会科学学术专著;长期支持马克思主义中国化理论研究工作,出版了数百部理论研究和普及性读物。这些出版项目,助推重庆出版社成为马克思主义图书出版重镇。

一项项荣誉,彰显出重庆出版集团在打造精品马克思主义中国化图书,传承弘扬重庆历史文化方面所作的努力——

2011年出版的《忠诚与背叛——告诉你一个真实的红岩》,从党性、人性的视角解密红岩,荣获中宣部第十二届精神文明建设"五个一工程"奖。

2012年出版的《马·恩·列画传》(3卷)全面生动地反映马克思、恩格斯和列宁光辉的一生,获得第五届中华优秀出版物奖图书提名奖。

2017年出版的《重庆之眼》,表现了重庆人坚强不屈、愈战愈勇的精神,获得第七届中华优秀出版物奖、"2017中国好书"等荣誉。

2018年推出的《马克思画传:马克思诞辰200周年纪念版》获得"2018中国好书"等荣誉。

"中国抗战大后方历史文化丛书"共100卷,是目前国内对抗战大后方历史最为全面系统的整理研究。2019年,丛书顺利通过国家基金办的实地验收。

"作为出版人,我们应该继续高举旗帜,增强出版物吸引力、感染力和影响力,以精品奉献人民,以明德引领风尚,凝聚起更强大的奋进力量。"重庆出版集团党委书记、董事长、总编辑陈兴芜说。

打造高品质出版物　用经典作品引领阅读风尚

立身以立学为先,立学以读书为本。70年来,重庆出版社为读者奉献了无数高品质的精神食粮,成为他们人生中的美好记忆——

上世纪八、九十年代,庞中华带来了席卷中华大地的硬笔书法大潮。那时候,很多家庭的书桌上都有一本重庆出版社的《庞中华钢笔字帖》,很多孩子课余总要练几篇庞中华的字。

上世纪80年代末期，重庆出版社首开全国教辅先河，打造了在全国有巨大影响的"海淀教辅系列"，陪伴着无数学子度过了一个个挑灯夜读的夜晚。

2019年夏天，动画电影《哪吒之魔童降世》的火爆让中国传统神话故事再次成为热门。其实，早在2005年，重庆出版社就作为中国大陆唯一的出版机构参与由英国坎农格特出版社发起的全球项目"重述神话"。重庆出版社出版了阿来的《格萨尔王》、苏童的《碧奴》、叶兆言的《后羿》等图书，成为畅销全球的经典作品。

为弘扬中国诗教传统，为少年儿童提供优质童诗读物，营造诗意成长氛围，重庆出版集团近年来推出"最美的童诗"系列。目前，该系列集结了众多优秀诗人，已出版近30部诗歌绘本，受到广大小读者的青睐，十分畅销。其中著名作家高洪波的《猫妈妈的舌头》获得2016年冰心儿童图书奖。

一部部高品质出版物，见证着重庆出版集团引领时代阅读风尚的实力。

在2020年8月举行的上海书展上，重庆出版集团幻想类图书"独角兽书系"受到读者热捧。该书系所选作品，如《冰与火之歌》《猎魔人》等，皆为国内外顶尖幻想大作，从雨果奖、星云奖等获奖作品集到史诗巨著，无论从质量上还是数量上，都堪称国内第一幻想文学品牌。

重庆出版集团还特别注重挖掘国内优秀原创幻想类作品。如刘慈欣的《三体》自出版以来在国内外获奖无数，海外版权输出至以色列、乌克兰、罗马尼亚、意大利等国家，且连续多年位居开卷数据科幻类图书销量榜首。

推动融合发展　为社会提供创新文化服务

70岁的重庆出版社，迸发出强大生机与活力。

在新时代，传统出版业和新兴出版融合发展日益深化。2020年10月，重庆出版集团"渝教育"智慧教育公共服务平台亮相2020重庆文旅会，这是该集团数字化转型和融合发展的最新成果之一。

"渝教育"智慧教育公共服务平台,基于大数据、物联网、区块链等技术,提供远程教育、智慧课堂/教室、校园安全等智能场景应用,构建由安全内容资源平台、教育数据工坊、产品应用矩阵三大体系组成的智慧教育生态,扩大优质教育资源开放共享、丰富高质量教育服务供给,促进育人过程智慧化、教学管理智能化、教育服务精准化。

重庆出版集团为何会打造这样的产品?

重庆出版集团党委副书记、总经理李斌说,5G时代的到来,给出版业带来了新的挑战和机遇,出版人应该努力实现两个转变:一是由传统出版向提供优质阅读服务转变,二是由传统顾客向用户转变,为新出版创新公共服务打下基础。

近年来,重庆出版集团致力于建设一流新型出版传媒集团,把数字化转型和融合发展作为优先发展战略,持续推进"数字出版生态"建设,形成了"一圈两线两端一网"(简称"1221")的战略布局,加速出版与科技的融合发展,让读者领略到阅读有无限可能。

其中,重庆出版集团重点打造的智能化全民阅读空间"渝书坊 + "为读者提供舒适便捷阅读服务,受到追捧。通过"渝书坊 + "线上线下平台空间,读者可在手机上进行简单操作后自助借阅或购买图书。

"楼下·健身阅读智慧屋"是"渝书坊 + 健身"的产物,这里将健身与阅读巧妙结合,打造新型24小时无人值守式健身阅读智慧屋。市民通过智能人脸识别系统,即可随时进入智慧屋阅读或健身。

开启新征程,续写新篇章。重庆出版集团正全力以赴聚焦互联网主战场,坚持一体化发展方向,催化融合质变,放大一体效能,通过流程优化、平台再造,实现各种媒介资源、生产要素有效整合,实现信息内容、技术应用、平台终端、管理手段共融互通,充分利用新技术、新手段、新渠道推动融合发展,积极拓展数字出版新业态,为读者提供更多高品质精神食粮,让出版物更具吸引力、传播力、竞争力和影响力,为进一步提高社会文明程度,提升公共文化服务水平,健全现代文化产业体系,提升中华文化影响力,增强中华民族凝聚力,推进社会主义文化强国建设作出更大贡献。

新形势下出版集团建立现代企业制度探析

寇德江

近些年来,中央出版社以及各地出版社纷纷联合重组成立出版集团。出版集团出版资源和社会资源丰富,品牌优势明显,提高了产业的集中度,给出版业带来了深刻变化。出版集团已成为做大做强出版产业,提高我国出版产业核心竞争力的主要支撑。

通过转企改制,出版集团较大程度增强了进入市场、参与竞争的能力和实力,市场化的经营运行机制在不断探索中逐步建立和完善。但是,由于我国出版集团改制时间较短,改制仍不彻底,甚至有的出版单位转企后仍存在"形改神不改"的现象,出版集团在传统出版加快转型升级和市场竞争日益激烈的情况下,全面建立和健全"产权清晰、权责明确、政企分开、管理科学"的现代企业制度,实现社会效益和经济效益相统一,成为重要而迫切的课题。

一、推动国有资产管理方式创新和股份制改造,增强出版企业发展活力和核心竞争力

明晰的产权制度是现代企业制度得以建立的根本要求。从总体情况来看,国有股过度集中,产权责任不够清晰,产权缺乏流动机制,使出版集团在提高国有资本运

行效率、建立和完善现代企业制度、防止"内部人控制"以及在对外开展融资等方面都受到种种制约。面临日益激烈的国际国内市场的竞争和转型升级的巨大挑战,推动出版集团国有资产管理方式创新和加快股份制改造,成为进一步深化改革的关键所在。其中,在国有控股的上市出版传媒企业中,适当减持国有股,引进战略合作者,将成为未来发展趋势。

2015年9月,中办、国办印发了《关于推动国有文化企业把社会效益放在首位、实现社会效益和经济效益相统一的指导意见》(以下简称《意见》),首次提出了"推进国有文化资本授权经营,统筹考虑两个效益相统一要求,形成国有文化资本流动重组、布局调整的有效平台,优化资本资源配置"这一具有突破性意义的指导思想,对推动出版集团改制真正到位,理顺国有文化资产产权关系,实现政企分开、政府公共管理职能和国有资产出资人职能分开、国有资产所有权与企业法人财产权分开,创造了广阔的政策空间,具有重大现实意义和可操作性。国家有关部门正加紧制订具体实施方案,从而有效改变出版业改革之初资产调整和重组主要依靠政府的行政手段实现,出版企业产权流转不畅的状况。这一系列政策的出台,对于真正确立国有企业的市场主体地位,推进国有资产监管机构职能转变,适应市场化、现代化、国际化新形势和经济发展新常态,不断增强国有文化企业发展活力、控制力、影响力和抗风险能力具有重大促进作用。出版集团要乘势而上,推动自身深刻变革,推动国有资产管理方式创新。

我国的改革实践充分证明,股份制是富有效率的公有制实现形式。党的十八届三中全会通过的《中共中央关于全面深化改革若干重大问题的决定》提出"对按规定转制的重要国有传媒企业探索实行特殊管理股制度"。《意见》明确提出"在新闻出版传媒领域探索实行特殊管理股制度,积极稳妥开展试点"。

设置特殊管理股是通过特殊的股权结构设计,使国有文化企业在股份制改造和融资过程中,有效防止恶意收购,并始终拥有最大决策权和控制权。从国外已经实行特殊股制度企业的实践来看,特殊管理股的主要类型有:①双重股权制。常见的是将公司股票分为A类股和B类股两种,二者拥有同等或比例不同的经营收益权,但创始人股东的股票具有特别投票权,包括董事选举和公司重大交易的表决等。例如，美国的《纽约时报》将股票分为A、B股，A类股票拥有多数表决权，由苏兹伯格家族持有；B类股票只有有限表决权，由普通投资者持有。②金股制度，英法及欧洲其他一些国家较多采用，通过法律规定金股持有者、表决范围、有效时间等事项。政府或其他出资人作为金股持有者对公司日常事务不作干预，但对涉及国家安全和公众利益时拥有"一票否决权"，主要适用于外资进入、重大资产处置、董事会任免等重大事项。

探索实施特殊管理股制度，是社会主义国家意识形态领域管理方式的一大创新和突破。一方面，有效的特殊管理股权设计能使国有出版传媒企业尤其是上市出版传媒公司的导向控制权牢牢掌握在国家手中，弘扬社会主义核心价值观，传播中华优秀文明，维护国家文化安全和长远利益；另一方面，实施特殊股制度推动股份制改造能有效解决出版集团推动传统出版与新兴出版相融合所需要的大量资金，吸引更多的战略投资者投入，从而以较快的速度提升整体实力和核心竞争力。

特殊管理股这一政策的出台，为推动出版集团股份制改造和全面建立现代企业制度提供了崭新的思路，为出版集团层面在把握主导权的前提下实现股权多元化提供了新的途径。近年来，我国出版业涌现了中南出版传媒、凤凰传媒、时代出版等10余家国有出版发行上市企业。一大批出版单位也正筹集通过首次公开募捐（IPO）或新三板上市。对于已经上市的出版企业来说，通过特殊管理股能实现用相对较少的资本掌握上市文化企业的控制权，有效把握公司的导向和重大决策。从全国出版集团情况来看，集团母公司层面基本上是国有独资，而各地出版集团部分二级单位属于股份制企业，这也在某种程度上形成了"老体制管新体制"的现象。特殊管理股份制度的试点与实施，将为非上市出版企业破除体制障碍，推动股份制改造创造有利条件。

总的来说，鉴于出版业所担负的政治和宣传业务功能，出版集团在探索试点特殊管理股权制度方面，应本着审慎的态度，结合我国出版企业的实际和特点，科学借鉴国外特殊管理股制度实践经验。在时机成熟时，由国家制订有关法规指导各类出版企业有效实施特殊管理股制度。

二、结合出版集团实际，探索实现党委领导与法人治理有机结合的具体路径，完善法人治理结构

由于产权制度改革不到位，国有独资或一股独大，一些出版集团虽然借鉴现代企业制度，建立了党委会、董事会、监事会等组织机构，但从实际情况看，出版企业党委班子与董事会班子高度重合，董事会班子与经营管理层高度重合，董事会、监事会和经理层之间相互制衡的治理结构难以形成，阻碍了出版企业全面建立现代企业制度的进程。

出版集团作为国有文化企业，产权以国有产权为主体，是宣传、弘扬社会主义核心价值观的主阵地之一。保证有效实现党的领导成为国有文化企业管理的核心内容。《意见》明确提出，在治理结构上，要健全党委领导与法人治理结构相结合的管理体制，强调企业党委书记兼任董事长，党委成员要"双向进入、交叉任职"进入董事会、监事会和经营管理层，以确保文化企业领导班子成员不仅懂经营、会管理，而且有社会责任担当。在出版企业治理方面，要充分发挥党委在出版企业的政治核心领导作用。同时，要充分发挥出版企业作为市场主体的作用，使出版集团能在产权清晰的基础上，以相互关系制衡、利益均沾、高速运转、结构合理为导向，构建以董事会为核心，由股东大会、监事会和经理层组成的公司内部治理结构，并在这些机构之间形成相互独立、相互制衡和相互协调的关系，真正意义上从行政管理向公司治理转变。在推动实现党委领导与法人治理有机结合方面，《意见》提出了党委、董事会、未设董事会的经理班子等决策机构要依据各自的职责、权限和议事规则，讨论决定涉及内容导向管理的重大事项及企业运营与发展的重大决策、重要人事任免、重大项目安排和大额度资金使用等事项，为进一步理顺党委领导和法人治理的关系，提供了重要依据。出版集团应根据文化例外的相关要求，遵循文化产业发展规律，结合自身实际情况建立和健全现代企业制度，使出版集团成为一个党委领导、产权清晰、责任明确、运行高效的现代企业。

三、建立和完善现代人力资源管理体系，开展职业经理人制度试点，在政策允许领域试点股权激励，增强企业发展活力

出版业是创意产业，人力资源是产业发展的核心动力。在当前阶段，一些出版企业在人力资源管理方面仍一定程度上沿用事业单位的用人机制和分配机制，难以适应出版业发展新形势。出版企业应建立和完善现代化、系统化的人力资源管理体系，树立新型人才观，以人为本，建立科学合理的绩效考核机制和激励机制，以利于更有效地调动管理层和员工积极性、主动性以及创造性。

2015年，北京、广东等地先行在部分文化企业开展了职业经理人制度试点工作。推行职业经理人制度，改变国有文化企业管理干部保住"铁饭碗"的观念，实行公开选聘严格用人标准，积极开拓文化企业现有中高层管理人员与职业经理人的身份转换通道。对实行职业经理人制度的企业，落实董事会对经理层成员的选聘权和考核权，包括对职业经理人的评价、奖励和处罚等内容，使具有全球视野和深厚文化情怀，对我国的制度和核心价值观具有深刻的理解和认同，具有良好道德素养、出色经营管理才能和创新奉献精神的突出人才走上职业经理人岗位。在出版传媒集团完成了由主要依靠单一出版业态向以出版经营为核心的多元文化服务的转变后，对懂出版、懂技术、懂经营、懂管理而且善策划的具有多种媒介技能的复合型人才求之若渴。在政策允许的领域，出版集团应积极试点实施股权激励机制，激励企业经营者对企业的发展作更加长远的战略谋划，进一步提高自身管理水平；激励员工更加尽职尽责，发挥积极性和创造性，实现企业利益的最大化。

四、创新驱动融合发展，推动供给侧改革，加快推动传统出版转型升级，实现可持续发展

"十二五"期间，我国出版产业规模显著扩大，图书出版品种和总印数目前已位居世界第一。在突出成就面前，我们也要清醒地看到新形势下亟须破解的重大课题：一方面，我国人民群众每年有数万亿元的文化需求巨大缺口；一方面是包括出版物在内的文化产品出现库存高，品种过剩及精品缺乏问题。

出版物市场经历较长时期供需错位累积形成的这种"滞胀"突出现象，成为制约出版业发展的"瓶颈"。创新驱动融合发展，推动供给侧改革，转变增长方式，调整产品结构，控量提质势在必行。出版集团要推动经营理念创新，从提高供给质量出发，实现内涵式发展，要创新产品开发的理念、创意、内容，提高产品的科技含量、文化价值、艺术品位，扩大有效供给，积极满足人民群众多样化和消费结构升级的文化需求。要推动经营机制和增长方式创新，促进增长方式由传统粗放型增长向集约化发展。出版企业要综合应用互联网、大数据分析和多媒体融合等手段推动出版物选题策划机制、营销机制创新，有效适应市场多样化需求，引导和创造新的文化需求，以优秀的产品占领市场培育市场。

在现阶段，一批出版集团实施了横向多元化和纵向一体化发展战略，延伸产业链，实现了跨地区、跨行业、跨所有制发展，其业务范围除覆盖出版物出版发行、印刷包装、物流配送等传统出版产业链外，还积极进军数字出版、电影电视、网络教育、动漫游戏、投资贸易和文化地产等相关领域，资本运营与上市融资成为出版集团谋求做大做强的主流路径。但总体来说，出版集团在转换经营机制和经营方式方面仍处于探索阶段，媒介融合程度不够，体现专业化产业链条尚未完全形成，出版资源和市场格局条块分割、区域分割依然存在，与建成具有很强国际影响力的现代出版企业目标相比还有较长的路需要走。出版集团要积极推动传统出版与创新技术、金融资本和其他文化领域的深度融合，完善文化产业链，使各业务板块形成合力，努力实现

内容、技术应用、平台终端、人才队伍的资源共享，形成一体化的组织结构、运营机制和管理机制，在融合发展中不断打造新的经济增长点，为实现社会效益和经济效益有机统一提供持久强大动力。

出版集团建设具有中国特色、文化企业特点的现代企业制度，没有现成的经验可以借鉴，既需要理论创新更需要实践探索。我国各地出版集团在组建背景、发展规模和效益水平等各方面都存在较明显差异，决定着我国出版集团建立和健全现代企业制度的路径、进程的差异，既不可能统一模式，又要积极借鉴交流；既不能照搬一般工商企业的做法，又要努力与国有企业改革有效衔接。近些年来，国家相继出台了税收、公共财政支出、扶持重点出版工程和文化产业专项资金、财政贴息等财税政策和一系列金融政策扶持文化产业。例如，国家明确提出了探索以国有资本金注入的方式推动企业兼并重组，培育国家级骨干文化企业；省属重点文化企业，经省级政府批准，2020年年底前可免缴国有资本收益。出版集团要加快构建和完善现代企业制度，用好用足国家政策红利，不断提升核心竞争力，实现又好又快发展，努力打造出一批具有国际影响力的出版传媒集团，大幅度增强国家文化软实力。

参考文献

1. 中共中央、国务院办公厅.关于推动国有文化企业把社会效益放在首位、实现社会效益和经济效益相统一的指导意见[EB/OL].[2016-03-19]. http://wzb.mof.gov.cn/pdlb/zcfb/201509/t20150917-1461876.html.
2. 中共中央、国务院.关于深化国有企业改革的指导意见[EB/OL].[2016-03-19]. http://www.gov.cn./zhengce/2015-09/13/content-2930377.htm.
3. 刘进社.出版体制改革与现代企业制度浅议[J].出版广角,2015(7).
4. 姚荣杰.我国出版集团公司治理结构建设的思考[J].中国出版,2012(7).
5. 丁鹏.出版企业产权制度改革思考[J].出版发行研究,2012(2).
6. 章潮.浅析出版企业产权制度的改革[J].出版科学,2014(2).
7. 田海明,范伟军.关于出版企业实行特殊管理股制度的思考[J].出版广角,2014(3).
8. 陈振荣,倪静静.国有传媒企业实行特殊管理股制度的国际经验及启示[J].新闻研究导刊,2015.

我国版权金融研究

郭 宜

一、版权金融的相关概念

版权金融是指发生在与版权相关经济活动中的资金融通行为。版权金融所涉及的行业是非常广泛的,如大家所熟悉的文化产业、高新技术产业等。

二、我国版权金融的现状

在我国政府的积极倡导和版权金融产业自身的努力探索下,目前信贷、抵押(质押)、债券、保险、拍卖、众筹和直投等多种金融手段在版权交易中广泛使用,丰富的版权金融产品的出现推动了版权金融业的快速发展,同时也面临着很多问题和挑战,如版权金融机构体系简单,产品体系不够丰富,法律保障机制不健全,评估较难,风险较大,平台缺失等。

三、我国版权金融目前存在的问题

(一)版权金融相关理论研究薄弱

作为一种重要的金融创新形式,我国版权金融目前正处于不断探索发展的过程中,业界缺乏对版权金融产品的统一规范梳理,也没有对版权金融具体管理模式进行成熟总结,版权金融估值体系处于空白状态,相关研究中也并未真正反映各方利益主体推行版权金融的瓶颈,解决问题的针对性也不强,版权金融相关理论研究仍是理论界有待解决的重要课题。

(二)相关法律法规不健全,政府的导向作用不明显

我国现行的法律规定中版权登记是非强制性的,属于自愿行为,会造成版权的权属不透明,这既不符合版权的法律特征,也无法与版权取得以及流转的规定进行有效配套,影响版权金融活动的有序进行。

(三)公开流转市场及版权公共服务滞后,版权评估与流转困难

现阶段,我国版权价值的评估还没有建立一个统一的标准,随意性大,版权价值的准确评估十分困难,制约了版权融资活动的开展。首先,版权属于无形资产,转化为抵押物、担保品比较困难。其次,版权极易流失,版权价值的保值能力存在着巨大的不确定性。最后,版权相关企业大多为中小企业,其可供抵押的固定资产十分有限,加之至今尚未形成相对成熟的商业模式和盈利模式,抗风险能力比较差,因此融资就显得十分困难。

(四)版权金融产品创新不足,未形成规模

目前,我国的版权金融产品使用尚不广泛,在产品模式设计上创新不足,参与产品的版权金融机构组成比较单一,还未形成规模。以版权质押为主的模式中还没有

充分调动资金提供者、资金需求者、政府、中介的参与积极性。

(五)版权金融专业人才匮乏

版权金融的开发与利用,急需在版权与金融这两个领域都有深厚专业功底的复合型人才。由于高校教育体系的不完善、行业培训的专业化程度不足,版权金融专业人才在现实中严重匮乏。

四、我国版权金融发展对策及建议

(一)将金融支持版权产业发展纳入供给侧改革版图

在重构新型供需关系的背景下,文化产业为大众创新、万众创业提供重要土壤,发展文化产业对稳定增长、促进改革、调整结构起到非常重要的作用。然而,由于历史和现实的原因,版权金融方面的探索和实践刚刚起步,使得我国文化产业与金融资本的融合普遍存在不足。为此,必须加快文化与金融两个领域的供给侧改革,适应文化市场版权需求全面快速增长的趋势,以金融支持的方式帮助文化产业扩大有效供给,积极推进金融资本与版权产品的深度融合,催生新的业态和盈利模式,进一步释放文化市场活力,为经济转型升级提供新动力。

为此,政府应将金融支持版权产业发展纳入供给侧改革版图,通过优化顶层设计,破除体制机制障碍,促进各方面金融要素资源的整合,推动银行、证券、评估中介、担保等金融机构创新信贷方式,改善版权融资条件,全力推进版权文化产业发展。

(二)加强版权金融相关理论研究

版权金融的健康发展需要相关理论研究作支撑。由于版权金融在我国还是一个新鲜事物,尚处于起步探索阶段,国内对它的相关研究比较少。建议突破单一学术机构研究的模式,建立以学术研究机构为主,政府、版权相关企业、金融机构多方参与的研究模式。在这个模式中,政府提供政策支持和法律保障,企业是产业运营主体,金融机构为企业提供金融服务支持,学术研究机构对版权金融进行前瞻性研究,为企业提供诸如市场预测、前景分析等信息服务。

目前,无形资产的评价标准还未建立,评价比较随意,版权的内在价值难以准确衡量。建议由国家版权局、国家知识产权局等政府部门牵头,邀请金融领域内的专业评估人士,引入银行、保险、担保等金融机构,以及版权领域专家学者共同参与,构建一个合理、有效、权威的版权评估体系,并在这一体系下建立独立、权威的版权评估机构。

(三)完善相关政策法规,提高公共政策的导向作用

1. 完善相关法律法规,加强执法力度

我国应抓紧制定关于版权证券化的法律法规,并在《著作权法》和《证券法》中增加关于版权质押登记的一般性规定,填补关于版权证券化的空白。还应加强对版权质押登记的实质性审查,版权质押登记时若因登记机关的过错造成损失的,责任由登记机关承担,保障质权人的合法权益,扫除制约版权质押的绊脚石。

2. 完善版权制度,降低权属风险

我国的版权登记采用自愿登记制度,版权权属不清晰,难以判断版权被质押之前的权利状态。所以,我国应尽快建立和完善相关版权公示制度,将版权的流转过程和状态及时在网上公示出来,以利于信息的公开、权属的明晰,以此减少不必要的纠纷。同时,应大力改革版权登记制度,将自愿登记改为强制登记,并建立全国统一的版权登记、质押、交易系统,以供用户检索。

3. 建立版权资产评估体系,明确版权价值

首先,要建立行之有效的版权价值评估标准、方法和流程,以及具体的操作办法,确保版权评估的科学性和准确性。其次,要建立版权资产评估小组,小组成员应充分吸纳版权领域的专家学者、行业代表、资产评估师、律师、会计师。再次,要采用动态评估方法,预防因侵权带来版权价值减少的风险。最后,要强化版权评估机构的相关法律责任,明确参与版权融资的评估机构要承担相关的连带责任,以此促进评估的公允公平公正。

4.充分发挥政府职能,体现政府对行业的引导作用

版权金融最后的落脚点在于市场利润的最大化,政府在市场经济中应该发挥引导作用。政府应该成立专门机构,其职责包括:一是协调版权企业同资金提供方的关系,提供必要的信息服务;二是提供必要的贷款贴息,减少版权企业的经营压力;三是及时制定符合市场规律的政策,避免政策过于滞后,丧失操作性;四是规范版权产业市场,避免企业间的利益冲突,引导企业健康发展。

(四)建立公开流转市场,提供版权公共服务

建立独立、权威的版权公开流转市场,要充分发挥相关市场中介组织(或经纪人)在版权市场化进程中的积极作用,切实保护各方的正当合法权益,建立起版权使用的合理有效机制。同时,发挥版权公开流转市场的专业市场职能,创新版权价值评估、版权流转监管以及不良资产处置等服务机制,协助相关金融机构进一步提升文化金融创新能力,规避版权金融创新风险。

(五)引导银行业增强对版权金融的扶持

要积极取得金融监管部门的政策支持,如人民银行可通过匹配商业银行的专项合意贷款规模或定向降准等指导方式,增加商业银行对版权类融资的积极性;银监机构可调整对商业银行版权类融资贷款的容忍度,监管机构可会同地方政府出台政策文件,组建国有性质的版权流转平台或资产管理公司,用于专项收购银行逾期贷款的版权担保物,为银行解决版权处置不易的后顾之忧。

(六)推动版权金融创新,加速版权金融产品迭代

我国现有的版权金融产品大多采取版权质押融资模式,并在此模式上衍生出担保、信托等模式。此外,版权金融产品还可从版权预售、版权保险、版权信托、版权众筹、版权投贷联动、版权资产证券化等方面考虑迭代创新,实现多种模式的版权金融产品协同发展,从不同角度推动文化产业借助版权进行有效融资。

(七)建立专业版权融资担保机构

除了专业的版权资产评估机构以外,还需建立两类专业版权融资担保机构。一类是纯商业性的,可由政府出台相关政策引导社会资本出资设立,为营利性质。另一类是政策性的,由政府或国有文化投资公司出资设立,还可由其他党政机构支持的法人社团出资设立,如文化产业协会等。这类政策性版权金融担保企业为非营利性质,明确其主要职责是扶持尚在发育阶段的版权产品运营企业的创立和发展,不考核其盈利指标,而是考核其扶持版权金融方面的规模和业绩,明确政府出资的担保机构要实行"政策性资金,企业化管理,市场化运作"的运行机制,以及财政资金补偿、税收减免等优惠政策,主动承担融资担保的最终风险责任。

(八)加大版权金融专业人才培养

版权金融要发展,离不开人才这个关键要素。人才尤其是高端复合型人才的匮乏已成为制约版权金融实现跨越式发展的一大"瓶颈"。为此,高校要主动作为,在课程设置中增加版权金融内容,培养既懂版权又精通金融的复合性高端人才,为版权金融健康长远发展提供强大的后备人才力量。同时,应加强对金融机构版权人才的培训考核,建议达到一定规模的金融机构设立专人负责日常版权工作。金融机构也可定期邀请版权领域相关专家、政府主管部门的领导、优秀版权从业人员等,为金融从业者进行在职培训。版权主管部门可定期组织与版权相关的培训及考核,由企业指派员工作为专门的版权人才参加培训。

参考文献

1. 沈天文.我国版权质押融资运营机制的完善[J].法制博览,2017(7):153—154.
2. 张辉锋,刘庆楠.影视剧产业版权证券化融资模式分析[J].国际新闻界,2015(2):130—141.
3. 方圆.版权质押让金融与文化无缝对接[N].中国新闻出版报,2012-06-07(7).
4. 郭安丽.完善版权价值评估助力文化产业融资[N].中国联合商报,2011-04-18(A1).
5. 温婷.华谊王中军:新融资方式版权抵押贷款[N].上海证券报,2009-04-22(B7).
6. 赵策.版权融资是文化创意产业的灵魂[N].中国高新技术产业导报,2008-01-21(B7).
7. 孙晓翠.国际视野下的版权金融化产品模式(下)[N].中国知识产权报,2017-11-24(10).

立足出版行业特色　建设模范职工之家

熊　伟

出版业是知识密集型产业,承担着传播科学知识、弘扬先进文化、引领风尚、教育人民、服务社会和推动发展的重要职责,是推动文化大发展大繁荣的重要力量。当前,我国大部分出版单位完成转企改制,体制机制发生深刻变革,出版企业基层工会建设和职工队伍建设面临一系列新任务,进一步强化职工之家建设显得非常必要而迫切。

围绕建家标准,立足出版业当前发展特点和实际,务实创新,积极探索建设职工之家有效途径,使出版行业基层工会组织成为出版人名副其实的"模范职工之家",对推动出版业深化改革,激发出版企业活力,打造高素质职工队伍,有力促进出版繁荣具有十分重要的意义。

一、效益强家。出版业具有意识形态属性和文化属性,同时又具有经济属性和市场属性。职工之家创建活动必须与服务出版工作发展相结合,推动出版工作实现社会效益和经济效益的有机统一。在建家过程中,要建立行之有效的激励制度,积极引导和激励职工在改革发展中建功立业。工会组织要围绕精品选题策划、市场开拓、创新发展等主题,积极开展读书学习活动和劳动竞赛、合理化建议征集、岗位练兵等争先创优活动,不断增强职工的创新意识和创新能力,使企业内部涌现出更多的出版、营销、管理、技术等各方面行家里手,推动出版物内容形式创新、传播载体创新、营销策略创新,努力实现出版物思想性、可读性、艺术性相统一,赢得读者,赢得市场,真正做到"叫好也叫座"。在改革发展过程中,要结合新业态、新领域,遵循出版产业发展规律,发挥市场在文化资源配置中的积极作用,大力开拓文化创意产业,针对数字化出版浪潮,通过组织难题会诊、关键课题分析、招标揭榜等活动,群策群力、攻坚克难,推动出版产业升级和技术进步,做强做大企业。

二、民主治家。出版行业是以知识分子为主体的行业、职工知识水平高、专业性强、思想活跃。建家工作要全面强化民主管理,发扬职工主力军作用,牢固树立全心全意依靠职工群众办企业的指导思想,增强建家活动的动力和活力。出版企业要认真落实职代会工作制度,建立和巩固以职工代表大会为基本形式的民主决策、民主管理、民主监督制度。凡涉及改革发展重大问题,员工切身利益的大事须经职代会讨论,重大项目决策,财务年度收支情况向职代会作出报告。对涉及改革发展等重要民主问题要广泛征求意见,认真倾听广大员工所思、所想、所盼的热点、难点问题,实事求是地吸纳合理化建议;坚持实施党务公开和事务公开制度,开设信息公开栏,认真实施民主监督;建立平等协商制度,维护员工切身利益,真正做到尊重人、信任人、关心人,使想干事、会干事、干成事的工作氛围在职工队伍中蔚然成风。

三、文明兴家。大力弘扬社会主义核心价值体系,是党和人民赋予出版事业的神圣使命。工会组织要在职工中广泛深入开展社会主义核心价值观教育,引导职工把树立和践行社会主义核心价值观教育作为多出精品力作的源头活水。要将"中国梦"宣传教育,同中国特色社会主义宣传教育结合起来,同做好出版工作结合起来,引导职工自觉做"中国梦"的参与者和书写者,发挥出版工作的优势和作用,为实现中国梦传递正能量,形成推动实现中华民族伟大复兴的中国梦的强大精神力量。要积极开展企业文化建设,提升员工的归属感、荣誉感和社会责任感。要通过生动活泼的教育方式,使企业的经营理念、管理理念、工作理念、人才理念、团队理念、服务理念、学习理念、质量理念、廉洁理念得到职工衷心认同,进而转化为全体员工的实际行动,推动员工价值和企业价值的共同实现。不断完善文化体育设施,广泛开展丰富多彩的经常性群众文体活动,增强建家活动的凝聚力和吸引力。工会组织还要继续开展如"好书刊进基层"、社会志愿者活动等社会公益活动,向社会献爱心、送温暖,为营造社会和谐作出积极努力。

四、爱心暖家。人才是出版业竞争的第一重要资源,以人为本,强化事业留人、待遇留人、环境留人的观念和措施,是推动出版企业健康持续发展的重要基础。工会要把职工是否满意作为创建"模范职工之家"的重要标准,为职工办好事,办实事,急职工之所急,想职工之所想,使工会成为备受职工信赖、使职工倍感温暖的职工之家。在建家过程中,要注重民生,强化维权帮扶服务。工会组织要监督有关劳动保障法律法规的贯彻执行,认真协助企业有关部门做好劳动报酬、劳动安全卫生和保险福利等方面的工作,维护女职工的特殊权益,做好困难职工帮扶工作,使改革发展成果人人共享,不断提高员工的幸福指数,充分调动员工的工作积极性。

工会是党密切联系群众职工的桥梁和纽带。贯彻党的十八大建设文化强国的战略部署中,凝心聚力推动出版繁荣,对出版企业工会自身建设也提出了更高要求。

出版企业工会要进一步建立健全工会体系,坚持哪里有职工哪里就要建立工会组织的原则,加大基层工会组建力度,落实工会干部相应待遇,加强工会工作业务培训,提高工会干部综合素质。在创建"模范职工之家"过程中,真正形成"党委统一领导、行政积极支持、工会具体实施、职工热情参与"合力建家工作格局,使建家活动切实做到与出版企业改革发展目标上同向、决策上同步、措施上一致,推动各项活动蓬勃开展。

出版发行企业供给侧改革路径初探

林 林

自2015年11月中央财经领导小组第十一次会议上首次提出后,"供给侧结构性改革"即成为社会经济领域关注的热点。中央提出"供给侧改革",明确地将经济领域的调控重点由"需求侧"转向"供给侧",是适应和引领经济发展新常态的重大创新,是适应国际金融危机发生后综合国力竞争新形势的主动选择,是适应我国经济发展新常态的必然要求。关于供给侧改革,中央经济会议提出了五项重点任务"去产能、去库存、去杠杆、降成本、补短板"。这五项重点任务,实际也是当前社会经济发展面临的五大问题。这些问题,传统行业几乎都有,涉及部分新兴行业,在出版发行行业也广泛存在。本文将围绕五项重点任务,结合具体工作实践,初步探讨出版发行企业推进供给侧改革的现实路径。

一、去产能:坚持控量提质,走精品战略

据《2015年新闻出版产业分析报告》显示,2015年全国共出版图书47.6万种,其中新书26万种,总印数25亿册,平均印数不足万册,较2014年有下滑趋势。大量图书内容粗陋、同质化严重,很少有精品问世。各大图书排行榜,各书城的畅销榜,上榜的很多都是传统经典,或者十年二十年前的老书、旧书,或者引进版图书,新书中能产生较大影响的很少。出版发行企业低水平重复生产,造成了行业产能相对过剩。一方面大量图书积压滞销,甚至于大幅打折都无人问津,最后只能化浆处理,另

一方面广大读者很难买到心仪的图书,值得一读的少,精品更少,图书品质难以有质的提升。

针对图书出版的此种现状,出版单位应坚持控量提质,实施精品战略。控量提质,即在图书生产中抓选题,调结构,由数量规模型向质量效益型转变。实施精品战略,即把内容做优,瞄准市场,加强策划,推出一批内容丰富、题材广泛、特色突出、市场反响好的"双效"图书。2016年大众类图书码洋规模在2015年基础上下降三分之一,编发人员将更多精力集中在通过选题论证的优秀选题之上,"双效书"不断涌现,图书策划包装能力得到进一步提升,去产能化初见成效。

二、去库存:加强营销能力建设,依靠市场化解压力

库存压力在各出版发行企业不同程度地存在。按照目前主流的销售模式,图书备货、铺货后不可避免地存在销售周期完成后的退货。尽管各出版发行企业具体情况不同,但码洋动辄以亿计的图书库存仍带来物流仓储费用、财务成本的巨大消耗,去库存成为出版发行企业的一项长期工程。对于去库存,重庆出版集团注重于营销能力建设,依靠市场化解压力。

营销能力建设,首先从图书生产的源头抓起,提高市场把握能力,利用各种技术手段和量化指标加强选题的论证,尽量保证图书产品都能在市场中有一席之地,能够满足一定读者的阅读需要,避免由于市场预测失准造成的大规模退货。其次是整合营销力量,提升营销能力。重庆出版集团成立专门的部门,配备专业的人员,专职从事整个单位的营销工作。将原分散在发行部、外宣部、门户网站等的营销职能整合在一起,协调联动、发挥合力,集中力量提升宣传推广效果。指导各出版单位建设微博微信账户并建立考核机制,利用新媒体平台加强对自身以及产品的宣传介绍,与读者建立良好的沟通互动,形成高忠诚度的读者群体,带动图书销售。同时对新媒体平台上的读者观点加以分析,提炼有效信息反作用于图书选题策划。再者是加强渠道维护,做好主渠道、二渠道、电商的维护工作,不断扩大天猫旗舰店、微店的在

线直销。此外，就按需印刷展开了深入调研，着力研究先进生产方式同现有营销体系的结合发展，力图找到图书首印、重印中按需印刷的切入点，根据每本图书的具体情况确定印刷方式和数量，将库存压力化解在出版发行链条前端。

三、去杠杆：降低企业负债率，控制财务风险

出版发行企业在前一阶段的发展中，多数实施了多元化发展战略，将产业链向上下游延伸涉及纸业贸易、印刷、教育等相关产业。多元发展对做大做强出版发行企业起到了巨大作用，也使其能够调动更多资源投入到文化生产，达成了共赢的局面。但我们也应该看到，为支撑企业多元发展，特别是满足房地产等资金密集型行业的需求，部分出版发行企业利用银行贷款、企业债等各种融资工具大肆举债，财务杠杆率高，负债率达到或超过50%的合理水平，财务成本高。此种状况，在经济态势较好的时候问题尚不明显，一旦外部环境趋紧，投资项目无法正常回笼资金，企业将面临巨大的财务风险。因此，在目前经济L型走势预期的前提下，存在此种情况的出版发行企业必须通过去库存将资产变现、退出高风险行业、加强资金统一调配等措施，筹集资金还贷还债，及早降低企业负债率，减少财务成本，控制财务风险，防止资金链条断裂及其可能带来的更为严重的后果。

四、降成本：整合资源，挖潜增效

降成本，一是外部经营环境，国家出台相关税费政策为企业减负。一是企业从内部发力，降低经营成本。根据成本结构分析，企业成本主要由生产成本、销售费用、管理费用、财务费用几部分构成。降成本，就是要针对本企业的薄弱环节采取措施，对不合理费用加以控制，达到经营费用有效降低的目的。重庆出版集团除了依靠加强图书生产环节管理降低生产成本，充分争取国家税收优惠政策降低企业税

负,减少企业负债降低财务成本外,还狠抓两方面工作推动企业降成本取得实效。

一方面,在对所属公司清理摸底基础上,按照现代企业制度的要求,以清算注销、合并重组等措施为抓手,全面开展消除空壳公司、缩短管理链、内部资源整合工作。经过一个阶段实施,所属全资、控股子公司减少20余家,公司层级基本控制在三级以内,运营成本每年节约2000多万元。另一方面,要求各公司各部门以效益为中心,按照市场经济规律,广泛开展挖潜增效工作。

五、补短板:围绕发展定位,有的放矢、精准发力

补短板,应该在明确自身发展定位基础上,围绕发展目标,找准制约因素,有目的地加大企业资源在这些方面的投入,以改善现状,补齐短板,使企业能力与发展规划匹配,克服短板问题的不利影响,确保目标任务按计划组织实施。

以出版板块为例,在充分调研基础上,积极开展了以下几项工作,促进出版业务整体表现持续向好:一是谋划上市。为弥补融资手段单一、融资成本较高、长期无法从资本市场借力的劣势,将对所属出版单位进行整合并股改成立股份公司,同时按上市要求进行规范。二是建设ERP业务系统。为弥补原编、印、发及财务各业务系统互相独立,且部分工作仍采用手工处理,信息化程度较低,影响工作效率和管理水平的劣势,启动了ERP业务系统建设。目前系统已上线运行,基本实现编辑出版全流程一体化和规范化,上下游数据共享互通、准确一致、来源可溯,全面提升信息化对各出版流程的支撑和保障能力,企业工作效率和管理水平得到明显提高。三是对所属印务企业进行资产业务重组。为弥补印刷能力不强,出版产业链条不完整,印刷业务向社会印刷企业流失严重的劣势,对所属印务企业进行了资产业务重组,成立一家规模较大、技术较先进、业务承接能力较强的印务公司,逐步接收出版板块所有印制业务,收回印制环节流失利润,完成出版环节全产业链建设。

总之,中央提出供给侧改革,明确供给侧改革的五项重点任务,宏观上为出版发行企业提供了改革发展的思路和方向。推进供给侧改革,以五项重点任务的要求指

导具体工作,能有效带动整个出版发行行业清除痼疾、创新发展,推动行业发展质量和效益达到新水平。出版发行企业在推进供给侧改革,落实五项重点任务时,必须坚持求真务实、行必有果的工作作风,将中央部署同自身实际紧密结合起来,实施具备针对性、有效性、可行性和前瞻性的工作计划,并取得实际成效。供给侧改革将在出版发行行业得到充分落实,推动行业内企业在社会效益和经济效益上取得更大突破。

参考文献

1. 樊希安.关于出版业供给侧改革的几点思考[J].中国出版,2016(13).
2. 张文忠.对出版业供给侧改革的思考[J].出版与印刷,2016(1).
3. 李刚.供给侧改革背景下图书出版结构创新思路[J].经营管理者,2016(15).

多重译码:游乐于《小世界》[①]话语的张力场

吴立平

引 言

横跨小说界和批评界的英国后现代主义作家戴维·洛奇(1935—),新近在国际文坛声誉鹊起。在他一系列后现代小说中,洛奇以资深教授的高度智商和洞观世态的远见卓识,把愤世嫉俗化为了俏皮而略带恶作剧的滑稽表演。就此而言,这个学者中的"浪子"倒更接近于上世纪三四十年代幽默讽刺小说高峰期的伊夫林·沃。

无论从文化态度、审美观念、艺术形式哪方面看,自称精通结构主义以来各种文论新潮和创作技巧的洛奇都很有后现代的风度。作为后工业社会产物的后现代主义文学,在本质上已与工业时代的现代主义分道扬镳了。后现代艺术的泛风格化已具有了很大的包容性。艺术家走下象牙塔到超级市场大声叫卖也犯不着脸红心跳。艺术全方位泛化的结果是:艺术品与实用商品、艺术家与业余爱好者、艺术各门类之间全面解构,艺术与非艺术的边缘模糊。戴维·洛奇1984年隆重推出的《小世界》便是这类文学的尤物。

小说包容了雅俗共赏的话语成分、复调和多声部的意蕴以及自相矛盾的万花筒

[①]《小世界》中译本(罗贻荣译,王逢振校)为重庆出版社1992年12月版。拙作所引小说译文,均出自该译本。

般的技巧形式。作者试图同时与各种文化年龄层次的读者对话,服务于各种审美心理的文学消费者。正是这种令人肃然起敬的非凡气度,才使他在文本中对好几套文学话语编码得以驾驭自如。《小世界》能够问鼎英国文学最高奖(布克奖),又获畅销国际市场的轰动效应,说明它多重话语编码的复调文本确有生成多种意义的潜能。当然,要明察秋毫地辨认小说的复调和声,心领神会地游乐于它话语的张力场,读者诸君恐怕还得跟我们一样花费许多时间和精力来接受这场智力测验。

一、文化层译码

在神灵、帝王、权威相继故去以后,世界已进入一个没有什么能立于不败之地,也什么都没有立足之地的多元共生时代。源远流长的传统文化和形形色色的区域文化,由于传播媒介的更新,一齐跨过时空距离,在同一起点上交配繁殖出了千奇百怪的优生杂种。正是在这种后现代的文化土壤中,洛奇娴熟地运用多种文学话语,精湛地烹饪出了《小世界》这份能合大家口味的大杂烩。作为读者,我们便只能使用文学专家或业余外行两套话语译码来解读它。

自劳动分工导致艺术异化以来,艺术由万众一心地为神灵上帝遥拜祭献,到卑躬屈节媚俗取悦于王侯将相的上流社会,再发展到卓尔不群傲慢地隐居于讲坛、沙龙、书库之中,终于自由随和地飞回寻常百姓家,成为日常生活不可或缺的组成部分。这种不以人的意志为转移的现象说明:虽然遥远,但我们已能展望到马克思预言的人人都全面发展,人人都是艺术家和劳动者,艺术成为人类第一需要的大同社会景观。

在创作与接受的分离状态结束以后,主要被精英文学培养出来的新型读者,不但能用专业化的挑剔眼光来审视文本,而且乐意以宽容开明的审美风范去认可哪怕自己并不赞同的激进的文学试验。与此同步,作家的自觉意识日益增强,尤其是洛奇式的学者型作家。他们乐意站在批评家或业余读者的消费立场,保持适度的审美距离来看待自己生产的文本。完成了角色转换的洛奇放弃了自我中心主义,既避免了自以为是的"意图谬误",又使读者摆脱制约,放松压迫感,充分调度潜能去解读文本。

从专业角度看,小说主要人物都是文学教授和作家,主要场面和话题也与文学创作和理论批评有关,至少涉及新批评以来的结构主义、解构主义、女权主义、新马克思主义和接受美学等文艺新潮,还专门介绍了小说诗歌的创作经验。在各家文论精彩的综述和鞭辟入里的点评中,闪烁着洛奇渊博学识和深邃智慧的光芒。小说中有关生命哲学、语言哲学的艰深理论和专家们满口行话的爆炸术语,确实给读者造成了阅读障碍。

但是,为什么那些津津乐道于港台影视和地摊文学的人也能如饥似渴地捧读《小世界》呢?从业余角度看,可读性大约有四:首先,作品情节戏拟了传奇小说,既有浪漫情调、巧合悬念,又有波折迭起、引人入胜的故事。其次,色情与冒险。小说印证了厄普代克"离开了通奸就没有文学"的断言,直率地描绘了福利社会的性放纵。再次,小说的空间转换频繁,展示了赏心悦目的异国风情和旅游名胜。最后,小说卓越的幽默调侃风格抵消了学术理论的艰深苦涩。高档的黑色幽默、反讽戏拟与粗俗的玩笑噱头、滑稽戏谑都妙趣横生,令人忍俊不禁。难怪评论界称《小世界》是"《幸运的吉姆》以来最令人捧腹和最不留情面的学院讽刺小说"。当然,书中那些福斯特式的微妙隽永的潜台词,乔伊斯式的典故反讽,伊夫林·沃式的优雅诙谐和约瑟夫·海勒式的狂躁的黑色幽默,很可能被修养欠佳的读者忽略或瞧不起,但那些显而易见的狄更斯式的漫画场面和沃德豪斯式的一流笑料,几乎能使所有读者拍案叫绝。

洛奇的两套文化层话语编码,收到了雅俗共赏的效果。两套话语虽有审美情趣和文化层次的差异,但《小世界》等后现代小说却将它们并置混合编码,实现了雅俗合流的艺术返祖理想。因此,带着猎奇心理的通俗读者有权把《小世界》读作言情冒险小说。

二、意蕴译码

洛奇认为,文学的意蕴由话语编码的作者与话语译码的读者对话而生成。托多洛夫在《小世界》问世的1984年首倡了著名的对话批评精神,它以尊重、宽容的后现代风度倡导"关系平等的作家与批评家两种声音……与作品一起谈"。后现代主义认为,文学的意蕴就是在文本中介组织起的话语的张力场中,由作者和读者的接力游戏所产生,即在几方对话的编码中译码。

(一)深度与平面

小说不拘一格地将深度模式与平面模式混合编码,说明作者并不囿于现代派与后现代派的门户之见,而是力求使文本具有多解性。我们在《小世界》话语的张力场的多次游乐中,常因发现新的景点(解读)而兴奋不已,同时又与匠心独运的作者心有灵犀,结成了哈贝马斯创导的商谈伦理学关系。

作品的深度模式主要体现在整体构思上。它的罗曼司框架不仅揭示了现代学者浪漫而冒险的生活,还象征着人性无休无止的欲求,暗示了从文人史诗《埃涅阿斯记》以来事业与爱情两大文学主题。小说结尾,柏斯在茫茫人海中又开始了新一轮的追寻,就像那飘流冒险20年还乡后仍不安分的希腊英雄奥德修斯,这一原型与柏斯的姓氏意为"超级猛士之子"正好吻合。

以上复调构思至少可作两种解释:一是学术小世界作为人生大世界的缩影,暗示了人类欲望无穷而生命有限的人生悖论,每一欲望的满足都诱发更高的新的欲望。因此,人生始终漂流在企盼终极目标而又可望不可即的途中,这就是"坦塔洛斯似的苦难"。人生的价值和意义其实不在于终成正果,而寓于追求的过程之中。过程在感觉上的无限性延长了生命时间的有限性,在生与死之间尽可能充实生活的密度,提高生活质量,就等于推迟了死期,把握了人生。

另一种解译是:小世界作为文本话语世界的类比,形象地阐释了文学意义的不确定性和游戏性。正如柏斯为追寻安吉丽卡而飞遍全球,后终遂愿,但怀中人却是他这个信奉婚前贞操的教徒最厌恶鄙视的色情舞女丽丽(安吉丽卡的孪生妹妹)。这幕爱的错误的喜剧恰好印证了扎普教授的论点:"文本有如脱衣舞。"文本一旦写成,便成了"一种永无止境的、撩拨人的引诱,一种永无结果的调情;或者说,如果有结果,那也是一厢情愿的手淫"。正如脱衣舞女利用她的观众的好奇心与欲望那样,……文本挑逗它的读者,给人以最后彻底裸呈的希望,而又无限期拖延。……真正使人兴奋的是脱光的"'拖延'而不是脱衣本身"。"文本向我们揭示自己,但决不会让自己被把握住;我们与其殚精竭虑地想把握它,不如在它的挑逗中寻求快乐"。

深层意蕴还孕育在作品的典故、引语之中,甚至细节也有微言奥义。小说卷首引用了艾略特《荒原》的首句:"四月是最残忍的月份",定下了全篇的基调:荒芜与拯救。四月这个万物死而复苏的季节,既象征当代文明的萧条衰败与渴望生机救赎,又象征冬去春来青黄不接的时代断裂的阵痛,还影射春情泛滥、人欲横流的享乐生活对文化和心灵的恣意摧残。季节循环又暗示了人类注定在生与死、灵与肉、存在与虚无、漂流与守望、此在与彼岸、绝望与希望、悲剧性与喜剧性织成的怪圈中冲突、生息的命运。

深度模式容易把读者引向形而上的追问,但它在嬉皮士运动之后便不合时宜了。在今天,某些读者更喜欢形而下的感官刺激和高密度的表象直觉——平面视象便成为了后现代艺术的首选形态。《小世界》的平面构成也表象纷繁,其写实表层的复调主题至少有三个能指:

第一,真实再现了当今西方学术界的面貌。作品开场,学者们便乘着喷气机满世界飞来飞去,与新老朋友欢聚,"交换流言与隐私";他们纵情声色,享受公费观光和补助。但是,他们厌烦听照本宣科的学术报告,忍受着会议综合征的折磨,为的是会后丰富多彩的娱乐消遣,以及像换衣服一样随便和快当的勾搭成奸。如作者所言:"正是专业上的自我表现与性爱机会之间的张力,名利场上取宠于众人的雄心与情场上取宠于一人的性欲之间的张力,使研讨会成为如此令人倾倒的人类奇观和如此丰富的小说素材。"

第二,对西方社会广阔现实的写照。美英等民主、开放、富裕强国已先后进入发达的福利社会,但新的矛盾仍错综复杂。小说以后现代的手法,揭示了当代繁荣与危机并存、物质过剩与精神空虚冲突的局面。史沃娄教授与妻子做爱"静得好像偷偷摸摸",他们分别在想象的偷情中达到高潮;史沃娄、温赖特教授都曾多次诱奸女学生,而甘献肉体的女生则在考卷中威胁导师,要求给高分……学者堕落如此,全社会可见一斑。

第三,对众说纷纭的新潮狂欢文论的述评。洛奇堪称罕见的为作家翻案的勇士,在理论综述时,洛奇的愤怒看来主要是针对把泛性说无限夸大的精神分析学派、偏狭的报复心重的女权主义和无政府主义的庸俗的新马克思主义者,以至于将她们写成抛弃私生女儿的有罪的母亲(剑桥民俗学家梅顿),或靠写诬蔑前夫的小说而大发横财的女作家(德丝丽·扎普),或言必谈性的下流无耻的性变态者(意大利女教授莫加纳)。

(二)沉沦与拯救

从主题学角度来解译,《小世界》的人物之间有错综复杂的纠葛和性格冲突,人物自身也存在深刻的人格矛盾。小说的圣杯传奇叙事框架隐喻着两层意蕴:第一层是前面提过的人类永恒的"追寻"主题——所有艺术的基本母题。那是《埃涅阿斯记》《神曲》《浮士德》三大文人史诗优良传统的延伸。柏斯把它具体化了:"每一个人都在寻找他自己的圣杯。对于艾略特,它是宗教信仰,但对于别人,它可能是名誉,或者对一个美丽女人的爱。"人生的两大能源"野心与情欲之间的张力""在研讨会上得到戏剧化表现"。

第二层意蕴寓于深度模式之中:沉沦与拯救。从神话原型批评来看,寻找任何东西的任何人都是"追寻神话"的参与者。书中的主要人物在古代圣杯传奇中都能找到原型。柏斯的名字、经历和性格都模仿了追寻圣杯的骑士柏斯华;文论权威、阳痿而僵化的金费舍尔则影射圣杯城堡统治不毛之地的性无能的渔王费舍尔·金。圣杯传奇已隐含了"荒芜与拯救"的主题,现代头号诗人艾略特的《荒原》将它转喻为人的精神危机期待宗教救赎的动机。《小世界》回复并发展了这一主题,背景推移至后工业社会。

小说扉页引用贺拉斯诗句"天上诸神,疾驰过海,初衷不改",以表达"人生追求"对死亡和虚无的反抗。《小世界》正是从死亡意识的本体论出发,深刻表现了世俗沉沦与宗教拯救的张力性主题。野心勃勃的扎普教授在经历了死亡体验脱险之后,不无感慨地说:"我终于摆脱了怀抱野心的习惯……我感到我只要活着就足够了。"神学院教授马克斯韦尔在诱奸并抛弃柏斯堂妹而后历险,良心发现,接受了上帝的审判,忏悔并补过。史沃娄教授的死亡意识是他及时行乐、放浪形骸的主要动因。这些故事令人信服地印证了希腊先哲苏格拉底的名言:"人生就是熟悉死亡。"

小说并未忽略导致世俗沉沦的社会原因。服务型社会造就了享受型人才,消费型社会导致了世俗沉沦。过去只有少数贵富寻欢作乐,现在享乐平民化大众化了。享乐主义不仅是后现代生活的核心内容,而且是后现代文学的题材和主题。学者们之所以成为开会迷,是为了灵魂在会议厅满足的同时,躯体在夜总会和异性怀抱中满足,兴趣并不冲突。小说一再引用《荒原》中"火的布道"隐喻对现代人肉欲与色情的鄙夷,把淫邪者比喻成"类人猿",说明作者对世俗沉沦的生活忧愤多于赞美,不然字里行间何以到处充溢着宗教拯救的福音呢?

书中多数人物都被人格障碍或境遇障碍所羁绊而难以自救,苦苦盼着灵魂的救赎:扎普、史沃娄竞争联合国官职受挫;德丝丽和弗洛比希尔江郎才尽,再也写不出小说;温赖特在女学生美丽胴体的感召下也产生不出灵感;金费舍尔在性爱与专业上都衰朽无能,权威受到挑战;史沃娄与妻子闹离婚,却不想妻子找到了一份"婚姻指导"的职业。每一个人似乎都面临萨特所说的奥列斯特情势,难以逾越障碍,每个人都在"等待戈多"——宗教拯救。丹·杰克逊的《文学传记辞典》写道:"洛奇小说中一个经常性的主题是他的天主教教徒人物为调和心灵与肉体欲望所作的搏斗",他的一系列小说都使读者感到了当代宗教信仰与世俗沉沦的紧张冲突。处女作《电影迷》(1960)描写大学生勾引修女,修女则劝他皈依宗教。小说的反讽性结局是:当修女爱上他并愿以身相许时,他却拒绝性爱而当了教士。《小世界》也同样突出了天主教信条与世俗享乐的矛盾。主人翁柏斯就像伏尔泰笔下的天真汉和圣杯传奇中的柏斯华一样圣洁地信守婚前贞操,连听下流话、看色情电影都感到罪孽深重。其实,柏斯并非作品讴歌的正面形象。他像堂吉诃德一样天真可笑,不合时宜,他拘泥教义而压抑人性,耽于理想而抵牾现实,把不在场的理性规则看得高于此在人生的生活方式,他在现代爱情观上的误区等正是小说所要揶揄戏谑的。

第二届梵蒂冈宗教会议(1965)以来,教会在世俗生活中困惑犹豫,教义的发展变革是洛奇一直关心的课题。一元化的统一的宗教思想体系已被多元化的分离的宗教观念取代。人们在瞬息变化的生活面前需要不断调整行为方式,而不能像柏斯那样削足适履,局促畏缩。因此,柏斯在拯救别人的同时自己也在等待戈多的救援。英国评论家波德霍雷茨中肯地说:"正如他的人物一样,洛奇在寻找信仰和他的宗教……现代流行小说仅仅致力于肉体的表现,但洛奇由于让灵魂重新占领了主要位置而恢复了小说高尚而伟大的传统。"

医学科普类图书在健康教育中的作用

王 灿

一般而言,自然科学类图书可分为两大类:一类是专业图书(包括教材和供专业人员参考的学术理论专著及技术专著等),一类是科普图书。专业图书的读者对象很清楚,即直接从事该专业或相关专业的专业人员,本、专科学生,研究生等。科普图书的读者对象主要由某一专业的业余爱好者和部分专业人员构成,即有一部分非爱好者难以成为某一科普图书的基本读者。如一部介绍兵器知识的优秀科普图书,除专业人员会酌情翻阅外,会吸引不少对兵器知识感兴趣的业余爱好者;但对兵器知识原本不感兴趣者,写得再好的书也很难吸引他们。

一、读者的广泛性

而医学科普图书则有所不同,虽不能说人人都爱好医学,但几乎所有人都关心医学,因为人人都关注健康。尤其是当今,生活水平的提高不仅带来了生活观念、生活方式的改变,也使人们更加看重生命的价值,健康已开始成为当今中国老百姓心中的第一财富。加之,自20世纪90年代后期开始,我国对医疗制度进行了改革,由全部公费改为部分公费;"非典"过后,百姓的健康意识、预防疾病意识普遍有所增强。这些都促使人们想通过医学科普读物,尤其是实用性医学科普图书(医学科普童话、医学科幻等属于高级科普图书)获得相关医疗保健知识,正确地了解和认识自身,以使自己健康,家人健康。这是医学科普图书读者的第一个特点,即读者的广泛性。这个特点提示我们,在制定实用性医学科普图书选题和确定读者对象时,基本上可以不考虑非爱好者的问题。

二、读者对象的多样性

但是,读者的广泛性会引出另一个问题,即读者的"多样性"。虽然医学人人都关心,可当今的医疗保健知识是多种多样的:预防的,治疗的;综合性的,有针对性的;中医的,西医的;生理的,心理的;系统性疾病的,器官性疾病的;良性的,恶性的;先天性的,后天出现的;孕产妇保健的,婴幼儿成长的;运动健身的,营养保健的,养生延寿的等。任何一个方面或若干个方面的组合都可能成为一部医学科普图书的书名。这样多的知识种类显然不是人人都关心的。虽然人人都关心医学,读者固然很多,可这"大众"化的读者是多种多样的:不同年龄层次不同性别、不同职业、不同生活环境、不同民族、患有不同疾病、不同身体状况等。如此多的不同人群,显然对医学科普知识的需求会有所不同,不可能在一本医学科普图书中满足所有读者的需求。从这个意义上说,具体医学科普图书读者对象较难确定。因而引出了医学科普图书读者的第二个特点:读者对象的多样性。

三、综合确定读者对象

一个传媒的直接作用应该是使自己的主要受众获益,具体一部医学科普图书的读者对象即主要受众的确定,可以说是又不难,又难。说它不难,是因为编辑和作者往往从书名就能决定出,或者说让别人看出读者对象。如:《病毒性肝炎防治200问》,读者对象不就是病毒性肝炎患者和其接触者吗。说它难,是因为有时对读者对象还要做适当调整,还要考虑与之相关的人群是否纳入,如肝炎后已发展成慢性肝炎和肝硬化的人是否作为读者对象？脂肪性肝炎患者可不可以参考该书呢？读者对象广了会不会顾此失彼,窄了会不会影响阅读。这些均应根据所述疾病的情况综合考虑。明确了后,书中应包括些什么内容,选题组稿、指导作者才有依据。又如:《杨力养生18讲》《宋广林教授营养保健12篇》,从书名上看似乎读者对象不是太明确,但编辑心中一定要明确,要对书稿的内容和潜在读者对象心中有数,这样才能在选题组稿,指导修改,乃至内容提要、前言中有所把握,让成书内容适合特定读者,让特定读者了解成书内容。

四、对读者层次的思考

既然一部医学科普图书的直接作用应该是使自己的主要受众获益,如何能将其主要受众即读者对象定位得更准确呢？一部医学科普图书的读者对象确定后,相当于定出了它的横坐标,如能再准确地找到它的纵坐标——读者层次,那么就会有它明确的读者定位。

(一)以往的通常分法

以往有业内人士将男女性别、年龄、职业、工人农民、脑力劳动者和体力劳动者等方面的不同也用于区分读者层次,这些在当今医疗保健类科普图书选题逐步细分的趋势下完全可纳入读者对象的范畴。本文所指的读者层次主要为读者的文化层次。按照以往的习惯,医学科普图书与其他自然科学类科普图书一样,一般将读者层次分为高、中、低三级。

1. 高层次的读者:主要指具有大学以上文化程度的人,多分布在城市。

2. 中层次的读者:主要指具有高中文化程度的人,多分布在城市。

3. 低层次的读者:主要指小学到初中文化程度者,主要分布在农村,特点是文化水平低,人数占人口总数的绝大多数。

(二)当前的建议分法

1. 以城市高中至大学文化人口为主的读者层次:我国城市,尤其大中城市,高等院校、科研院所云集,高中级知识分子集中;随着大学扩招以及各类高职高专、职业教育、电大、高等教育自学考试等教育形式的多样化,在人口的文化结构上,中等文化程度以上的人群已占相当比例。这部分人的特点是文化程度高,购书的主动性较强,对图书市场的影响较大。如果再细分的话,他们中的文化程度还会有区别,但就其对医疗卫生知识的掌握来看,除医药学专业院校毕业生外,应该是差别不大的。如一位合格的高中毕业生,已学过生理卫生、健康教育等方面的课程,他们较之一位理工科专业毕业的本科学生,在医学基础知识上的掌握是差不多的。因此,没必要将读者层次分得太细。另外,过去有人认为对高级知识分子不必进行科普教育,医学科普界也忽视了这一层,其实这种看法是不全面的。高级知识分子只是本专业的专家,也需要其他领域的科普,以加强科学的横向联系;非医疗专业的专家们也需要医学知识,以促进身体健康。一部写得生动实用的医学科普图书,甚至连医务人员也会从中受益。

因此,以高中至大学文化层次进行选题,组稿,物色作者;只要避免医学专业教科书式的编写风格,深入浅出地介绍医疗知识、医学术语;艺术性地进行封面及版式设计,这样编辑出版的医学科普图书,相信能适应以城市为主的绝大多数人群。当然,少数农村的干部文化层次较高者也是潜在的读者。以洪昭光为主要作者的健康图书,如《健康忠告》《登上健康快车》《让高血压低头》等,其热销的原因是多方面的,但针对了城市这一主流读者层次无疑是原因之一。

2. 以农村小学至初中文化人口为主的读者层次:我国有9亿农村人口,人数占需要进行医药卫生知识普及的读者总数的绝大多数。特点是文化水平低,收入低,医药卫生知识缺乏。

针对小学至初中文化层次进行选题组稿。写作上注重实用功能,只讲怎么做,少讲为什么。如仍按《病毒性肝炎防治100问》为题,什么"肝脏的解剖与结构""肝脏的生理功能"一律省略,什么"大三阳""小三阳""两对半"也不必解释得太详细,只介绍最基本的防治方法、注意事项等,精简篇幅,简单装帧,降低成本,低定价。让广大农民群众买得起,看得懂,用得上。这样的医学科普图书符合当前服务"三农"的要求,能满足农村人口的需要;同时,也适用于相当数量的城镇低文化层次的人群,如年龄偏大的城镇居民,下岗工人等。

"新新"向荣的出版业

曾益权

新形势,孕育新机遇

2020年1月19日,中国出版协会发布《2019年度中国出版业发展报告》。据《报告》显示,出版业高质量发展的良好环境正在形成。

政策支持体系初步建立。2019年1月1日,中宣部印发的《图书出版单位社会效益考核评价试行办法》开始实行;3月10日中共中央办公厅、国务院办公厅印发《关于加强和改进出版工作的意见》;4月25日中宣部印发《报刊出版单位社会效益评价考核试行办法》。加上之前发布的《新华书店社会效益考核评价办法》《网络文学出版服务单位社会效益评估试行办法》,整个出版行业控制数量、提高质量的社会效益考核体系基本形成,对社会效益的可量化、可核查要求基本实现,这为出版行业强化政治导向、提升产品服务质量、完善产品结构、形成专业特色,把社会效益放在首位,实现社会效益与经济效益相结合,提供了思想引领与制度保障。

政策红利持续释放。2019年2月,财政部、税务总局、中央宣传部联合下发《关于继续实施文化体制改革中经营性文化事业单位转制为企业若干税收政策的通知》,规定国有出版企业自2019年1月1日起可继续免征五年企业所得税和房地产税,在税收政策上对国有出版单位的转企改制给予了进一步的支持。2019年中央财政预算、文化产业发展重大项目专项预算、国家出版基金都加大了对出版业发展的资金支持力度。2019年6月,国务院办公厅印发《关于新时代推进普通高中育人方式改革的指导意见》;7月,中共中央、国务院印发《关于深化教育教学改革全面提高义务教育质量的意见》,教育部等三部门联合印发《关于健全校外培训机构专项治理整改若干工作机制的通知》等,有关教育的政策文件在给教育出版提出新要求的同时也蕴藏着许多发展新机遇。

全民阅读持续发力。2019年3月5日,李克强总理在《政府工作报告》中提出"倡导全民阅读,推进学习型社会建设"的号召。随后,各级政府对全民阅读日益重视,"农家书屋""书香中国""深圳读书月""全民阅读年会"等一大批活动接连开展,极大地调动了广大人民群众的阅读热情。而这也无疑对出版产业的发展起到了一定的拉动作用。

新的形势,孕育新的机遇。过去的几年间,出版行业的生态环境逐年优化,国家、人民对于出版行业的期待逐步增加。在此大环境下,出版行业受到了前所未有的关注,也遇到了前所未有的挑战。例如,单品种的效益越来越低,图书上架的周期越来越短,退货现象也越来越严重;出版行业人工成本越来越高,使得出版社只能扩大生产规模,增加图书供给,但是质量却得不到保证;整个出版行业彼此模仿、彼此抄袭的情况严重,恶性竞争开始冒头。但我们要知道,机遇是与挑战并存的,出版业要想在新时代背景下持续保持活力,坚持守正创新,保证经济效应与社会效应协同发展,无疑是一盏指路明灯。

新机遇,提出新要求

在党的十九大报告中,习近平总书记指出:"坚定文化自信,推动社会主义文化繁荣兴盛。"文化是一个国家、一个民族的灵魂。没有文化的繁荣兴盛,就没有中华民族伟大复兴。出版作为文化事业和文化产业的重要组成部分,在中国特色社会主义的新时代,迎来了新的发展机遇。

在中国近现代出版史上,以商务印书馆、中华书局、开明书店等为代表的民族出版企业为传承民族文化血脉、构建人民精神家园进行了艰苦卓绝的奋斗,在优秀传统文化保护传承、研究阐发和教育普及等方面都取得了巨大成就。我们理当继承和弘扬张元济、陆费逵、叶圣陶等老一辈出版人的精神,进一步在优秀传统文化的创新发展和传播交流等方面有所开拓和发展,推出更多更好有中国特色、中国风格、中国气派的出版文化产品,满足广大人民群众日益增长的美好生活需要,促进国家文化软实力、中华文化国际影响力的提升。这,既是对出版传统的传承,也是新时代赋予出版人与出版企业的社会责任。

党的十九大报告明确指出:"中国特色社会主义进入新时代,我国社会主要矛盾已经转化为人民日益增长的美好生活需要和不平衡不充分的发展之间的矛盾。"当物质生活达到一定水平时,人们对精神生活、文化生活的需求往往也会更高更迫切。在这样的背景下,出版人的社会价值、出版业的现实意义必将更加凸显。新时代的出版人当不负时代重托和人民期望,不断铸造中华文化新辉煌。就个人来说,便是在重庆出版集团的编辑岗位上,做好每一本杂志、每一本书,以"人无我有,人有我精"的职业追求,在为人民、为社会提供优质读物的赛道上,奋力向前,矢志不渝。

新要求,催生新办法

出版企业是国家文化建设的主要力量,其生产经营活动关系到中国特色社会主义的建设进程和完工质量。这无疑对出版企业的社会责任意识提出了更高的要求。稳固正确的社会责任意识,有利于出版企业创新发展理念、转变发展方式,在新媒体环境中保持竞争力;有利于提升品牌形象、铸造品牌价值,增加企业的无形资产;有利于提高职工素质、增强企业凝聚力,实现以付出换收获的反哺效果……对于出版企业来讲,要切实履行好社会责任,主要有以下几项措施:

建立和强化社会责任意识。出版企业需要深刻理解履行社会责任的重要意义,牢固树立社会责任意识,高度重视社会责任工作,不断创新管理理念和工作方式,努力形成履行社会责任的企业价值观和企业文化。

坚持把社会效益放在首位，努力实现社会效益和经济效益的统一。真正的文化精品需要努力做到两个效益的最佳结合，出版企业要按照"高举旗帜、围绕大局、服务人民、改革创新"的总要求，牢牢把握社会主义先进文化的方向，为广大人民群众提供更高尚、更健康、更优质、更有活力的文化佳品。事实证明，出版企业在坚持社会效益的前提下着意创新，不仅能获得更好的发展空间、社会声誉，还能赢得更为长久的经济效益。

走"绿色出版"之路，加强资源节约和环境保护。提倡使用环保纸张，多用再生纸，让耗材更环保；改进印刷方式，革新印刷技术，有条件地采用数码印刷和数字出版等形式，节约耗材，减少污染。同时大力宣传绿色文化理念和生活方式，在全社会积极倡导资源节约、和谐发展的观念，建设生态文明。

坚持依法经营，诚实守信，做合格的文化市场主体。作为文化市场主体的出版企业应严格遵守市场规则，模范遵守法律法规和社会公德、商业道德以及行业规则，及时足额纳税，保护知识产权，忠实履行合同，恪守商业信用，反对不正当竞争。出版企业需要提供优质的文化产品和一流的服务，积极赢得广大读者的信任和支持。

积极参与社会公益事业。出版企业应热心参与慈善、捐助等社会公益事业，关心支持教育、文化等公共福利事业。积极参与社区建设，鼓励职工志愿服务社会。在发生重大自然灾害和突发事件的情况下，积极提供财力、物力和人力等方面的支持和援助。

编辑心得篇

我们都是出版人

重点出版项目的策划与推进

别必亮

目前以主题图书出版为标志的重点出版项目越来越多地受到从地方到中央行政主管部门以及各出版社的青睐与重视。重点出版项目快速增长,对于改变以往出版当中应景急就章多、传世佳作少,重复出版多、原创作品少,品类数量多、市场销量少的弊端,破解我国出版业发展中有高原缺高峰、有数量缺质量的困局[1],推动我国由出版大国迈向出版强国、实现高质量发展,成效非常显著;重点图书的策划出版对于提升中国文化软实力更是意义重大[2]。那么,究竟什么项目才是重点出版项目,出版社如何策划重点项目,该怎样有效、可持续推进重点项目? 为此,本文试做简要探讨。

一、重点出版项目的边界

什么是重点出版项目,重点项目之"重"在哪里? 这是做重点出版项目策划时首先要搞清楚的一个问题。国家新闻出版署及各家出版社都在用"重点出版"这个概念,这个概念已然成为一个行业术语。然而要想找一个多数人认可的、有一定权威性的关于重点出版的概念界定却没有。根据《现代汉语词典(第五版)》对"重点"一词的通用解释[3]及实践经验,笔者尝试对"重点出版项目"的内涵界定为:各家出版社

---

[1] 赵新宁.图书出版行业过度出版问题分析[J].青年记者,2015(17).
[2] 新闻出版总署出版管理局.重点出版项目促中国文化软实力提升——"十一五"国家重点图书、音像、电子出版物综述[J].中国出版,2012(12):14—19.
[3] 中国社会科学院语言研究所词典编辑室.现代汉语词典(第五版)[M].北京:商务印书馆,2011:1770.

根据自身实际和国家新闻出版署的规划制订的要集中力量着重打造的重要图书出版规划与选题实施计划。对该概念本质特征的理解应着重关注以下三点：

第一，重点出版项目是相对于非重点而言的，即在各出版社众多的出版项目中，那些具有积极价值取向、品相和内容均具有社会效益与经济效益双丰收潜质的项目会被认定为重点。由此可见，重点出版项目的第一个本质特征是价值取向与"双效"潜质。这也是衡量重点出版项目的内在标准，也是根本标准。

第二，重点出版项目的认定兼顾各出版社自身实际和各级相关行政部门专项规划。重点出版项目概念的第二个本质特征即表现为不同的层级性。从高到低，重点出版项目的层级一般包含有国家出版基金资助项目、省市级专项基金资助项目、出版社内部认可资助项目、编辑部门确立的重点推介图书等。

第三，重点出版项目最终真正成为有影响力的"重点"成果，关键在于项目的打造。从邀请专家参与到图书面市后的发行宣传，都需精益求精；从单位领导到编辑发行人员都要目标一致，协同配合。只有经过精心打造，才可能创造出一流品质的重点出版项目图书。

重点出版项目应涵盖哪些内容或类型（即外延）呢？对此同样没有明确的答案。不过，我们可以从一些研究成果中窥见端倪。如邬书林在"中国出版界和欧美东亚图书馆座谈会"开幕式致辞中讲到图书馆关注重点出版项目时便论及此点，将重点出版项目聚焦到反映当代中国思想创新、科学发现、技术进步、管理经验的精品图书和优秀文学作品[1]；再如，原新闻出版总署综述"十一五"国家重点出版物时，将重点图书概括为九大类[2]，分别是马克思主义理论研究成果、配合党和国家重大历史事件及重要活动的出版物、社会科学和自然科学研究的精品力作、经济各领域具有重要理论价值和现实意义的成果、对中华文明传承具有深远影响的出版项目、奠基性的文化精品、关系全民族素质提高的科普读物、文学原创佳作与总结性工程、"走出去"项目。

综合上述各方面观点，结合笔者实践经验，可以将重点出版项目概括为以下五

---

[1] 王坤宁.图书馆选书要关注中国重点出版项目[N].中国新闻出版报，2012-04-27(2).
[2] 新闻出版总署出版管理局.重点出版项目促中国文化软实力提升——"十一五"国家重点图书、音像、电子出版物综述[J].中国出版，2012(12):14—19.

个方面：第一类是反映马克思主义中国化、时代化、大众化最新研究成果，以及马克思主义理论建设与宣传普及类的出版项目；第二类是关于重大方针政策研究宣传方面的出版项目；第三类是关于文化建设和中华文化传承方面的出版项目；第四类是关于重大纪念日、重大活动、重大事件的专项主题出版；第五类是挖掘地方历史文化特色的重大出版项目。

总之，重点出版项目应立足当下出版现状和各出版社的优势，准确把握出版发展趋势，按照高质量发展要求，优化选题结构，注重质量效益，真正贴近读者，着力推出一批回应时代关切、体现时代主题的优秀选题。

二、重点出版项目的选题策划

重点出版项目只是宏观的规划，尚需经过精心策划凝练成可操作的重点选题，这也是让重点出版项目落地变成真正优秀、"双效"重点图书的关键一步。

选题策划环节首先要明确重点选题是什么样的。归结起来，重点选题不外乎这三个特质：

一是彰显价值。当然，所有的出版选题都应当有价值，同时考量其社会价值和经济价值。而重点选题在价值考量上的特殊要求，即价值卓著，且社会效益优先。价值卓著是指该选题所能带来的可预见的丰厚经济价值及深远的社会影响；然而，一些社会效益高的图书未必在市场上受欢迎，出版行业需以传承文明的担当精神去做。考虑到出版行为自负盈亏的实际，可以通过争取专项资金资助来适当做经济效益上的补偿。

二是凸显高度。重点选题或图书项目无论是什么体裁、什么领域的，都一定是站在一个制高点上的：或者有理论高度，揭示社会发展规律，探索自然世界奥秘；或者站在国家民族前途高度，宣传重大的方针政策，传递浓郁家国情怀，比如针对重大政治活动事件而策划的系列书；或者在人性高度，借助文学艺术展示人性之美之善之真。

三是确保创新性。面对"跟风"出版、"拿来主义"出版使大量同类题材图书充斥市场[1]，不仅加剧市场的无序竞争，还造成出版资源浪费的实际问题，创新性当是重点出版项目的必要条件，其重要性无须赘言。重点选题策划的创新方式有许多，首先要盯住高端学术作品和原创选题，在参加学术会议或与高端作者交流时捕捉灵感、发掘原创；其次要推陈出新，即以新角度挖掘老题材的出版价值，或者对大家都关注的题材能够另辟蹊径；最后还可以考虑发挥整合效应，确定一个主题，将相关选题打捆包装、集中出版、培育特色亮点。

重点选题的策划与成功实施有一定偶然性，但偶然中蕴含着必然性，这个必然性便是抓住节点、把握视点：一是以国家新闻出版署选题规划和省市级专项出版规划为基本点。国家和省市级的专项出版规划是策划重点选题的指南，也是基础。出版社要组织力量研究其指向性，以确定基本方向；再对照本社或本部门正在做或准备做的选题，研究可行性，找到契合点，顺势而为，凝练出既符合专项规划要求，又体现本单位特色的重点选题。此外，还可以根据本年度的出版规划要求及早谋划来年的选题。二是以本单位的优势和特色为立足点。立足本单位实际，放眼国家和人类发展大势是重点选题策划的必要视点。一方面立足本单位的优势，用己所长，才能确保特色与创新；另一方面，重点出版项目的选题毕竟在以文化引领社会风尚上担负更多使命，因而，重点选题策划兼顾单位实际和天下大势。三是以重大节庆以及重大政治、经济、文化活动为策划着力点，提早谋划好相关选题，以顺应时代关切和媒体的兴奋点、大众读者的关注点。四是以业界有一定影响力的作者为支撑点。将选题付诸实践、变为图书必须要有一支相对稳定的高水平作者队伍，这样才能将作者某些当时还不成熟的想法甚至只是一个观点变成选题。与作者的沟通交流中编辑要有高度的敏感性和做重点图书的前瞻意识，能够及时捕捉相关信息。实际上，专家不仅仅是作为作者参与到重点选题中，有研究表明，他们甚至构建了重大出版项目的全寿命周期专家咨询模式，这种专家的全寿命周期参与还有助于提高项目管理的科学性、民主性和有效性[2]。

---

[1] 曹建.对于重复出版问题的思考[J].中国出版，2009(7):73—74.
[2] 孟微,沈建磊.重大出版项目的全寿命周期专家咨询模式探讨[J].科技与出版，2014(1):121—124.

三、重点出版项目的推进策略

重点项目选题确定后,接下来就是把选题变成可读的书籍,使重点选题的价值由潜在存在变成现实意义。实施推进的主要工作包括:请业界有影响力的专家担纲撰写书稿、申请资助(如果需要的话)、编校印制、征订宣传、推向社会等。这是一项系统工程,每个环节都要逐一落实落细。

第一,确定专人负责重点项目选题。项目负责人不仅要有扎实的编辑功底,而且需要有很好的沟通能力,最好还能具备一定的与重点选题涉及领域相关的专业素养。项目负责人的编辑功底对于保证重点选题编印质量的意义不言自明,他们的专业素养可以提升其与作者沟通的相容性和有效性。这里着重说一说沟通能力何以如此重要。重点项目选题实施的各个环节都需要及时和相关人员沟通,以保证项目顺利推进。其中,最重要的是与作者的沟通。一方面,重点项目所邀请的作者一般都是在相关领域有影响力的名家,他们工作繁忙,任务很多,这就需要通过有效沟通来确保作者能如期高品质完成著作;另一方面,大型重点项目往往是系列书,需要多位作者在进度、体例等方面保持一致,这更是要求项目负责人有很强的沟通能力来进行总体协调。除联络作者之外,项目负责人还要分解项目,如书稿任务分配;加强集成管理,如统一各卷本的体例、统一编辑加工的要求(一个重点项目往往有多个编辑参与)、处理编辑稿件遗留问题、协调版式封面设计、撰写编辑说明、对丛书的前言与后记等全面把关等;实施流程管理,如追踪项目进度、迎接各种规范检查、落实营销方案等等[1]。根据项目大小和难度,可以合理安排项目助理,协助项目负责人开展相关工作。

第二,邀请合适的作者。所谓"合适",是指最适合选题需要的、能确保选题如期高品质完成的作者。这样的作者应当同时具备三个条件:一是在领域或行业内有一定影响力。这并不是说影响力代表着水平,但从大概率来说,作者在圈内的影响力

---

[1] 德勒斯.人力资源管理(第六版)[M].刘昕,吴雯芳,等.,译.北京:中国人民大学出版社,2001:313.

主要是由其成就与贡献奠定的,因此,大致可以从影响力判断其专业水准。二是作者前期对相关问题有一定的关注,且对该选题有兴趣,这是作者愿意投入足够时间与精力完成作品的重要条件。三是作者在完成选题的时间上有保障,如果作者要兼顾的事情太多,有可能影响创作质量。此外,如果是系列图书,邀请作者时可能还需考虑作者间的合作可能性。总之,作者的专业能力、参与态度、合作意识等直接关系到重点选题图书的内容质量,需要特别慎重对待。

根据笔者的经验,在邀请作者方面,有两点要注意:一是适度利用好专家效应。尽量选择相关领域一流的或者知名的专家完成重点项目的书稿撰写,强强联手出精品。比如,重庆出版集团的重点项目"马·恩·列画传系列"就是与中央编译局联袂打造,编译局专家的名气对于提高图书的知名度、权威性无疑发挥了重要作用。二是用心用情建立专家库,形成自己的专家型作者群。人都是讲感情的,中国传统文化讲投桃报李,当我们以真诚的尊重、真挚的情感、敬业的态度去和作者交往时,彼此之间便能建立信任感,增强合作意愿,最终齐心协力创造出优秀的精神产品。

第三,做好重点选题图书的项目填报工作。近些年随着主题出版日益受到重视,各地可以申报的资助类型很多,除国家和省市层面的图书出版基金项目外,还有其他一些单位也有专项出版资助,如重庆市科技传播与普及(科普图书类)项目、中国作家协会重点原创作品扶持、地方作协重点扶持作品、国新办招标项目等等。所有这些资助的获得与完成,都要填写申报书及操作过程中的各种检查表。填报申请是个很麻烦的事情,费时费力。不过,再麻烦也得做,为了申报成功就得坦然对待"麻烦"。

根据笔者的申报经历,报表的填写不仅要高度重视,还要细致入微。这其中的关键在于:讲清楚本部门申请项目的优势、作者及其前期关注或涉足该项目的情况,评审者要据此判断你是否有条件保质保量完成项目;简明扼要地介绍项目主要内容(目录),评审者据此判断该项目的价值;做好项目实施的计划书,评审者从中既可以看到申请者做事情的严谨认真程度,也考察项目安排与实施进度的可行性;精心准备相关专家推荐意见,以辅助评审者从专业角度进一步对该项目进行综合评判;科学编制经费预算,精细分配经费,评审者据此判断所申请经费的合理性。

第四，申请批准后要根据计划按部就班完成选题。在编辑出版环节，主要注意三个"到位"：一是观念到位，即编校人员要有强烈的做重点出版项目的意识，清楚编校重点图书的责任与要求，充分认识重点图书出版的社会意义。我们都知道，只有观念或意识到位了，行动才能到位。编校人员一旦树立了打造重点出版项目的意识，自然会在行动上精益求精。当然，这并不是说其他图书的编校就可以马马虎虎，实际上，每本书编校都需精耕细作，只是对重点出版项目的关注度会更高一些，突显重点的意蕴。二是沟通到位，编辑要和作者保持经常性的联系，密切关注写作进度；版式和封面设计要与作者协商沟通，达成共识，如果书稿有大的改动，需征求作者同意并授权。三是迎检准备到位。对于有专项基金资助的重点选题，项目负责人和编辑需注意搜集材料，做好准备应对各种检查，包括中期检查、年度检查和结项验收等[1]。为避免迎检时手忙脚乱，建议通过健全制度来保障项目顺利进行，如出版社内部可以签订重点选题编印责任书、制订重点选题质量标准及重点选题管理办法等。

第五，努力做好营销宣传，将图书推向社会，实现图书的"双效"。在图书市场鱼龙混杂、图书生产数量刷屏式更新的今天，"酒香不怕巷子深"的时代已然过去，缺乏有效营销宣传的优秀重点图书也可能在铺天盖地的信息中被淹没，不唯价值难以实现，还有可能造成人力物力财力的浪费[2]。因此，对重点图书做深入、广泛、多维的营销宣传必不可少。

首先是用好作者资源，实现作者、编辑和发行联手进行多层次宣传的局面。作者的宣传方式主要是开展专题讲座、读者见面会、读书会等活动，这些活动可达到面向读者深度解读作品，深化读者对优秀作品的内容认知。其二，根据图书内容向特定读者群推荐阅读，如列入全民阅读推广计划、向全国老年人推荐优秀出版物活动、向全国青少年推荐百种优秀图书活动、向党员干部推荐优秀图书活动等等。一个典型的例子是在国家出台城乡统筹发展战略之时，重庆出版社策划出版的《探路城乡统筹》即作为重点图书推荐书目进入农家书屋的采购目录，进而获得了很好的销量，这本书同时入选中宣部首届优秀通俗理论读物。其三，利用好各级图书馆馆配渠道，特别是有些多卷本、大部头的图书走常规的市场销售肯定有难度，而这类书往往

———————
[1] 罗宾斯.组织行为学(第七版)[M].孙健敏,李原,等.,译.北京:中国人民大学出版社,2004:251.
[2] 别必亮.小众图书的宣传营销策略[J].中国出版,2009(7):42.

又具有更突出的文明传承价值或资料保存价值，特别适合图书馆馆藏。这类图书的营销可以直接联系专业图书馆采购收藏，让更多读者通过图书馆读到、用到它们。其四，可以通过申报奖项扩大图书的知名度。业内人士都清楚，图书获奖既是对其社会价值的认可，也有利于其经济效益的实现。对于有获奖潜质的图书，责任编辑要事前做足功夫，包括编辑过程中的精细打磨及出版后及时撰写书评在各种媒体上推介。当然，从本质上讲，一本书的价值如何，并不是评奖单位说了算，甚至也不是作者可以一锤定音的，而是由市场、由读者来评判。

重点出版项目的图书只有走进市场，走到读者手里，被读者品读、传扬，才真正实现了其作为重点出版项目的图书价值。

四、重点出版项目策划与推进的几点反思

反思笔者二十余年重点出版项目的策划、出版、管理经历，有如下几点想法提出来，与大家探讨，以利今后的工作中更好改进提高：

第一，出版资源也是有限资源，对出版资源也要有效保护、适度开发，既挖深挖透又不能竭泽而渔。出版业最珍贵的资源是读者资源，然而，当大量粗制滥造、跟风式重复出版的图书充斥市场时，让读者晕头转向、无所适从，读者的资源便可能日渐枯竭。有读者坦言，面对书店众多名称相近、内容相似的图书，已没有了购买、阅读欲望。为此，笔者期待重点出版项目、重点选题、重点图书能够通过自主创新、深度开发，以其卓越的品质引领图书市场的健康发展，重新唤回读者的阅读热情。这不仅关系到出版业的前途，也关系到国家民族的希望——一个有众多阅读者的民族更有前途。

第二，行政管理部门对重点图书的出版要多一些理解和包容，让学者与出版社双方都获得与其贡献相匹配的尊严。行政主管部门在加强引导、强调社会效益优先的同时，要避免浮躁、急功近利的短视行为。虽然慢工未必出细活，但在急于求成的心理压力下肯定难出精品。此外，行政主管部门作为重点项目的强大经济后盾，自

然有履行严格监管的权利,但也应大胆放权,避免以过多的检查、验收分散精力。

第三,重点图书出版没有句号,做好已有重点出版项目选题的衍生品开发工作会提升重点图书的影响力与经济价值。如中国质检出版社的《中国地理标志产品大典》在开发衍生品方面就有很好的尝试[1],值得借鉴。

第四,跳出简单的价值考量,站在文化担当的高度审视重点出版。作为自负盈亏的企业,出版企业讲效益自在情理之中,然而,出版企业毕竟是文化行业,"以文化人"是其天然使命,以优秀作品塑造人、鼓舞人是其根本追求,讲好中国故事、传播中国声音更是其义不容辞的时代责任。因此,在重点选题策划、出版、营销的全过程中,需提升立意、提高站位,让重点出版项目的图书成为新时代出版人的文化担当。

---

[1] 张晶晶,刘东旭.重点出版项目的策划及精品化运作——"中国地理标志产品大典"项目实践分析[J].出版参考,2017(11):70—72.

从《巴渝新童谣》看重庆儿歌创作队伍

蒲华清

2006年3月,重庆出版社出版了由少年先锋报社主编的《巴渝新童谣》。此书一出版,立即受到中小学、幼儿园师生的热烈欢迎和评论家的一致好评,并被中宣部、教育部等九部委纳入"2006年知识工程——中华全民读书活动推荐书目"。2007年,又获共青团中央精神文明建设"五个一工程"奖。

关于这本小书的思想内容和艺术特色,已有张继楼、彭斯远、刘达灿等的专文论述。我要说的是,这本小书,让人们看到了重庆儿歌创作队伍的整体状况。虽然,此前曾有人著文说,重庆是全国儿童诗三大重镇(京、沪、渝)之一,这其中,又以儿歌最为突出;虽然,全国各种儿歌评奖,几乎都有重庆儿歌作品获奖,全国最重要的儿歌选集,也几乎都有重庆儿歌作家的作品入选。而且重庆的儿歌作家,不少已有个人的儿歌专集出版,有的还出版了多种。但此前,却无一本重庆儿歌作家群体的选集正式出版。《巴渝新童谣》的出现,应该说是重庆儿歌作家的首次集体"亮相"。

这次亮相,使我们清晰地看到重庆有一支老、中、青三结合的,朝气蓬勃的儿歌创作队伍。

如果把60岁以上的都划入老作家之列,这个队列人数最多。若按年龄排序,计有张继楼、傅斌、江日、崔英、陈明信、王宗明(寒冰)、黄鹏先、黄继先、蒲华清、柯愈勋、邹景高、喻言(喻克成)、徐平(徐存富)、李传启、再耕、吴昌烈、王光池等。著名儿童文学作家张继楼在儿童文学方面的成就是多方面的,除童话、散文、评论外,以童诗特别是儿歌创作名气最大,是全国公认的儿歌大家。虽年逾八十,但创作状态极佳,每年都有相当数量的儿歌新作面世。近几年,又致力于难度很大的重大题材儿歌创作探索,如八荣八耻、重庆抗旱、纪念抗战60周年、重庆大轰炸、北京奥运、汶川大地震等等,都有成组的儿歌新作。征集奥运谜语儿歌,一口气就创作了30余首,真可谓宝刀不老。吴昌烈退休不久,算是这个队列中的"年轻人"。他长期在一乡镇中学埋头耕耘,早年写童诗,近些年,专攻儿歌,数质俱佳,已出版儿歌集多种,受到评论家的赞赏。他的《改得快》《学点外语就是好》等,无论构思、语言、表现手法,都颇见功力。崔英年逾七十,儿歌创作虽数量不多,但十分重视质量,在学习传统上下功夫。他的一首儿歌如《洗脚丫儿》等,往往连获数奖。黄继先在儿童文学创作方面,主攻科学童话,儿歌也写了不少。这些年,潜心于科学儿歌的创作。他创作的科学儿歌及其理论观点,已引起有关方面的关注,他和戚万凯合撰的《科学童谣》,被收入了国际华人科普作家协会编写的《科普通论》教材。王光池也应算老年组中的"小青年",主攻儿童歌词创作,获全国性的奖项多次,蜚声词坛。他不少谱曲的歌词本是儿歌,如《黄桷树,黄桷丫》《烫火锅》等,颇富地方特色,易于传唱。其他如江日、再耕、邹景高、黄鹏先、徐平、傅斌等,创作亦十分活跃,其儿歌作品,散见全国各报刊和各种儿歌选本。遗憾的是长期坚持儿歌创作的尹克轩、陈启乐,不知为什么未参加《巴渝新童谣》的征稿。

中年组的儿歌作家,有戚万凯、廖弟华、杜虹、晓虹、梁子高、岳芩等。戚万凯是这个队列中的佼佼者,敏而勤。早年以《石拱桥》《上网》《老鼠画猫》等崭露头角,近些年不仅数量颇丰,而且佳作迭出,连年获奖。有的被收入小学语文教材,有的被中央电视台映播,有的被谱曲制作成MTV,有的被出版成儿歌集。《小兔上网》是《上网》的姊妹篇。廖弟华的儿歌也很有特色,他是教师进修校的老师,一直坚持儿歌和童诗创作,在全国生肖儿歌大赛中多次获奖,亦有儿歌集出版,《悟空当上邮递员》《烫脚》,构思别具一格。近些年与黄继先等人对科学儿歌创作,进行了卓有成效的探索。杜虹虽写了不少成人文学作品,主要还是从事儿童文学创作,并有童诗和儿歌集出版。她和梁子高、岳芩等人的儿歌,都以敏锐地反映当代幼儿生活和新事物见长。晓虹虽身有残疾,行动不便,仍笔耕不辍。她是个多面手,写童话、写童诗、写儿歌,还擅长儿童画。她的作品,往往自己插图,是难得的图文结合的幼儿文学作家。

青年组的儿歌作家队列,有梁继平、袁其忠、封承智、王元兵、陈嘉、王安礼、周祖兰等。梁继平是这个队列中令人瞩目的一位,已出版儿歌集两种。他的儿歌如《萤火虫》《挠痒痒》等,现代感强、平中出新、平中见奇,张继楼、彭斯远均有专文评介。圣野先生读到他生肖儿歌大赛的获奖作品《小蜘蛛》时,惊喜地说:"后继有人了!"其他几位大都是中小学或幼儿园的老师,他们的儿歌,都有浓郁的生活气息。如陈嘉的《三脚跳》,如不熟悉幼儿园生活,是绝难写出的。

在重庆,为什么会有这样一支儿歌创作队伍?

其实,重庆儿歌队伍的状况,也是整个重庆儿童文学队伍成长的一个缩影。1978年以前,当时的重庆乃至四川,专门从事儿童文学创作的仅揭祥麟、张继楼两人。从事儿歌创作的仅张继楼一人。重庆的所有儿歌作家,都是在十一届三中全会以后才开始儿歌创作(而且绝大多数也是在这以后才开始文学创作的)。因此,重庆儿歌队伍的形成、成长和壮大,根本契机,还是因改革开放30年来繁荣文学艺术的大环境,特别是从中央到地方一系列繁荣儿童文学创作的政策措施。在重庆,除了各级领导的重视,当地出版社和报刊的支持外,还有如下原因:

一、有热心的组织者

张继楼被王泉根、斑马等评论家誉为儿童文学虔诚的"传教士"。他不仅自己创作了大量儿歌精品(不少是公认的经典儿歌),足资示范。他更多的精力、更大的热情,是从事儿童文学的组织工作。在职时,为重庆儿童文学作者的成长呕心沥血。上世纪80年代初,他任市文联创联部主任时,就组织多类文体的儿童文学小组,经常开展创研活动。每年"六一",动员省内各报刊辟专栏,举办"巴蜀儿童诗会"(重庆直辖后更名为"巴渝儿童文学笔会"),为本地儿童文学作者的作品,特别是儿歌,寻找出路。离休后仍孜孜不倦地为重庆儿童文学创作的繁荣、队伍的建设而奔走呼号。他不知为多少作者加工过初稿,许多作者的儿歌初稿,都是经过他加工甚至重写后,成为精品的。他的一条腿就是因亲自到邮局给一位业余作者寄修改稿,被飞驰而来的摩托车撞倒而留下了残疾。尽管年迈而又行走不便,仍常深入到小学、幼儿园,辅导儿歌创作,并帮助教师把孩子们创作的儿歌,精心修改,编辑成书。所以,人们都说张继楼真像一头牛:一头辛劳的耕牛,年逾八十了,还在默默地拉着犁头;他更像一头奶牛,岂止小朋友,重庆市的儿童文学作家,谁没有受过他乳汁的哺育!诚如斑马先生在《一花一世界》一文中说:谈到重庆儿童文学作家队伍,特别是儿歌作家,和张继楼的名字是联系在一起的,他在文学组织工作方面的业绩,是国内文学界中"一个绝无仅有的出色现象"。

在张继楼的影响和感召之下,重庆儿童文学活动的组织者,可谓"后继有人"。上世纪80年代末期,张继楼就建议,由于条件所限,儿童文学小组活动难以全市集中,最好"就地卧倒",村自为战、人自为战,分区开展活动。时任巴南区文化馆文学创作辅导员的黄继先,就组织全区的儿童文学作者,率先成立了巴南区儿童文学研究会,并被选为会长。在老作家崔英等的支持下,积极开展以儿歌为主的创研活动。经费困难,就采取在与会作者家"吃转转会"的办法解决。黄继先退休后,戚万凯接班。他虽是区文联主席,却仍倾情于儿歌创作,在区委领导的支持下,组织了一系列有声有色的儿歌创研活动,并热情扶持儿歌创作新人,为他们改稿,并在《巴南文艺》刊物上开辟专栏、传递参赛信息、帮助发表作品等。巴南区儿歌创作队伍的迅速扩大和集体腾飞,与他的工作分不开。2006年,他还荣获了全国生肖儿歌大赛的组织先进个人称号。徐平退休前是巴南区界石镇的文教干部,退休后,不但自己创作勤奋,多次获奖,而且颇有奉献精神,积极主动组织儿歌兴趣小组。成立"界石儿歌学会"并被选为会长,在全镇开展儿歌创研活动,到各校开展儿歌创作辅导。2007年9月,他还别出心裁地组织"校外儿歌传唱队",经常在社区和各学校进行儿歌表演。他辅导的学生儿歌作品,频频在《儿童诗》《金摇篮》等儿童文学报刊发表并在有关征稿中获奖,有力地促进了"界石儿歌之乡"品牌的打造。黄鹏先虽年逾古稀,不仅在他编辑的《学语文》杂志上,尽量刊发本市作家的儿歌作品,还主动承担各种活动的联络工作。因为有这些热心的组织者,这些年巴南区实际上已成为全市儿歌创作的活动中心。他们不仅开展区内儿歌小组活动,积极参加全国性的儿歌征集,特别是每年的生肖儿歌大赛,区内作者的参赛作品必先讨论、修改、打磨,充分发挥集体的智慧。该区还先后组织了戚万凯、吴昌烈、黄继先、崔英、廖弟华、徐平等人的作品研讨会,邀请市里张继楼等老作家指导。他们还创办儿歌小报,创建儿歌之乡,两次主办全市性的儿歌创作大赛和颁奖仪式。市区领导到场祝贺并颁奖,有力地推动了全市儿歌创作。市委宣传部、市文明办等单位主办,市作协承办的"八荣八耻"诗歌征集活动中,专门将儿歌单列评奖;市委宣传部、团市委等单位主办,《少年先锋报》承办的以"唱健康童谣,展巴渝新风"为主题的巴渝童谣征集活动,还别出心裁地将初选儿歌编号隐名公示,让小读者投票,选出"十佳巴渝经典童谣"。《巴渝新童谣》便是这次大型征集活动的成果。

在目前儿歌出版困难、发表园地有限的情况下,经常开展活动,特别是征稿评奖,不失为激励儿歌创作的好办法。虽组织工作繁难,但领导们的大力支持,同仁们的大力融合,都使得征集活动顺利开展,涌现出一批新作者,出现一批好作品。全国性的各种儿歌征集如此,重庆的几次儿歌评奖更是如此,《巴渝新童谣》中不少起点很高的作品,作者都是陌生新人。一位老作者说:"每次儿歌评奖,都能激发我写出一批新儿歌。"

即使没有大的活动,重庆市的儿童文学作者,特别是儿歌作者,还有一个民办的"沙龙"。每月最后一个星期的星期日,大家会自动到一个约定的茶园喝茶、交流信息,切磋新作,亦不失为一种简单易行地促进创作的好办法。

二、评论的推动

评论是推介作者和作品、提高读者鉴赏力、提升作者创作力的重要手段。在全国儿童文学教授至今仍为数不多的情况下,上世纪80年代,重庆就有两位:王泉根和彭斯远。这两位教授都十分关注儿童文学创作和出版的现状。他们对西部,特别是重庆的儿童文学创作,尤为关注,都为此写了不少理论文章和评介文字。王泉根为《张继楼儿童文学选》写的序言中,对张继楼的儿歌有精当的评论。他调北师大后,仍十分关心重庆儿童文学作家的创作,不仅为刘泽安的儿童诗处女集写序,还为彭斯远主编的《重庆儿童文学史》写了长篇序言,对重庆儿童文学的历史和现状,作了精辟的论述。彭斯远教授早年曾有儿歌的创作实践,对儿歌情有独钟。除了对张继楼的儿歌有专文论述外,还对近年儿歌创作实绩突出的吴昌烈、儿歌新秀梁继平及时撰文评介。他还指导他的研究生写出了不少重庆儿歌作家的评论文章。历时数年,由他主编的《重庆儿童文学史》,是对重庆儿童文学史料的首次挖掘和搜集,是对重庆儿童文学历史和现状的开创性的理论梳理。重庆凡有成绩的儿歌作家及其作品,在书中皆有反映。张继楼不仅是一位出色的儿童诗作家,也是一位有成就的评论家。他除了对重庆的每一位较有成绩的儿童文学作家都加以评介外,还别具一格地致力于儿歌的"美容"(即修改加工),并推出了《儿歌的写作修改和欣赏》一书。长期进行现当代文学教学研究的刘达灿先生,近些年对重庆的儿童文学作家,特别是儿歌创作十分关注,撰写了不少评论文章,在《文艺报》等报刊发表。资深文学编辑、老诗人穆仁(杨本泉)近年来经常参加重庆的儿歌研讨会,对重庆儿歌作家作品及其队伍建设,提出了许多中肯的意见,并在编辑的《小诗原》诗报上,成组地推介重庆儿歌作家的作品。黄鹏先在上世纪50年代大学读书时就写过专著《论儿童歌谣》,此后,发表过有关儿歌作家的评论多篇。江日、黄继先、戚万凯等儿歌作家,也写了不少评论文章。诗人评诗,在理论与创作实践的结合上,自有其特点。更令人欣喜的是,重庆的儿童文学评论队伍,还出现了在大学工作的黄明超、黄轶斓等一批中青年。他们的理论研究,一开始就十分关注重庆儿童文学创作,对重庆的儿童文学作家,特别是儿歌作家,写了不少文章,进行研究性评论。

  在重庆,得天独厚的是对于儿歌创作的促进,还有两个重要的理论研究机构:西南大学的"中国新诗研究所"和重庆师大的"西部儿歌文学研究所"。中国新诗研究所的吕进教授带领着一大批新诗研究者,一直没有忘记对重庆儿童诗(包括儿歌)的关注。由他主编的《20世纪重庆新诗发展史》中,陆正兰博士用整章的篇幅对张继楼和重庆其他儿童诗人分别进行了评述,其中大多是儿歌作家。他主编的《新中国50年诗选》,也没有忘记选入儿童诗。这是其他任何新诗理论专著和新诗选集鲜见的。该所主办的《中外诗歌研究》,也常刊有关儿歌、童诗的研讨文章。重庆师范大学的"西部儿童文学研究所",除经常举办西部乃至全国的儿童文学教学研究会,常邀请重庆儿童文学作家参加外,还为重庆童诗作家举办专场朗诵会。该所所长彭斯远教授对重庆儿童文学,特别是儿歌作家的关注,前面已谈到。现任领导和一大批年轻的研究者们,也一直关注着重庆儿童文学作家及其发展。关于这,从他们出版的《儿童文学新思维》等论文集以及他们的专著中不难看出。

理论的关注,推动了重庆儿歌创作的健康发展。

三、成人诗作家的加盟

也许是由于一种创作氛围的影响,重庆市的成人诗诗人,不少也加盟了儿童诗创作的队伍中。例如著名老诗人梁上泉,著名女诗人傅天琳,以及已出成人诗集多种的徐国志、柯愈勋等,都有儿童诗集出版。如果说上述几位中仅有徐国志、柯愈勋写过少量儿歌(也许今后他们都会写),但也有一大批一加盟,就热衷于儿歌创作的,例如江日、再耕等。江日的名字,上世纪五六十年代就频频出现在报刊,发表于《诗刊》的组诗《川江儿女》,曾被介绍到国外。再耕是重庆十分活跃的"五色土"诗人之一,已出版成人诗集多种。近些年,他们都成功地进行了"移位转换"(张美妮语),儿歌创作,兴味盎然,数量质量,都很可观。陈明信是一资深的老新闻工作者,早年曾作过小学教师,熟悉儿童。上世纪到农村采访,就注意搜集四川民歌。退休后,童心不泯,倾情于巴渝童谣的搜集整理,出版了《猫儿煮饭笑死我》一书。近年来,又潜心于巴渝新童谣的创作,特色突出。只要读读集子中的《车幺妹》《贺新年》《我给外婆拜个年》,你会感受到浓浓的巴渝风味。还有邹景高、徐平、傅斌、李传启、刘明康等,早年都是从事成人文学创作的,如今,已是儿歌创作骨干,常有作品在全国儿歌大赛中获奖或收入有关集子。

重庆市虽有一支人数可观的儿歌创作骨干队伍,但从上述分析中可以明显看出:老人居多,中青年偏少。成人诗诗人的加盟虽使队伍更加壮大,但也更加剧了年龄结构的不平衡。对此儿歌的组织者们早注意到了,这些年,他们开展的一系列活动,儿歌评奖、儿歌笔会、改稿会,都注意吸收青年作者参加,加大培养中青年作者的力度。特别是巴南区,还深入到学校,创建儿歌基地,师生的儿歌创作积极性高涨,先有《巴南儿歌》小报，后有《巴南文艺》"童心世界"专栏，界石镇新近又创办《巴渝儿歌》小报，重点刊发师生的儿歌作品。他们还在"国际华文儿童文学网"上开通"巴南儿歌站"当作家和各自的学校也建立了儿歌站。汇集巴南区历年儿歌精品的《儿歌珍珠100颗》是全国首部区县儿歌精品集。《巴渝新童谣》中的一些年轻的教师作者和一些以前从未露面的如周小兰等新作者，是他们这些年"吸纳"工作的成果。

重庆儿歌作者的队伍正在扩大，中青年儿歌作者，特别是教师作者的不断涌现，使重庆儿歌作者队伍年龄结构，正向着趋于合理的方向转化。

重庆儿歌创作队伍后继有人，重庆儿歌前景光明！

鲁迅与校对

杨希之

中国现代著名作家很多都曾亲自参加过校对工作,有的还在这方面作出过不小的成绩,然而,参加校对工作最多、对校对工作贡献最大、事迹最感人的还是要数鲁迅先生。

第一,鲁迅强调校对工作的重要性,认为"校对和创作的责任是一样重大的"。在鲁迅看来,如果校对质量好,可以促进作品的流传。如果校对质量差,就会"错得大差其远","有时简直有天渊之别"而影响作品质量。

正是从这个角度出发,鲁迅特别重视校对工作。可以说,鲁迅把图书的校对质量作为衡量图书质量好坏的重要标准。他在《三闲书屋校印书籍》的广告词中,把"虚心绍介诚实译作""重金礼聘校对老手""决不偷工减料"作为优秀图书的三个标准,加以广告宣传。在编辑和校对两个环节,鲁迅甚至更为重视校对。他在介绍他的三部译作(《毁灭》《铁流》《士敏士之图》)时说:"编辑并无名人挂名、校印却请老手动手。"(《三闲书屋印行文艺书籍》)在这里,鲁迅并不是轻视编辑工作,而是更突出地强调校对工作的重要性。

鲁迅重视校对工作具体体现在两个方面:一是对重要稿件亲自校对、亲自把关。根据鲁迅逝世后亲友们的回忆和鲁迅日记、书信中的记载,鲁迅自己的作品大多是他亲自二校的,有的作品还校过多次。比如,关于《新俄小说家二十人集》(包括《竖琴》和《一天的工作》上、下两部)的编辑、校对问题,鲁迅就多次写信,表明自己对校对的态度。1932年11月6日,鲁迅写信给郑伯奇说:"《竖琴》已校毕,今奉上,其中错误太多,改正之后,最好再给我看一遍(但必须连此次样稿,一同掷下)。"1933年1月

8日,鲁迅又写信给赵家璧说:"《一天的工作》已校毕,今送上,但因错字尚多,故须再校一次。改正之后,希并此次送上校稿,一并交下为荷。"为了一部书的校对问题,鲁迅先生一再写信,并且交代甚详,这一方面反映了鲁迅工作上一丝不苟、认真负责的态度和精神,一方面也证明了鲁迅对校对工作的极端重视。

鲁迅重视校对工作的另一方面就是作出示范,敦促身边的人搞好校对工作。一个人的时间和精力是有限的。为了提高校对质量,鲁迅除了自己亲自参加校对以外,就是尽力发动身边的人重视和参加校对工作。鲁迅十分重视言传身教。他有时直接向文学青年们传授经验,如李霁野在《回忆鲁迅先生·记"未名社"》中说:"先生的译著印行时,总亲自校阅,也有些小经验喜欢向我们述说。例如莫使一行顶上的一格排无所属的标点符号,便是其中之一。"他有时作出示范,让文学青年仿照实行,如尚钺在《怀念鲁迅先生》中回忆道:"我答着他,一面打开校样来看,发现头一篇便是我的,而第一页已经校对完了。他又接着和我说:'这一页我已经校对过,你没校对过吧?有错误就照着这张样子改。'"鲁迅通过这样的言传身教,使文学青年们明白了校对工作的重要性。正是在鲁迅的亲自参加和带动下,《语丝》《奔流》《译文》以及《未名丛刊》《奴隶丛书》等书刊,都因其内容深刻、校对质量好而得到读者的青睐,从而在中国现代文学的园地里占有了一席之地,放射出夺目的光彩。

第二,鲁迅主张校对时一定要严格地查对原稿,而特别反对校对者按自己的理解作任意的改动。鲁迅先生在《望勿"纠正"》一文中明确提出:"我因此想到一种要求,就是印书本是美事,但若自己于意义不甚了然时,不可便以为是错的,而奋然'加以纠正',不如'过而存之',或者倒是并不错。"他之所以这样认为是因为校对队伍的状况十分令人担忧。鲁迅先生在1935年5月28日给黄源的信中说:"'校对'实是一个问题,普通是只要校者自己觉得看得懂,就不看原稿的,所以有时候,译者想了许多工夫,这才决定了的字,会错得大差其远,使那时的苦心经营,反而成为多事。"在1936年9月3日给沈雁冰的信中,鲁迅先生又说:"但我们是对原稿的,因此发现印刷局的校员,可怕之至,他于觉得错误处,大抵以意改令通顺,并不查对原稿,所以有时简直有天渊之别。大抵一切校员,无不如此,所以倘是紧要的书,真令人寒心。"正因为当时校对人员的素质十分低下,而校对质量又非抓不可,所以,鲁迅先生不得不放弃自己的一些创作时间,而在校对上下一些功夫。他宣称:"我以为凡有稿子,最好是译作者自己看一遍。"(鲁迅:《致黄源》)鲁迅先生是这样说的,也是这样实行的。

鲁迅先生不得不走的校对生涯是时代造成的,也是他那种凡事认真的性格使然。在这里,我们为鲁迅先生不能利用这些时间更多地从事创作而惋惜,同时也为他那种为别人而牺牲自己的老黄牛精神所感动。

第三,鲁迅强调校对工作必须认真、负责、仔细,必须养成一丝不苟的工作作风。鲁迅先生自己对校对工作是极其认真负责的,他的这种工作态度给人留下了深刻的印象。陈学昭在《回忆鲁迅先生》中说:"就在这年秋冬之交,《语丝》这个刊物办起来了,发的稿子好像都经鲁迅先生看过,但编的人不是他。他对于这个刊物的印刷、校阅,都很认真。他自己的文章,二校都由他亲自校对。"许广平在《鲁迅先生怎样对待写作和编辑工作》中同样记载了鲁迅先生认真负责参加校对工作的情况:"鲁迅常常亲自做校对工作。校对中,遇到一行的顶头有标点,他都认真地画到每行的末尾:一张校样,正面看看,还要倒过来看看,这样,字排得正不正,排行是不是歪斜,就很容易发现了。他要求天地头要排得整整齐齐,哪个地方空得多,哪个地方比较挤,哪个地方错落不齐,他都在样子上做出记号,有时用尺画一条直线,以引起排字工友的注意。……他在编辑工作中,只要有可能,编排校的工作总是自己亲自来做的,以认真负责的态度对待读者。"

第四,鲁迅先生在校对工作中倾注了大量的心血。他的校对生涯是和他的创作生涯、编辑生涯共始终的。就是说,他一走上文学道路就开始了校对生涯。根据鲁迅本人的书信日记和其他人的回忆文章来看,鲁迅的作品一般是由他本人亲自校对或通读清样的。可以说,鲁迅在校对上花费了极大的精力。鲁迅先生不仅校对自己的著作和文章,也校对别人的著作和文章。鲁迅在1926年10月28日给许广平的信上就说:"我这几年来,常想给别人出一点力,所以在北京时,拼命地做,忘记吃饭,减少睡眠,吃了药来编辑,校对,作文。"在这里,鲁迅把校对当成了他工作的三件大事之一。鲁迅在北京时期是如此,在上海时期仍然是如此。郁达夫在《回忆鲁迅》中也谈到鲁迅先生编辑、校对《奔流》稿件的情况。他说:"说到了实务,我又不得不想起我们合编的那一个杂志《奔流》——名义上,虽则是我和他合编的刊物,但关于校对,集稿,算发稿费等琐碎的事务,完全是鲁迅一个人效的劳。"

鲁迅先生不仅参加自己编辑的刊物的校对工作,而且为了培养文学青年,有时甚至挤出时间为他们改稿、校稿。川岛在《和鲁迅相处的日子·大师和园丁》中回忆:"有些青年还拿了译稿或者自己写的文章,请他去校、去改,他也从不推托的。如果白天没有功夫校改,又怕搁的日子多了耽误了他们,就在夜里来替他们校改,看稿子又看得极仔细,翻书,查字典,甚至稿子中的一个错别字都给改正了;他喝着很浓的茶,不断的吸着纸烟,一直到深夜不息。"鲁迅这种牺牲自己、帮助别人的精神和事迹是十分感人的。

鲁迅帮助别人校对的另外一个感人事迹就是校对瞿秋白的《海上述林》。瞿秋白曾是中国共产党的著名领导人之一,并是鲁迅反"文化围剿"的战友。瞿秋白牺牲以后,鲁迅和茅盾将他的译作结集为《海上述林》出版,鲁迅担任了全书的校对工作。这时,鲁迅先生已经身染重病,每天发烧不已,但他仍然坚持不懈地校对着。萧红在《回忆鲁迅先生》一书中记载了鲁迅先生带病校《海上述林》的动人情景:"鲁迅先生的身体不大好,容易伤风,伤风之后,照常要陪客人,回信,校稿子。所以伤风之后总要拖下去一个月或半个月的。《海上述林》校样,1935年冬,1936年的春天,鲁迅先生不断的校着,几十万字的校样,要看三遍,而印刷所送校样来总是十页八页的,不是一道送来的,所以鲁迅先生不断的被这样催索着,鲁迅先生竟说:'看吧,一边陪你们谈话,一边看校样的,眼睛可以看,耳朵可以听……'"鲁迅先生就是这样,不断地与病魔抗争着,同时也在不断地工作着、校对着,直到他逝世前十几天,即1936年9月30日,他才在日记上写道:"上午校《海上述林》下卷毕。"鲁迅先生一生校对的数量之大,在中国现代著名作家中是罕见的。据统计,鲁迅先生"自己著译及编刊的书籍、杂志,再加上替别人'选定'、'校订'、'校刊'的作品将近一百二十种,有的还一校再校三校,约计起来,总不下两三千万字"(臧克家:《学诗断想》)。这个庞大的校对字数,既说明了鲁迅先生校对工作的持之以恒,也说明了鲁迅先生为校对工作所花费的极大心血。

鲁迅先生在校对工作上的成功实践和巨大贡献已经为我们树立了榜样,他那种为校对工作而奋斗不已的精神和感人事迹也在激励着我们前进。

从《冰与火之歌》到《三体》

——重庆出版集团的"引进来"到"走出去"之路

刘 红

2017年,在芬兰举行的世界科幻大会上,刘慈欣《三体:死神永生》遗憾落选了第75届雨果奖,但在大会上,他遇到了乔治·马丁,两人在会上相谈甚欢。对于国内大多数的读者而言,对乔治·马丁的人设是从其奇幻大作《冰与火之歌》或者美剧《权力的游戏》来的,他就是一位"奇幻文学大师"。事实上,乔治·马丁很早就是一位科幻文学大咖,他曾经四次获得雨果奖,包含17次提名,还有两次星云奖,包含13次提名。两位中外科幻文学大师在芬兰的此次会面,给科幻文学领域留下了值得永久纪念的画面。两位大师除了都是世界科幻界的翘楚,都获得过雨果奖以外,他们还有一个共同点,即在国内,他们的代表作品都是由重庆出版集团出版的,这是一种巧合,还是重庆出版集团多年来精心耕耘的结果呢?

2016年,《冰与火之歌》中文简体版权再度到期,国内众多对该书的版权觊觎良久的出版机构竞相参与到该书版权的争夺当中,一时之间,各家报出该书的版税金额节节攀高。最终,重庆出版集团当仁不让,逾千万元的重金以及国内首家出版单位多年经营的重要身份,第三度获得《冰与火之歌》中文简体版权。随后HBO热剧《权力的游戏》持续热播,带动图书《冰与火之歌》系列中文版的销量也稳步走高,一路飙升,全系列的图书累积销售已经超过千万册。同时,《冰与火之歌》的电子图书,也在2014年荣获读者最喜爱的电子书奖,2015年荣获十大畅销电子书奖。

罗马不是一日建成的,《冰与火之歌》中文版的成功也不是一蹴而就的。该书的策划要追溯到17年前。在2002年的某一天,编辑邹禾(现任重庆出版集团卡通分社总编辑)在地摊上看到了一本《冰与火之歌:权力的游戏》。当时国内还没有任何一家出版机构正式引进这套书,因此他看到的其实是盗版图书。他花10元钱买了第1卷2本,看完后,凭着做编辑的敏锐嗅觉,他立马感觉到这是一个非常棒的图书选题,因为这套书和此前看过的所有奇幻小说都很不一样。他说这书完全打破了读者惯有的逻辑思维和阅读习惯,给人耳目一新之感。在邹禾的极力推荐下,重庆出版社迅速通过版权代理和作者取得了联系,在当时以一个很划算的价格拿到了版权合约。不过因为那个时候奇幻小说在国内才刚刚起步,只能算很小众的读物,作者及其作品在国内都没什么知名度,所以一开始的印量很低。在后来的五年时间里,在没有大力宣传和推广的情况下,《冰与火之歌》凭借着在奇幻小众粉丝圈里的影响力,自然销售达到两万册,这在当时国内来说已经是不错的成绩了。但由于乔治·马丁在国外奇幻科幻文学领域的地位,以及《冰与火之歌》在国外的热销影响力,作者和代理对于中文版的销售情况表现出了非常的不满。尽管面对着国外作者以及代理的质问和国内读者群的冷遇,邹禾对这套书还是充满信心。他对该书的读者群做了认真的分析,他认为"冰火迷"年龄层偏大,普遍在25岁以上、学历较高,对欧洲中世纪文化有一定了解,这些特点使得这群成熟而又高素质的读者,不但活跃于各个贴吧、书群之中,而且非常忠实。据此,编辑邹禾顶着国内国外双重的压力,还是陆续签下了之后的《冰与火之歌》第二至第四卷。

《冰与火之歌》在头五年的销售表现只能算是差强人意,而重庆出版集团选择继续在奇幻文学领域默默耕耘,厚积薄发,为后来的爆发打好基础。2011年,HBO的美剧《权力的游戏》第一季一经推出,立刻掀起全球对《冰与火之歌》的热捧,立即成为一种现象级剧集,感觉意犹未尽的观众们随之开始关注图书,《冰与火之歌》中文版也开始畅销。随着美剧带动图书热销,很多内地出版社纷纷开始打听《冰与火之歌》的版权。2011年,由于竞争者众多,重庆出版集团最终以140万人民币十倍于首次版税的价格,拿到二至四卷再版和第五卷出版的合约。而在2016年,竞争的格局更甚,重庆出版集团志在必得,版税价格再次提高到千万元人民币,创下国内引进版税的新高。

此外,重庆出版集团近年来重点打造《冰与火之歌》系列图书及其周边产品的同时，还着力打造奇幻文学出版品牌，在国内奇幻文学领域占据了重要的一席之地。集团利用多年来积累的资深译者和奇幻作品专业编辑资源，组成了强大编译阵容，精心打造系列奇幻作品重镇，打造了一个为广大读者所熟悉的奇幻图书品牌"独角兽书系"。除《冰与火之歌》系列，还引进了乔治·马丁所有的中短篇奇幻小说，包括《风港》《光逝》《废土》等，另外还出版了《猎魔人》《迷雾之子》《携光者》《第一律法》等一批在国外颇具盛名的奇幻文学作品，同时还储备了众多的奇幻文学版权资源。

编辑邹禾在《冰与火之歌》还未呈现爆发式增长，正在努力坚持的同时，开始布局国内原创科幻作品的出版。2008年，刘慈欣彼时还在山西的娘子关电厂做工程师，除了在《科幻世界》迷的圈子里小有名气外，在国内图书市场还默默无闻。那时编辑邹禾向集团上报了刘慈欣的第一本长篇小说《三体》选题计划，并于当年出版。该书一经出版，就引起了读者强烈的反响，在后来的几年时间里，该书销售近百万册，成为国内名副其实的畅销书之一。而让邹禾和集团领导都始料未及的是，《三体》后来还给我们带来了意想不到的巨大的社会效益。

2014年，刘慈欣的《三体》英语版在美国出版，随即2015年，《三体》获得了有"科幻界诺奖"之称的"雨果奖"最佳长篇小说。自此，《三体》开启了中国文学前所未有声势浩大的海外出版之旅。截至目前，《三体》三部曲已累计输出包括美国、英国、法国、德国、西班牙、韩国、泰国、俄罗斯等30多个国家和地区，其中已出版15个语种，并且获得国际奖项提名9次，获奖5次。仅2017年，就包揽美国的"轨迹奖"、德国的"库尔德拉西茨奖"、西班牙的"凯尔文奖"和"伊格诺特斯奖"四项国际幻想文学大奖。《三体》是中国文学，特别是相对比较小众而又沉寂的中国科幻文学近年来达到的一个巅峰，也是中国文学在"走出去"进程中一个值得歌颂的里程碑[①]。

《三体》在国外屡屡获奖，销售也一路高歌猛进，声浪再次席卷回国，在国内又一次掀起读者阅读狂潮，《三体》三部曲中文版销售逼近千万册。2019年初，根据刘慈欣短篇小说改编的电影《流浪地球》在春节档上映，成为票房黑马，获得46亿票房的超好成绩。社会上一时掀起中国科幻讨论，说《流浪地球》"开启了中国科幻电影的元年""标志着中国科幻电影的崛起"等等声音不绝于耳。以《三体》为代表的刘慈欣

---

① 刘红.中国文学"走出去"现状和对策研究——以《三体》版权输出为例[J].科技与出版,2018(7):161—166.

的相关作品,也再次被读者追捧,迎来又一个销售高潮。同时,广大的读者殷切盼望在不久的将来,我们能看到《三体》被成功地搬上大屏幕。

从"引进来"到"走出去"

在《冰与火之歌》的"引进来"和《三体》"走出去"的实施过程中,重庆出版集团的领导和编辑都体会到,要从更高层面来看待"引进来"和"走出去"的关系。不应该把引进版权仅仅看作是一个翻译和出版发行的许可,"引进来"的过程应该是学习国外图书编辑制作优势,图书品牌运营打造的过程。"引进来"也可以是一种手段,通过引进国外优秀出版机构的图书产品,加强与国外出版机构的密切联系,为实现我们自己的民族文化"走出去"做好铺垫,创造有利条件。

由此,重庆出版集团积极开拓国际版权贸易和对外合作,取得了丰硕的成果。在引进图书方面,自2005年集团成立以来,十四年间,总共引进图书上千种,平均每年引进上百种优秀图书,实现了数量和质量的双重提升。集团除了引进《冰与火之歌》以外,还成功引进了美国著名文学作家安·兰德的系列作品《源泉》《阿特拉斯耸耸肩》《理想》等,以及美国著名物理学家加来道雄的代表作品《平行宇宙》《物理学的未来》等高端科普系列。这些优秀图书的引进极大地提升了渝版图书的品质,许多图书在国内外长销多年,引进版权一再续签,为集团赢得了巨大的社会和经济双重效益。而在图书走出去方面,从2005年到2018年间,集团图书版权输出达到近千项。输出地也不再以亚洲为主,而是扩展到包括英国、法国、德国、俄罗斯、加拿大、美国等三十几个主流欧美国家和地区。版权引进和输出的比例由过去2005年的29.4∶1下降为2018年的近1∶1。版权输出的内容,也从过去简单的国学和少儿类图书,发展到文学、社科以及学术类多种图书,其中包括《当代中国著名学者论丛》和《发现中国》这些具有较高的艺术和理论价值的图书。2008年,集团《藏地密码》由于在国内的超级热销,引起国外出版商的购买热情,以竞价拍卖形式转让,最后输出到韩国、泰国、越南和中国台湾地区,并在韩国创下6000美金一本的版税纪录,这在当时全国来说也算是比较高的版税了。由于在版权输出方面的成绩,集团连续8年获得国家文化出口重点企业称号,《碧奴》《格萨尔王》《藏地密码》《熊猫史诗》和《动物奥运会》(9册)等项目先后被列为"国家文化出口重点项目",集团近300种外向型图书被"国新办"纳入中国图书对外推广计划推荐书目[①]。

　　由此可以看出,中国文化"走出去",不应该是一个单独的命题,而应该跟"引进来"紧密地结合来进行。只要是真正优秀的图书产品,我们就可以大胆地引进,在引进的过程中,我们要积极地学习图书产品的打造和品牌的推广运营,进而把我们优秀的民族文化,推上国际文化的大舞台。重庆出版集团在"引进来"和"走出去"的工作中,已经取得卓越的成绩和丰富的经验,未来还要继续努力,为中国文化和渝版图书走出国门,走上国际舞台作出新的贡献。

---

① 罗小卫.重庆出版集团"走出去"战略的实践与思考[J].出版广角,2015(7):47—51.

论文物考古出版物的审美追求

郑文武

中华文明源远流长。秦始皇兵马俑、长城、故宫、敦煌石窟、大足石刻等众多体现历史性、艺术性、审美性的古代文明古迹，灿若星河，异彩纷呈。这些古迹文物不仅反映了古人深邃的哲学思想和高超的智慧，也是中国美学标准形成过程中的重要参照。

新中国成立以来，《丁村旧石器时代遗址群》《襄汾陶寺》《辉县发掘报告》《洛阳中州路》《唐懿德太子墓发掘报告》《敦煌石窟全集·第1卷》《大足石刻全集》等一大批文物考古出版精品相继出版，年代跨度从旧石器时代直至明清时期，内涵极为丰富。

文物考古出版物既是对文化遗产一种有效记录和保护，也是传播人类文明的重要载体。近年来，我国文物考古研究事业快速发展，大众传媒加强了对考古成果的传播。在连续数年开展的"全国文化遗产十佳图书推介活动"中，文物考古类书籍在推介书目中均占据最为重要的地位。《国家宝藏》《如果文物会说话》等电视节目受到观众热捧。考古文物的历史之美、文化之美、技艺之美深深吸引着人们，社会公众对文物给予了前所未有的关注和热爱。

文物考古出版物作为专业书籍，客观真实、科学严谨是其要旨。但在此基础上，如何充分挖掘和展示文物考古出版物的审美价值，使出版物为更多的读者所关注、所喜爱，更大程度上实现社会效益和经济价值的有机统一，已经成为出版单位近年来重点关注和着力的方向。

一、存真求美是文物考古出版精品应有之义

《大辞海》对"文物"的概念解释为：文物是遗存在社会上或埋藏在地下的历史文化遗物,包括与重大历史事件、革命运动和重要人物有关的、具有纪念意义和历史价值的建筑物、遗址、纪念物等；具有历史、艺术、科学价值的古文化遗址、古墓群、古建筑、石窟寺、石刻等；各时代有价值的艺术品、工艺美术品……①

文物考古出版物作为学术出版物,是以严谨、客观、规范的态度对历史文化遗存的一种记录方式,强调客观性、真实性、科学性、全面性。其重要学术价值当然是最为读者所关注的。通过实物遗存反馈历史信息,突出学术规范性,描述详细准确、绘图科学精美、研究认真细致,体现考古发掘报告的科学性和实用性,这是由文物考古出版物的本质特点所决定的。

从另一个角度来看,文物蕴含着深厚的文化积淀和艺术内涵,文物考古研究出版物突出学术价值并不排斥其审美性。1957年,国家文化部副部长郑振铎在提出出版百卷本《敦煌》计划时指出,要做到"让考古学家点头、艺术家满意"②。在文物考古研究出版工作中,存真求美应成为出版人出版文物考古研究出版物的更高层次的追求。

黄理彪博士在其专著《图书出版美学》一书中提出,图书出版美正是由升华图书出版中的多质多层次的审美文化而成,是一种经过提炼整合自成系统的审美文化③。文物考古工作涉及考古学、历史学、艺术学、美学、测绘学等多个学科。体现文物的美学价值,是文物考古出版工作追求的应有之义。在符合文物考古学术规范的基础上,考古研究人员和出版人要注重在文物考古出版物中体现文物审美特质和美的意蕴,引导读者体会文物所传达的审美趣味和美学境界,赏鉴文物蕴含的历史之美,感受文物中的技艺之美,体会各个历史时代文物中的文化之美。在文物考古出版工作

---

① 夏征农,陈至立. 大辞海[M].上海:上海辞书出版社,2015.
② 黄文昆.敦煌石窟研究与出版[M].百年敦煌文献整理研究国际学术讨论会论文集(下册),2010.
③ 黄理彪.图书出版美学[M].北京:首都师范大学出版社,1998.

中,通过编排内容、装帧设计、印刷工艺等方式赋予出版物更高水平的形式之美。

二、文物考古出版物审美追求的具体体现

文物考古出版物反映了考古工作的探索与研究成果,体现人们对古代文明的认识与理解,既是考古成果的记录和传播的重要载体,也是众多考古发现和研究成果的提炼升华,其中也蕴含美的创造。与其他类型图书相比,文物考古出版物的审美追求有其独特体现。

(一)客观记录科学测绘、严谨研究考察发现,彰显文物考古研究的学术之美

近年来,随着我国文物事业的快速发展,一批考古、博物馆、文物和出土文献及文物保护方面的优秀学术专著集中涌现。其中,一批被列为世界文化遗产的文物和其他重要遗址的考古报告陆续出版,从撰写体例到学术研究水平都代表了当代中国考古的水平,为学术界提供了系统、深入、全面的研究参考,也为文物考古更大程度地走向大众创造了有利条件。

考古学的真正要义在于超脱文献而独立研究物质遗存。在文物考古中,研究人员应用测绘、拍摄和文献资料等方式,以文字记录、测绘图件、摄影图片为主要构成要素,撰写考古报告,体现研究深度和专业化水平,展示真实之美、学术之美。例如,重庆出版集团与大足石刻研究院携手组织力量历时14年编纂完成的石窟考古报告《大足石刻全集》。全书共计11卷19册,包括记录文字252万字,图件3539张,图版5170张。该书针对大足石刻中列入世界文化遗产的宝顶山、北山、南山、石门山、石篆山等5处石窟进行了系统考古调查和整理。考古团队在利用传统的考古学研究手段基础上,综合运用考古学、艺术学、文献学、民俗学、社会学、统计学等相关学科研究方法,大胆采用多基线数字近景摄影和三维测绘两项新技术,使全书集科学性、史料性、文献性于一体,具有很高的学术价值,体现了学术之美。著名石窟考古学家丁明夷先生评价认为,《大足石刻全集》堪称国内石窟考古报告里程碑式的代表,它不

仅可与日本《云冈石窟》比肩,在研究深度、拍照水平、测图质量和编排次第上,也有一定的突破,代表着21世纪大足石刻研究的新成就。

(二)深刻反映考古研究中发掘的文物历史价值,在出版物中展现文物的历史之美

文物是历史文化的重要载体,素有"凝固的历史"之美誉。文物是我国各个历史时期的政治、经济、军事、文化、外交等方面情况的现实和物质见证,是一个国家和民族历史文化成就的重要标志之一。文物承载灿烂文明,传承历史,是民族生存与发展的精神根基。

2018年,文物出版社出版了由江西省博物馆编、彭明瀚著的《明代景德镇民窑纪年青花瓷》。该书在充分收集江西省内、外地区及沉船资料的基础上,以历史史实、文献资料与考古发现为依托,不仅对明代各时期民窑青花瓷典型器在造型、胎釉工艺、装饰题材、绘画风格等方面作深入系统研究,并对产生这些变化的社会、经济、文化背景等进行剖析,展示了明代海上丝绸之路贸易繁荣和世界经济文化交流的美丽历史图景。

2019年,青岛出版集团、云冈石窟研究院、北京大学考古文博学院历时7年携手完成的《云冈石窟全集》编纂出版[1]。该丛书不仅是对窟龛形制、造像风格、开凿年代、阶段特征有客观、科学的记录与整理,还将考古事实融合到相关社会历史中,反映了从北魏至清朝时期,印度及中亚佛教艺术向中国佛教艺术发展的历史轨迹,反映出佛教造像在中国逐渐世俗化、民族化的过程,展现了我国多民族文化融合之美和中外文化交流融合之美。

(三)展示文物的文化艺术之美

文物作为体现人类文明成果的载体,展现出很高的文化艺术价值,例如装饰艺术、雕刻艺术、绘画艺术、陶塑艺术、镶嵌艺术、建筑艺术等,其中蕴含的结构之美、造型之美、空间之美及思想哲学文化之美,常令人叹为观止。

20世纪80年代,著名作家、历史文物研究专家沈从文将历经多年艰辛考古努力

---

[1] 史竞男.《云冈石窟全集》出版 首次全方位为云冈石窟"立档"[EB/OL].新华网.2019-10-16.http://www.xinhuanet.com/politics/2019-10/16/c_1125111102.htm

完成的《中国古代服饰研究》交付出版。该书坚持以实物为依据,综合材料、形制、纹样的发展与联系,既有对古代中国服饰的发展史脉络的探析,也有对缂丝、刺绣、织锦等工艺的深入研究,反映了古人服饰中蕴含着的民族的智慧、气质和生活美学,受到国内读者和东南亚国家出版机构的青睐,作为国礼亮相国际舞台。

2011年,文物出版社出版了由敦煌研究院主编的《敦煌石窟全集(第1卷)》。该书不仅逐窟记录洞窟位置,窟外立面、洞窟结构、塑像和壁画,洞窟保存状况,也反映了古代艺术家们在民族化的基础上吸取了伊朗、印度、希腊等国古代艺术之长的中外文化交流渊源,展现了敦煌石窟壁画富丽多彩、雄伟瑰丽的艺术之美,成为相关洞窟最翔实的"档案资料"。

(四)精心策划布局,创新表现文物考古研究成果,展示出版物的形式之美

一部质量上乘的文物考古出版物应该是编排布局合理、内在和外在都充满美感的作品,需要将思想和艺术、形式和内容、局部和整体、材料和工艺等有机结合。图书封面设计、扉页设计、篇章布局、正文排版设计和插图设计等,都应是一种美的呈现和美的张扬。

《大足石刻全集》中的8卷内容为北山、石篆山、石门山、南山、宝顶山等5处石窟的考古报告,并将每卷分上、下两册。每卷上册为文本卷,包括文字记录、测绘线描图、示意图、效果图、地图、正射影像等;下册为图版卷,收载与上册内容相对应的造像图版、铭文拓本等。第10卷《大足石刻历史图版卷》,收录历史上有关大足石刻的珍贵历史图片,以1940年初著名建筑学家梁思成等中国营造学社部分成员在大足考察期间所拍照片,1945年著名史学家杨家骆组织的大足石刻考察团所拍照片等珍贵历史影像为主要内容,以艺术画册的形式编排,为对比认识大足石刻本身及其环境的今昔变化提供了重要历史信息,且不失古雅之美。如此体例编排,使《全集》得以以记录为主体,又配以专论及历史图版,结构完整、定位清晰、有总有分、主次有序、层次分明、文图对照、方便查阅,既符合学术规范,又体现了大型学术性书籍的形式美感。

三、挖掘与提升文物考古出版物审美价值的思考

文物作为历史的物质遗产,反映一个民族和国家的独特历史,是维系民族生存和发展的精神纽带。我国文物以其鲜明的民族特色、民族风格和民族气派,体现出极高的审美价值。挖掘与提升文物考古出版物审美价值,具有重要意义。

(一)担当文化使命,打造存真求美的文物考古精品出版物

随着社会的进步和科学技术不断发展、物质生活水平不断提高,人民群众的精神文化需求迅速增长,文化水平和艺术欣赏水平不断提升,如何创新出版理念,通过编辑手段实现学术性文物考古研究出版物的历史文化价值与艺术审美价值的有机融合,达到既"存真",又"求美",是新时期出版人应当思考和探究的一个重大课题。

科学性、记录性、客观真实性当然是文物考古研究出版物最本质的属性,而出版物的艺术审美性则是扩大文化传播和满足市场需求不可忽视的重要方面。因此,两者皆不可偏废。同时,"存真求美"应该成为出版人对学术性文物考古研究出版物的更高追求。出版人应创新出版理念,通过编辑手段,对学术性文物考古研究出版物的构成元素和内容进行多角度、多层次的考虑,按学术规范的要求并结合实际情况,深入挖掘学术性出版物本身的美学价值,实现学术性文物考古研究出版物的学术性、文献性、史料性与艺术性、欣赏性的融合,打造更多"存真求美"的文物考古精品出版物。

(二)将审美追求纳入考古研究各个工作环节

从当前文物考古研究情况看,研究的重心主要专注在文物的历史价值、研究意义、工艺技术和历史故事等方面,较多关注文物形状、质地、色彩、完残等情况,而在文物审美方面仍着力不多。文物考古审美追求仍是值得深入探讨而具有非常广阔学术研究空间的领域。

在考古工作中，文物外在的形式美和其所蕴含的精神文化、哲学层次的内在美，体现了其拥有的审美特质，从中探析美的规律，阐发其美学意境，能够让读者品味鉴赏文物的美学价值。

在《大足石刻全集》项目实施过程中，大足石刻研究院院长黎方银先生利用对大足石刻长达30多年的研究积累，组织编纂团队在考古文字记录中除体现科学规范的学术之美外，还充分挖掘大足石刻作为9—13世纪石窟艺术的深刻艺术内涵和独特的审美价值；重庆出版集团《大足石刻全集》摄影组力求体现石窟造像的历史价值和艺术价值的双重属性，既真实客观呈现石窟造像当前的保存状态，又体现出石窟造像精美绝伦的造像艺术风貌，通过拍摄机位视角的把控、光线的运用、色彩处理、畸变控制等摄影技术手段，实现了图片客观真实性与艺术审美性的高度融合；测绘团队和编辑出版团队密切合作，通过线条逻辑、结构、粗细、繁简、主次、设色、成图等各个环节的研究把控，使机械、生硬、冰冷的测绘图件，既客观准确地科学表达，又体现出测绘图件的形式美感，呈现出鲜活的生命力。

(三)将审美追求贯穿文物考古出版全过程

要确保考古报告在体现学术性、文献性、史料性的基础上体现审美价值，就须将审美追求贯穿在图书出版流程全过程。各个出版环节紧密衔接，显示各环节特有的审美创造功能，形成多样而统一之美。

从策划环节勾画美。策划者对文物考古出版物从选题、组稿做起，再到编辑、印刷、发行的一体化设计，要将审美追求贯穿始终，为确保实现文物考古出版物学术性和审美性辩证统一绘制蓝图。

在设计、编辑、印刷环节中升华美。在图书选题策划、组稿、设计、编辑、印刷、发行等环节，挖掘文物之美的内涵和特质，展示文物之美的风采，创造文物考古出版物美的外在形式、传播文物考古出版物所承载的美学价值。通过编辑设计人员的艺术构思、审美创意，通过开本大小设置、封面设计、版式设计以及运用选材用料、印制工艺等手段，使考古出版物既能体现其严谨与庄重，又满足其艺术性与视觉美感，将科学性、阅读性、审美性有机统一。

在营销发行中传播美。文物考古出版物是对文化遗产的一种有效记录和保护，不仅为学术研究提供了珍贵资料，为文化遗产事业传承提供了有力的学术支撑，而且对传承历史，弘扬中华优秀文化起着重要作用，有利于增强民族自尊心、自豪感和民族凝聚力。出版机构要积极推动文物考古出版物走向社会、走向大众，向人们传播文物之美。大力推动文物考古出版物输出至海外，向世界传播中华优秀文化，展示中华文化的独特魅力。

乡村振兴战略下农村科普期刊创新发展探析

赖义羡

我国是农业大国,农村科普期刊是党和国家联系"三农"工作者和广大农民群众的重要纽带,是面向广袤农村的重要宣传阵地。20世纪80年代至90年代中期,我国农村改革极大激发了农民的生产积极性,广大农村掀起了学科技、用科技、走致富路的热潮,《农村百事通》《农家科技》《农村新技术》《农家参谋》《长江蔬菜》等一批农村科普期刊应运而生,发行量为几十万册的不在少数。农村科普期刊在服务"三农"、普及农业先进技术、引领农民致富、促进农村精神文明建设等方面作出了重要的历史贡献。

党的十九大做出了实施乡村振兴战略的重大部署,提出了"产业兴旺、生态宜居、乡风文明、治理有效、生活富裕"20字总要求,为解决好"三农"问题提供了根本遵循。实施乡村振兴战略,需要大力加强农村科普工作,提高农村人口科学文化素质,为农村科普期刊提供了崭新发展机遇,对办刊工作提出了更高的要求。

一、我国农村科普期刊近年来的发展状况

据初步统计,我国农村科普期刊目前有50种左右,在全国1万余种期刊中所占比例较小。近年来,在互联网迅速崛起和媒体竞争白热化的情况下,我国农村科普

期刊始终坚持服务"三农"宗旨,在助力解决"三农"问题中发挥着重要作用;积极推动全媒体运营,探索媒体融合发展新路径,农村科普期刊媒体运营出现新气象;在推动媒体转企改制过程中,部分农村科普期刊相继完成改制成为市场主体,在改革中实现了创新发展。

同时,农村科普期刊在历史发展中积累的一些问题也更加凸显。在读者定位方面,依然停留在20世纪八九十年代的读者定位,即主要读者定位为从事家庭种养的传统农民,未能适应农村人口结构的变化和农村经济社会发展的需求;在内容定位方面,传统农村科普期刊多局限于技术普及,且仍沿袭多年前的"大而全"的办刊思路,提供种植、养殖、农机和农民生活常识等多方面短小精悍内容,内容产品形式比较单一,已较难适应现代农业专业化发展和新型职业农民的生产经营需求;在经营方面,农村科普期刊主要靠杂志发行收入和广告收入。在经历20世纪八九十年代的辉煌后,农村科普期刊失去了行政组织征订的"特殊待遇",主要依靠邮发和自办发行,自身营销推广力度小。在新媒体的冲击下,农村科普期刊的发行和广告收入近年来普遍出现明显下滑,不少期刊陷入经营困难甚至亏损边缘。

党的十九大报告从全局和战略高度,明确提出坚持农业农村优先发展,实施乡村振兴战略。推动产业振兴、人才振兴、文化振兴、生态振兴、组织振兴,推动农业全面升级、农村全面进步、农民全面发展,极大丰富了我国农村科普期刊办刊内涵,为其实现创新发展提供了崭新的广阔舞台。

在深入实施乡村振兴战略的背景下,一些农村科普期刊面对新形势新任务新要求,加快了创新发展步伐,进一步开拓办刊视野,丰富办刊内容,积极报道实施乡村振兴战略中涌现的新典型、新进展和新经验;加快媒体融合发展步伐,推动内容创新、载体创新和传播方式创新,有效满足读者的阅读新需求,更好地服务基层群众。

我们也应清醒地看到,一些农村科普期刊仍沿袭传统办刊理念,发展滞后于时代步伐的矛盾更加突出。一些期刊缺乏对乡村振兴战略内涵的深刻理解,为适应形势只是简单地设置"乡村振兴"栏目,每期刊载两三篇文章,有的甚至依然走老路,没有多大变化,更少有结合自身实际对刊物创新,更好服务于乡村振兴战略实施的全面谋划。

二、制约农村科普期刊创新发展的主要症结及原因分析

在实施乡村振兴战略背景下,一些农村科普期刊发展与时代需求出现一定程度的脱节,融合发展步伐较缓慢,经营陷入困境,究其原因,主要在于以下方面。

(一)片面理解农村科普工作内涵

农村科普的内容覆盖普及科学技术知识,弘扬科学精神,传播科学思想和科学方法,提高广大农民和农村青少年的科学文化素质等各个方面[1]。在实施乡村振兴战略背景下,大多数农村科普期刊内容定位主要限于实用生产技术推广,内容定位明显偏窄,这也是较大程度上造成同类期刊栏目雷同、同质化现象明显的重要原因。

(二)读者定位滞后于时代变化

为配合改版需要,《农家科技》2016年开展读者调查,调查结果显示,该刊改版前主要读者群是年龄在60岁左右的农民,且原读者群体随着年龄增大而逐年递减。这种情形是传统农村科普期刊读者群体变化的一个真实缩影。

在乡村振兴背景下,农村专业合作社和新型职业农民群体快速崛起,成为推动农业农村发展的新主力军。农村科普对象除包括在一线从事农业生产工作的农民和农技推广人员外,还包括农业农村干部和农村企业人员等。一些农村科普期刊的读者定位过窄地限定于在农村从事生产的一线农民,在较大程度上未实现与新形势发展同步接轨和转变,造成与社会需求脱节。

---

[1] 陈东云.中国农村科普研究[M].北京:科学普及出版社,2011:8.

(三)传统发展模式难以适应新形势

目前,我国农村科普期刊主办单位主要为农业主管部门、省级科协、农业科学院和报刊图书出版机构等。在经费来源方面,未转企改制的期刊多由主办单位实行差额拨款,已转企期刊作为独立法人单位自负盈亏,收入主要来自期刊发行和广告。农村科普期刊在管办体制、用人机制、分配机制、激励机制等方面仍体现出较浓厚的计划经济色彩。此外,由于体制机制创新不够,以及投入不足等原因,有的农村科普期刊难以吸引一流人才,优秀作者群体流失,高质量原创作品偏少。

当前,限于自身财力和物力,农村科普期刊在数字出版、新媒体建设等方面投入明显不足,转型发展步伐比较缓慢。一部分农村科普期刊停留在纸质期刊的工作模式,出版发行环节基本仍在线下完成。尽管大部分农村科普期刊建立了官方网站、微信公众号、微博,但其网站流量、粉丝数不多,与大众传媒合作和使用移动客户端传播的期刊较少,在传播手段和传播渠道方面仍相对单一,尚未有效形成促进融合发展的成熟工作机制和新型的产业链。

三、破解农村科普期刊发展困境的对策与路径

乡村振兴战略的实施,为推动我国农村科普期刊充分发挥新作用,加快期刊自身变革,推动融合发展,实现创新发展提供了巨大舞台。

(一)担当好"三个角色",在推动深入实施乡村振兴战略中发挥新作用

实施乡村振兴战略为农村科普期刊创新办刊理念提供了崭新视角,拓展了办刊视野。农村科普期刊要充分发挥新闻媒体作为党的耳目喉舌的作用,为实施乡村振兴战略凝心聚力。

农村科普期刊要担当好推动实施乡村振兴战略"宣传队"的角色,结合自身特点宣传贯彻党的十九大精神,履行好推动乡村振兴战略实施的时代使命,使乡村振兴战略

深入人心。农村科普期刊要认真开展乡村振兴主题报道,及时宣传报道各地实施乡村振兴战略的新思路、新举措、新亮点、新成绩和新经验;深刻反映各地贯彻绿色发展理念,实施农业供给侧结构性改革,推进农业结构调整,推广农业先进技术,加快一二三产业深度融合,发展现代都市型农业和特色高效农业的典型事例;及时报道各地吸引人才到农村创业的好做法好经验,宣传返乡创业扎根农村、带领农民群众脱贫致富先进人物典型;引导干部群众牢固树立绿色发展理念,践行绿水青山就是金山银山"两山论",建设生态宜居美丽乡村;弘扬社会主义核心价值观,以科学的思想和科技知识普及破除落后思想在农村的影响,以文明乡风促乡村振兴;加强法律知识普及,促进乡村法治、自治、德治"三治融合",夯实乡村振兴基础。例如,农村科普期刊《农民文摘》紧扣实施乡村振兴战略的时代需求,开设"三农资讯""重点关注""产业扶贫""城乡社会""乡村法治"等栏目,受到读者的欢迎。《农家科技》杂志开辟"乡村振兴新答卷"主题出版栏目,邀请权威专家解读党的十九大精神,深刻反映农村基层推动乡村振兴战略的生动实践,以图文和视频等多媒体内容产品展现广大"三农"工作者和群众协力推动乡村产业、人才、文化、生态和组织"五大振兴"的典型经验和创新探索,栏目开办一年多来,取得了良好社会反响。该刊2019年读者调查显示,农村党政干部、基层农技推广人员及新型职业农民在读者构成比例中占比明显增加。

农村科普期刊还要扮演好推动实施乡村振兴战略"探路者"和"舆论监督者"的角色。农村科普期刊记者编辑在工作中要深入开展调研,及时总结和推广典型工作经验,探索创新推动工作的新路径;要急群众之所急,想群众之所想,开展舆论监督,反映实际工作开展中出现的热点和难点问题,推动及时解决问题,化解矛盾,协力促进乡村振兴战略深入实施。

(二)开门办刊苦练内功,在实施乡村战略崭新舞台中塑造品牌新优势

在实施乡村振兴战略背景下,农村科普期刊要遵循服务"三农"的办刊宗旨,本着实事求是的态度调整读者定位。农村科普的经验表明,包括农村科普期刊出版在内的农村科普工作必须围绕着党和国家的战略部署,特别是经济社会发展的重大部署,依靠社会多方面力量来推动,才能如鱼得水,高效开展。农村科普期刊不仅要担当农业先进技术、农村先进文化的传播者,还要更加注重充分发挥媒体的作用,架起政府、农民、农村企业之间的沟通桥梁,营造推动农村科普事业的浓厚氛围,共同推动乡村振兴战略的深入实施。农村科普期刊读者定位除了包括在一线从事农业生产的农民、农村在外务工人员和农村青少年外,农业农村干部、农村企业人员等应列为重点读者对象。

打铁还需自身硬。农村科普期刊要以开展增强脚力、眼力、脑力、笔力教育实践工作为契机,苦练内功。要加强编辑记者队伍思想和业务建设,进一步转变工作作风,真正深入到群众中,更好服务群众,从根本上扭转有的农村科普期刊青年编辑对农村不了解,与农村社会明显脱节而闭门造车的现象;要团结凝聚更多优秀作者,发挥编委会专家的把关作用,提供更多富有思想,科技含量高,农民看得懂、喜欢看的原创内容。农村科普期刊编辑记者要更多深入一线,把期刊办到田间地头上,把最鲜活、实用的东西奉献给读者,真正把期刊办到读者心坎里。例如,《农家科技》记者编辑发扬不怕苦、不怕累的精神,深入到重庆各区县基层采访报道新型职业农民典型代表,推出了一大批思想鲜活、内容精彩、故事性强的好作品,在新型职业农民创业典型报道中传播创业、产品开发和市场营销等新鲜经验,反映了新型职业农民群体的时代风貌,在读者中引起强烈共鸣,部分地区农业广播电视学校还将《农家科技》杂志作为新型职业农民培训参考读物。

特色是期刊的生命。农村科普期刊可结合自身资源特点和优势,在服务乡村振兴战略中找到自身的特色定位,在全面宣传乡村振兴战略的基础上,在产业、生态、文化、人才、组织"五大振兴"中选择适合自身的切入点,有所侧重,做出特色,实施差异化发展,发挥自身独特作用。例如,部分期刊从乡村产业振兴角度,侧重乡村振兴某一领域做深做透。《长江蔬菜》为更好服务乡村振兴战略,在聚焦蔬菜种植先进技术成果发布传播的基础上,增加了对全国知名专家、种业大户和农村基层创业者的深入报道,增设了法律服务等新栏目,杂志设计印刷精美,还着力打造传播先进农业技术科普视频项目,有效满足种植户、蔬菜种业、农技推广单位和政府主管"菜篮子工程"部门的工作需求,在广告和发行方面均取得良好的效益。

在刊物发行和经营方面,农村科普期刊要从根本上改变重编辑而对经营工作重视不够、用力不足的现象,要配备精干力量强化刊物发行和广告经营工作,创新经营方式。除通过邮局征订外,农业科普期刊可加大与各级扶贫办系统、农业广播电视学校、农业协会、农村书屋工程等各方面的联系,直销、分销、批销、联销等措施并举,扩大发行量,更好地发挥刊物的作用。在创新性开展经营工作方面,巩固老客户,发展新客户,充分利用期刊自身资源为广告客户排忧解难,加强多媒体传播,帮助企业策划实施营销推广活动,提供全程化的知识服务。例如,《农家科技》杂志除加强开拓种养业传统广告市场外,还与农业广播电视学校密切携手推广发行,为农口部门提供微信公众号运营、农业农村志书编纂等知识服务,近年发行量逐步递增,经营收入来源得到有效拓展。

(三)奋力新作为加快融合发展,在实施乡村振兴战略巨大机遇中实现新崛起

根据国家互联网信息办公室发布的《数字中国建设发展报告(2018年)》显示,截至2018年底,我国农村网民规模达2.22亿,互联网普及率为38.4%,移动阅读成为农村网民的新趋势[1]。随着乡村振兴战略的深入实施,农业信息化趋势和产业融合发展趋势更加明显,转变发展方式,探索媒体融合、产业融合发展之路,打造发展新格局,是农村科普期刊实现新崛起的必由之路。

农村科普期刊要适应网络阅读新趋势,不断提高传播力、引导力、影响力、公信力。积极探索利用数字出版、数据出版、自媒体出版、可视化出版、互动出版和语义出版等多种出版方式,提供图文、视频、音频内容产品,根据不同媒体的特质、传播特点,打造更多有分量、有特色的内容产品;整合内容资源,积极利用大众媒体和微信公众号、微博、抖音等社交媒体等已形成的影响力和传播优势,通过知网、万方和维普等数据库平台等多元化传播渠道,以融媒体立体传播手段和多元传播渠道有效传播;主动策划线上线下活动,推动农村科普活动深入开展。例如,科普期刊《知识就是力量》确立"移动互联网+科普"办刊思路,促进纸刊多媒体化,推出科普微视频、科普电台、科普图说等,通过微信、微博和主流新闻客户端等移动互联网平台传播。此外,《知识就是力量》联合相关单位持续开展"科学星榜样"校园选拔活动、"科普大讲堂"讲座活动和校园阅读漂流活动,组建"科学小记者团",使科普活动深入人心,也

---
[1] 张春雷,张云,邱玥.数字经济迎来满园春[N].光明日报,2019-05-08.

使期刊自身品牌得到不断强化①。

农村科普期刊作为体现公益性、服务"三农"的媒体,要精心制订好加快融合发展规划,打造发展新平台,积极争取政府部门和上级主管单位给予更多的政策、项目和资金扶持,解决靠一己之力难以解决的问题。例如,《农家科技》策划精准服务于农民的科技文化新课堂项目——"农民公开课"APP应用项目,列入2017年度国家新闻出版广电总局新闻出版改革发展项目库项目,获得政府部门资金资助,较大程度上解决了项目资金投入难题。农村科普期刊还可利用期刊品牌优势,挖掘和拓展社会资源,积极引进先进技术和社会资金,延伸产业链,构建良好的产业链生态圈,在融合发展中推动期刊步入品牌化、市场化和产业化良性循环。如农村百事通杂志社积极利用品牌、社会资源和专业技术力量,形成媒体平台、政府部门、专家资源、生产者和消费者等方面构成的产业生态链。近年来,农村百事通杂志社打造了"农村百事通出版产业基地",使基地融出版业务、农技培训、种(养)殖示范、新产品技术推广和农业观光旅游一体化发展②。

针对总体规模小、布局分散、综合实力不强以及单刊运营出现的"信息孤岛"现象,农村科普期刊应积极建立和拓展社会资源,吸收期刊同行业先进经验,与农业期刊同行开展联盟合作,携手努力打造集约化数字出版平台。例如,近年来,中国航天期刊群、中国光学期刊联盟、中国社会学期刊群等一批学科刊群相继涌现,在探索期刊合作平台集群化发展道路上迈出重要步伐。再比如,中国医学会系列期刊官网矩阵实现了130余家医学期刊全文上网,建立了中华医学全文数据库,开发移动端APP,系统以海量论文、资讯、视频等优质学术资源,为会员和医生提供个性化服务,受到用户欢迎③。

---

① 郭晶.《知识就是力量》探索科普融合发展模式[J]. 中国期刊年鉴,2017:311—312.
② 徐健. 品牌期刊转型升级之路[J]. 中国期刊年鉴:第三届中国期刊品牌建设与创新年会论文集,2016:1—3.
③ 国家新闻出版广电总局新闻报刊司. 中国报刊领航者——百强报刊剪影[M]. 北京:中国财政经济出版社,2017:1176—1177.

四、结语

在实施乡村振兴战略背景下,农村科普期刊要紧扣时代脉搏,主动适应形势发展,勇于自我革新,补短板,强弱项,激活力。着力培养一支思想业务过硬的记者编辑队伍,结合自身实际在推动办刊理念、办刊方式、办刊内容和发展模式等方面创新,以更积极的姿态凝聚社会各界力量共同投入到新时代农村科普事业中,在服务国家战略中推动期刊创新发展,携手推动实现"农业强、农村美、农民富"的宏伟蓝图。

关于主题出版选题策划的几点思考
——以《邓小平手迹故事》为例

林 郁

"主题出版"的概念源于2003年原新闻出版总署开始实施的主题出版工程。国家新闻出版广电总局对主题出版曾给出了明确的定义："主题出版是围绕国家政治、经济、社会、文化等方面的工作大局,就党和国家发生的一些重大事件、重大活动、重大题材、重大理论问题等主题而进行的选题策划和出版活动。"可见,主题出版具有引领主流价值观和舆论导向的作用,政治导向性强,更强调公益性。

主题出版是一个系统工程,需要考虑各方面的因素,整合资源,那么怎样才能做好主题出版的选题策划？下文将以《邓小平手迹故事》为例,浅论几点相关思考。

一、把握时机,找好切入点

主题出版是意识形态鲜明的出版,某种意义上就是国家的出版、时代的出版、民族意志的出版。主题出版具有题材的重大性、导向的鲜明性、任务的明确性、性质的公益性等特点。与情节曲折、语言精彩、实用性强的市场书相比,它对读者的吸引力相对较弱。因此,做主题出版的选题策划要把握好时机,找好切入点,最好能和国家的重大活动一致,以此来增强出版物的影响力,吸引读者。

2014年是邓小平同志诞辰110周年。从全国来说,将有一个纪念邓小平同志的热潮,图书、影视作品会陆续推出,国家也会有纪念活动。20世纪50年代初,邓小平同志在中共中央西南局工作,作为其曾经在西南局工作过的重庆出版单位,应当有所表现。为此,重庆出版集团拟策划一部反映邓小平生平的图书,真实记录他的工作状态,展现他的领导智慧和工作方法。

事实也证明,在邓小平诞辰110周年之际推出《邓小平手迹故事》一书,是十分明智的选择。

二、准确定位,找权威作者

任何一个选题都要通过作者来完成,选题通过以后,就面临谁来写的问题。主题出版的选题一般围绕党和国家的大政方针展开,其内容导向性强,思想性要求高,政治立场鲜明,因此,切忌马虎、随意,需要权威的作者来完成。

邓小平是国家领导人,书中的内容要真实、准确,容不得杜撰、戏说,因此,我们寻找的作者必须是有较高理论修养、熟悉党史且具有深厚语言文字功底的专家。这对我们寻找作者提出了高要求。

经过反复商量斟酌和不断的努力,我们联系到了中共中央文献研究室的专家。重庆出版集团与中共中央文献研究室的专家曾有过合作,出版了《走近领袖世界:100位知情者访谈录》《我们的邓大姐》《邓小平西南工作文集》等书。他们的理论水平高、科研能力强、编写经验丰富。鉴于以往的合作经历,专家们答应了我们的约稿。这些专家参加过《邓小平传》《邓小平年谱》的编撰工作,进行过邓小平生平和思想方面的专题研究,熟悉历史,能准确把握史实。他们写出的稿子真实可靠,绝无杜撰、戏说成分,令人信服,具有权威性。

在这一过程中,出版社始终坚持"寻找权威作者"这一原则。在主题出版竞争日益加剧、读者阅读要求不断提高的今天,权威作者决定了图书的内容质量,从一定程度上讲,也是决定主题出版物成功与否的关键因素之一。因此,拥有权威作者群对主题出版至关重要。《邓小平手迹故事》的顺利出版也证明了拥有权威作者群的重要性。诚如中国人民大学出版社郭晓明所说:"作者资源非常重要,建立一个队伍强大、结构合理、能为我所用的作者资源库是策划工作的重中之重。因为对相关领域专家学者的研究方向比较熟悉,每次有好的选题,都可以第一时间从作者资源库中寻找能够实施选题的作者。"要拥有权威作者群,出版社应该与相关选题领域的权威专家和科研机构保持联系,建立长效稳定的合作机制,随时了解该领域的最新动态。这样在主题出版选题策划时,出版社可以主动出击,保证出版物的质量、权威性和及时性。

三、形式创新,增强可读性

在做主题出版选题策划时,常常会面临这样的问题:多家出版社围绕同一主题在同一时间段进行出版,或选题在之前就被做过。在这种情况下,除了内容的权威性,创新表达形式、增加出版物的可读性显得尤为重要。这就要求出版社在内容和视角上积极创新。

策划《邓小平手迹故事》之初,如何做到与以往的图书与众不同是一个难题。通过搜索,我们会发现与邓小平生平、思想相关的图书很多,如傅文诚编写的《少年邓小平》(中央文献出版社,1995年)、邓必坚等主编的《邓小平理论基本问题》(中共中央党校出版社,2001年)、邓榕著的《我的父亲:邓小平戎马生涯》(中央文献出版社,2010年)、中共中央文献研究室编的《邓小平思想年编(一九七五——一九九七)》(中央文献出版社,2011年)、刘建华、刘丽主编的《邓小平纪事》(中央文献出版社,2011年)、邓林、邓榕著的《我的父亲邓小平(图文版全三卷)》(中央文献出版社,2013年)、李红喜主编的《邓小平理论研究资料》(中央文献出版社,2013年)、傅高义著、冯克利译的《邓小平时代》(生活·读书·新知三联书店,2013年),等等。这些图书通过文字、图片,从生活、工作、思想等方面展现了邓小平的一生。同时,2014年为纪念邓小平诞辰110周年,各家出版社也在策划相关图书。如何在众多同一主题的图书中脱颖而出,成为确定选题和作者后的重要问题。

经过大家的反复思考,与作者的积极沟通,以及检索各种与邓小平相关的书籍,我们发现没有专门记录邓小平手迹的图书——这便成了突破点。但是,如果只搜集手迹,整本书在内容上就略显单薄,若能把手迹背后蕴藏的故事一并写出,不失为一种好方式。经过反复思考和斟酌,最终决定选择邓小平人生中每个时期有代表性的手迹,配上相应的文字,展开手迹背后的故事,且每个故事都有一定的时间跨度,把手迹所反映的事件的前因后果交代清楚。内容、形式确定后,书稿的写作进行得很顺利,于2014年出版。

《邓小平手迹故事》出版后,因其内容丰富、语言简洁、形式新颖受到了一致好评。品读、鉴赏这些墨宝,挖掘手迹背后的故事,深入历史伟人的内心世界,对于今天的读者来说,是一种审美享受,也是一个学习研究的便捷通道。这也充分说明了策划主题出版物要力求形式生动,改变传统的说教模式,既要创新,又要以群众喜闻乐见的大众化、通俗化的方式来表现内容,做到好内容与好形式的统一。这样,主题出版物才能深入人心,为读者所接受,实现其思想导向、政治导向方面的重要价值。

四、发散思维,延伸选题

习近平总书记强调,历史是最好的教科书。党史、国史是坚持和发展中国特色社会主义,把党和国家各项事业继续向前推进的必修课。我们要学习历史,学习老一辈革命家一心为民、艰苦朴素的精神。

《邓小平手迹故事》选用邓小平同志的珍贵手迹串联他的人生故事的独特角度,一方面展示了小平同志伟大而光辉的一生,并从这个侧面着重反映了中国共产党带领全国各族人民历经革命、建设和改革不同时期,不断探求民族复兴的艰难历程;另一方面又通过展示小平同志留下的珍贵题词题字、各种文电和报告提纲、作出重大决策的批示等,再现了历史的真实面貌,突出体现了他强烈的个性色彩和独特的魅力。这部书的作者都是中央文献研究室长期从事邓小平生平思想研究的青年学者。他们熟悉业务,了解最新研究动态,在对每幅手迹的解读中展示了邓小平同志的历史功绩、思想品格和伟人风范。在手迹的选择上也颇具匠心,涵盖了不同时期,涉及各个领域,也照顾到了手迹的艺术水准,为读者提供了一盘良好的精神食粮,具有思想性、可读性和传承性。从印制上说,采用新颖的编排方式、多色印刷、精美装帧,让人赏心悦目。此书入选"2015年向全国老年人推荐优秀出版物",获得国家出版基金资助,取得了良好的社会效益。

在这种情况下,出版社没有止步,而是响应习近平总书记的号召,鼓励大家积极开动脑筋,在此基础上延伸扩展选题,以党和国家领导人的生辰或参与过重大活动的纪念日为契机,或是以抗战时期或解放战争时期在重庆生活和战斗过的领导人为主题,策划相关图书。用新颖的形式、精练的语言展现老一辈领导人心系百姓,勇于担当,关心党和国家各项事业的无私品格,并以此来激励后人。

近年来,国家对主题出版扶持力度日益加大。对出版社而言,这既是机遇也是挑战。主题出版关系到出版企业的品牌建设和长远发展,做得好,就会成为出版社一张闪亮的名片,成为一项重大的文化工程,具有社会和经济双重效益。出版社可以抓住当前的大好机遇,积极策划主题出版。但是,主题出版是一项系统的工程,要做好不容易,需要协调好各方面的关系,精心策划。

参考文献

1. 周蔚华. 紧紧围绕大局,做好主题出版[J]. 中国出版,2011(9):37—39.
2. 李玉平. 浅析主题出版的特点与规律[J]. 出版发行研究,2014(5):36—37.
3. 胡元. 重点选题的全程策划应实施项目管理[J]. 编辑之友,2005(4):30—31.

对新形势下图书质量问题的思考

蒋 薇

从2003年开始的文化体制改革,"吹皱一池春水",将高居精神领域顶端的出版行业推向了激烈的市场竞争。图书不再是"阳春白雪"的纯精神产品,而作为一种文化商品进入流通领域,从选题产生到终端销售,融入了大量市场运作的策略,宣传策划、产品包装、营销推广、售后服务,其间也不乏吸引读者眼球的炒作手段。这些策略极大地推动了出版市场的繁荣,丰富了图书品种,改善了图书结构。据2011年7月9日新闻出版总署发布的《2011年新闻出版产业分析报告》显示,全国共出版图书37万种,较2010年增长12.5%,增长率达历史最高水平。新书品种的激增说明我国出版业的创新能力进一步增强,出版社的选题策划能力显著提高。但与此同时,我们也该清醒地看到繁荣背后的隐忧:愈演愈烈的市场竞争将图书质量问题推到了风口浪尖,追求短期效益的市场行为导致部分图书质量每况愈下,甚至出现重大的质量问题。放眼书店展柜,虽然图书琳琅满目,但选题重复的多,跟风之作太多;虽然装帧精美,但内容粗制滥造,格调不高。有一次,笔者在新华书店随手翻开一本热销的图书,竟然在目录里发现一个明显的错误!2003年10月,新闻出版总署对19种辞书进行了编校质量检查,结果19种辞书全部不合格,差错率超过万分之五的有12种,差错率超过万分之十的有7种;在2005年全国少年儿童图书质量专项检查中,不合格率达11.9%;2006年全国教辅质量专项检查中,不合格率达8.1%……近年来,虽在编校质量和装帧质量上有了很大进步,但内容质量上的粗制滥造、东拼西凑现象仍然存在。虽然,在改革促进图书市场发展和繁荣的滔滔洪流中,这些现象只是支流,但此隐患不除,必将引发出版业的信任危机,造成全民阅读水平的下滑。如何提高图书质量,出好书,创品牌,同时又能创造良好的经济效益,在市场竞争中立于不败之地？这是每一位出版从业人员都应深思的问题。

一、要充分认识图书质量和经济效益的关系

(一)图书质量是出版行业赖以生存的基础,是经济效益的有效保证

图书是一种特殊的文化商品。从古至今,书籍就被认为是人类进步的阶梯,是社会进步和民族素质提高的重要推动力,是人们渴求的精神食粮。虽然经济效益是考核商品营销成败的核心指标,但社会效益才是评价图书质量的准确性标准。

优质图书是指内容高尚、编校细致、装帧精美、市场覆盖率高、销售时间长的图书。这样的图书,具有良好的社会效益,满足人们的阅读需求,能提升大众的阅读品味,为出版者赢得市场口碑,吸引一批忠诚而具有稳定购买力的读者群,同时也为出版者带来长期稳定的经济效益。商业研究表明:固定消费者数目每增长5%,企业利润就会增加25%。正如管理思想家汤姆·彼得斯所说:"质量等于利润。"所以,只有提高图书质量,才能有效促进经济效益的增长。同时,策划、编辑、营销俱佳的优质图书,会为出版社和编辑树立良好的社会形象,吸引来优秀的作者,这就增加了出版者的无形资产,丰富了出版资源,使出版发行进入良性循环。

(二)在图书市场已趋向成熟和理智的今天,图书质量成为出版业的核心竞争力

改革初期,图书市场一度比较混乱,由于经济指标的压力,一些出版社和编辑为了追求短期效益,或与书商合作、出卖书号,或迎合市场、盲目跟风,一大批内容、格调都不高的图书充斥市场,甚至出现"挂羊头卖狗肉"、生造图书经典性的伪书事件！这些缺乏生命力的"伪图书"在很短的时间内或许会畅销,但经不起读者和市场的检验,最终会伤害读者的感情,伤害出版者的声誉,也会为出版者带来重大的经济损失。

"吹尽黄沙始见金"。内容低俗、编校质量低劣的图书,即使包装得再精美,炒作

得再红火，也只是昙花一现。如前些年走红的"张悟本养生"系列图书，即使销量达到了100万册，一旦真相暴露，就沦为文字垃圾。

美国著名质量管理学家约瑟夫·朱兰博士说："20世纪是生产率的世纪，21世纪是质量的世纪。"如今，图书市场的竞争主要体现为品牌优势的竞争，即是图书质量的竞争。每个出版从业者都只有树立质量意识、品牌意识，重视提高图书的质量，立足长远发展，杜绝短视行为，才会开发出好的选题，打造出精品图书，才不会在激烈的市场竞争中被淘汰出局。

二、创造良好的效益离不开完善的质量管理

图书出版是一项系统工程，从提出选题，调查论证，编辑校对，设计装帧，排版印刷，到营销宣传，销售发行，环环相扣，任何一个环节出了差错，都会影响图书的质量，带来不可估量的损失。所以，图书质量的竞争，实际上也是出版者管理水平的竞争。

联想集团总裁兼CEO杨元庆说过："制定正确的战略固然重要，但更重要的是战略的执行。"要想提高图书质量，首先必须树立品牌战略的目标，构建品牌培育、建设、维护的质量系统工程，并且严格执行书稿编审流程的正规程序，实行每一环节的责任制，将管理落实到细节，才是有效的管理。

(一)根据自身的资源优势和人才结构优化选题结构，确定选题方向

通过市场分析、读者调查、市场反馈等手段，逐渐认知、沉淀、塑造出具有自身特色的图书品牌，并形成系列化、规模化。一旦确立了主攻方向，必须花时间精力去悉心培育，"十年磨一剑"塑造精品。在当今教育图书市场占据龙头地位的志鸿集团，成立于1995年，起步时只有三间房，三个人，但他们一开始就确定了自己管理的重点：树立精品意识，加强规范管理，做好售后服务。1997年成功推出《高考复习优化设计》丛书；1998年，"优化设计"丛书逐渐成熟，走向系列化；1999年底，经过三年的

积累、改进,"优化设计"系列丛书一举成为全国最知名的教育图书品牌之一。在此基础上,他们不断强化内部管理,强化品牌优势,依托品牌开发相关产品及配套服务。十几年后的今天,志鸿集团已经成长为集基础教育研究、图书策划发行、教育培训、教育信息化产品研发为一体的大型教育产业机构。美国出版家小赫伯特·S.贝利在《图书出版的艺术和科学》中指出:"出版社并不因它经营管理的才能出名,而是因它所出版的书出名。"图书品牌是出版者的地标,品牌培育是一个长期的艰辛的过程,要克服短期的市场行为,要不计较局部的得失,才能最终取胜。

(二)建立完善的图书质量保障机制并落到实处

出版业图书质量的管理具体体现在选题论证制度、书稿的三审责任制度、责任编辑制度、设计方案三级审查制度、"三校一读"制度上,这些固然是老生常谈,但当前很多出版单位并未严格执行,在急功近利、追求短期经济效益的行为面前,这些制度往往形同虚设。

2007年7月23日人民网《今传媒》登载了一篇《是谁颠覆了图书出版的三审制度》。文中深刻分析了当前市场经济形势下出版社在观念、管理上存在的弊端,一针见血地指出:一哄而起的"事业部制"的理念,淡化了编辑的精品策划意识;合作出版和变相买卖书号,削弱了出版社对书稿编辑过程的管理;重复出版和跟风克隆,使编辑审读过程中只注重形式而不强调内容;松散的编辑管理制度,使编辑的审稿意识淡薄;对审稿资质的认定不够严格,对编辑队伍的建设不够完善。这五种因素导致三审制度流于形式化,是造成图书质量下滑的关键所在。

这篇文章切中了目前出版管理中的要害,指出要想抓管理、出效益,提高图书质量,还得从认真落实书稿的三审责任制入手。建立编辑持证上岗制度;对编辑进行专业分工;对于学术性较强的书稿,要请外聘专家进行质量把关;严格执行书稿三审制度和正规的编校流程;建立印前审读制度;完善编校质量考核制度。

(三)注重人才的可持续性发展,培养优质的作者队伍和编辑团队

管理的竞争,实际上就是人才的竞争。"人才是利润最高的商品,能够经营管理

好人才的企业才是最终的大赢家。"

在出版资源中,最珍贵的就是作者资源。一部好的图书,应该具有深刻的人文关怀和思想学术价值,内容充实,视角独到。作者是真的有话可说、有感而发,而不是码字为生或写字自娱。寻找到优秀的作者,图书的质量就有了保证,编辑不但要善于与学术界的专家、社会上的名人打交道,积累优良的作者资源,还要独具慧眼,善于发现、培养、包装一些虽默默无闻但潜心写作,具有独立思想和真知灼见的人才,进行作者队伍的建设。

编辑人才是出版社可持续发展的重要资源。拥有一支关注社会、关注行业动态、思维敏捷、善于沟通合作,具有创新精神又能埋头苦干的编辑队伍,是保证图书整体质量的关键。出版社要重视对编辑职业素养和业务素质的培训,建立编辑人才培养机制。通过岗前技能培养、知识体系更新、学术交流、激励机制等手段,使编辑不断提高业务素质,并保持高度的职业敏感和创造的热情。如定期举办编辑业务交流会和业务技能比赛,鼓励编辑利用业余时间去学习深造,多让编辑参加行业的学术研讨会等,还可利用互联网和内网进行继续教育和职业培训。

三、编辑应努力提升自己的职业道德和职业素养,视图书质量为自己的职业生命

(一)树立正确的价值观和责任感

书籍是传承人类文明的重要载体,作为这一精神产品的设计者、加工者,编辑要有一种职业自豪感和神圣的使命感。图书编辑不仅是为稻粱谋的一份职业,更承担着一份社会责任。出版具有文化含量、具有精神价值的好书才是每一位编辑的价值取向。

编辑从来都是一份默默无闻的职业,"为他人作嫁衣裳",甘于人后,不立人前。但人类文明史上那些传世之作,无不凝聚着编辑者的人文思想和社会责任感。中国古代第一位编辑家孔子,他的重要编辑思想就是"书其重者""垂世立教",即选择重要的、有思想价值的学术著作进行编辑整理,使古代的著作能够问世传世,为世人垂

范,为社会立教。纵观古代的编辑大家,司马迁、班固、冯梦龙,无不以传播思想、传承文明为己任。具有社会责任感,就不会出现像"张悟本事件"那样伪造作者身份,误导读者,造成社会危害的重大图书质量事故。

在市场经济时代,每一位编辑身上都压着沉甸甸的经济指标的担子。压力面前,编辑应该保持清醒的头脑,要树立出版的生态观,注重书籍的可持续性发展,不要在短期的利益前面迷失了方向。

(二)加强业务学习,提高职业素养

编辑的职业素养和图书的质量息息相关。编辑要既是专家,又是杂家;既要能静心于案头文字,又要能胸怀天下;既要能"修路补桥",更要能"引航导向"。而编辑学是一门广博而精深的学问,需要终身学习。

前些年曾经出现过一本图书引发民族骚乱的事件。究其原因,其中重要的一点就是责任编辑缺乏民族宗教的知识,在书籍中出现了伤害少数民族感情的字眼。教训非常深刻。所以编辑要注重自身的学习,丰富提升自己的知识体系。

在当今的全媒体时代,对编辑的要求就更高了。除了专业知识,还要有营销策划能力、人际交往能力、法律知识、电脑技术、网络知识等等。所以,仅仅靠在学校所学的那点知识是远远不够用的。现代编辑不仅要钻研出版业务、了解最新行业规范,更要不断地拓宽和更新自己的知识体系,以应对图书品种开发的多样化;还要随时关注国内外学术界、文艺界的动态,利用电脑和网络,扩充自己的信息量;平时多写文章多练笔,不断提高自己的文字水平。

(三)严格自律,加强职业道德的修炼

作为一名合格的图书编辑,既要关注社会、充满激情,身居斗室而知天下事,又要能耐得住寂寞,能潜心案头工作,更要有一种职业操守,有良好的服务意识和把关意识,视图书质量为自己的职业生命。

首先是在图书的选题内容上严格把关,善于去伪存真,不迎合,不媚俗,对读者负责;其次在编辑程序上严格遵守正常的编校流程,对书稿精雕细琢,务实求真,对

书稿负责;同时还要注重与作者的交流,做好售后的市场调查,并促成作者和读者的沟通,对作者负责。

在市场经济的形势下,企业的终极目标是追求利润的最大化。肩负着传承文明、提高全民文化素质重任的出版社,也需要追求最大的经济效益来促成自身的生存、发展、壮大,但经济效益要通过社会效益的实现才能长久稳定地获取。

关注图书质量,确保图书质量,用质量作为护航舰,出版业这艘巨舰才能在知识经济的时代浪潮中乘风破浪,扬帆远航!

参考文献

1. 是谁颠覆了图书出版的三审制度.赏书,海怡.今传媒.2007(7).
2. 古代文化名人的编辑思想与中华道统.龚鹏飞.常德师范学院学报(社会科学版),2003(1),第28卷第1期.

美术编辑的美学素养面面观

朱 江

美学素养是美术编辑必备的一种人文修养,也是一种必备的专业能力。而美术编辑的工作之于书籍,就是这方面素养与能力的一种具体体现。通过美术编辑,更好地挖掘书籍本身的美学价值,发挥好自己的美学知识结构,对于编辑出版一部好的书籍,其意义是不言而喻的。

黑格尔说过:"审美的感官需要美学的文化修养,借助这修养才能了解美,发现美,创造美。"[1]同样,美术编辑的工作也就是一个更好地挖掘美、创造美、传达美的过程。这首先需要的是美术编辑对自身审美能力的提高,在真、善、美审美观念的引导下,遵循审美需求的艺术规律,通过一个长期的过程来培养与提高自己的美学修养与能力。在这里,我们可以多学习,不断积累美学方面的知识,多在经典美术作品中去陶冶自己的审美情操。试着从画面呈现出的色彩、线条、构成等元素中去理解其传达出的精神情感与美的表达,从而获得精神上的启发与升华,达到提高自我思想情感与审美情操的目的。虽然社会在以惊人的速度飞速发展着,但对"美"的追求一直没有改变,净化心灵与美的享受,总是一直伴随着我们。美的艺术素养是心灵积累的感应,是美术编辑的职业生命之所在。

一部好的书籍出版物,应该是一部充满着美感之视觉形象艺术品的呈现。在这里,书籍的装帧设计显得至关重要,这是美术编辑必须参与和把好关的一个重要环节。是将思想和艺术、外观和内容、局部和整体、材料和工艺等有机构成的一种美的呈现。包括封面设计、正文设计、扉页设计和插图设计等。出版物经过不断的演变

---

[1] 黑格尔.美学[M].北京:北京大学出版社,2017.

发展,现在审美功能显得越来越重要。在这其中,丰富的艺术手段产生出了巨大的能量,诸如利用立体与平面的组合、视觉与感观的冲击,编排、色彩、材质与图形的有机构成等,无疑大大提高了出版物的品质。其艺术表达形式也不尽相同,有抽象、写意,也有写实,或者民族特色等。从而使得书籍设计既在表现形式上引人入胜、美观悦目,又与稿件的内容表达相统一,一脉相承。

艺术的创意乃书籍美学之本,这需要历经对原著的理解、构思、构图、编排、色彩、字体和材料等过程。不仅如此,现代出版物还需要提供一种更好的触觉、嗅觉等全新感官体验。我们可以通过运用各种元素在出版物中将艺术的理性、设计的感性、音乐的抽象性等自由、立体地融入其表现形式,使得书籍出版物化为一种具有灿烂艺术生命力的艺术作品,而绝非简单、无生命的图解或杂乱元素的堆砌。有了较好的创意构思,则需要将抽象的思维概念编辑转化成具体的视觉形象,通过文字、图形、色彩、材料等元素而实现,才能使得艺术语言更好地与出版物内涵相得益彰。出版物的成品书籍,其工艺外观的呈现往往都是方形六面体,材料的体现则更多以纸质为主。艺术形式的发展,使得书籍装帧设计工艺已经非常多元化。诸如通过对材料的折叠、烫制、切割、压模等手段,创造各种多面体的构成形式,这些常常需要打破传统书籍视觉艺术形态与平面艺术设计的范畴。当今的书籍出版物,一方面为读者提供一个文字的载体,传达书籍的内容;另一方面也以美化的形式,使读者在识别和阅读中得到美的享受。因此我们说,美术编辑的书籍装帧艺术价值是包含了实用价值与审美价值的综合因素的结果。

我们可以观察到,书籍是否具有形式美感,往往成为人们是否选择的重要因素。一部编辑装帧精美的书籍,会得到更多人的喜爱,从而被放在书架上永久珍藏。因此,书籍出版物传播的意义,已经不仅仅局限于书籍内容本身。随着社会的发展,应该是一种全新的视觉艺术语言的再创造。读者在获得出版物本身带来的信息传达同时,也获得一种相关联的美之视觉识别传达与享受,展示出现代出版物应有的一种品质。其广泛传播的美学价值与意义,亦显得越来越重要。

数字化编辑与出版是当今美术编辑应该掌握的现代化重要编辑方式。这是运用了计算机、网络、通信、流媒体、存储与显示等高新技术,融合并超越了传统美术编辑与出版而发展起来的出版物数字化。不仅包括了对传统纸质出版物的编辑与出版，亦包括电子出版、网络出版、APP出版等新兴编辑出版形式。

　　数字化技术迅猛发展与新媒体时代的不断拓展，也为美术编辑与出版带来了一系列新的方法与新的领域，从而扩宽了编辑思维、出版形式，提高了美术编辑与出版物输出的精准性、效率性，以及更多可能性与多样性。在这里，涉及美术编辑必不可少需要掌握的数字化美术编辑与出版的系统的技艺，包括了这样几个常用的美术编辑平台：首先是Adobe的Photoshop，这是一款出色的美术编辑与处理系统，其集编辑、修改、处理、制作、创意、输入与输出为一体[①]。此外，就是Adobe Illustrator，其特点是专业矢量化的美术编辑工具，具有强大编辑、出版、多媒体和在线功能[②]。而近几年发展起来InDesign，无疑也成为了当今美术编辑最重要的数字化编辑手段[③]，其定位乃针对专业的美术编辑与专业的出版领域，为美术编辑能够通过内置的创意工具和精准的排版控制，提供更加充满美感的出版物编辑多元化方案，同时，所见即所得的手段，亦是极大提高了美术编辑工作效率的一种崭新方式。

　　美术编辑是书籍出版物之美的编辑者、创造者与管理者，亦是通过其所创造的更有品质的书籍之美，而成为美的传播者。这也正是我们每一位美术编辑的使命与责任之所在。

---

① 冯哲，施华锋，等. Photoshop标准教程[M]. 北京：清华大学出版社，2009.
② 赵勤，邓哲林. Adobe Illustrator图形设计[M]. 南京：南京大学出版社，2015.
③ 张春燕，等. InDesign CS5教程[M]. 武汉：华中科技大学出版社，2012.

基于新媒体背景下图书编辑的传承与转型研究

李 梅

一、新媒体概述

对新媒体的理解可从两方面厘清：媒体与媒介、新与旧。第一组关系界定了内容，第二组关系划分了范围。首先，媒体与媒介分别对应Media与Medium。前者是具象化的实物，后者是抽象化的介质。其次，新与旧的分野在于是否数字化。我们熟知的门户网站、微博微信等均属于新媒体的范畴（本文所述的新媒体除了媒体本身之外，还涉及与之相关的技术概念）。

所谓的新媒体，指的是在新技术支撑体系下出现的媒体形态，如数字杂志、数字报纸、网络、数字电影等。与传统媒体相比，新媒体具备以下几个方面的特点：(1)数字化。新媒体中对信息化、网络等先进技术进行了应用，通过这些技术，将传统文字、图片形式的文章，变为了视频、音频等多种形式，并通过电脑、移动设备，将其传递给人们，使得人们可以对数字化文章进行阅读[1]。(2)互动化。通过新媒体发布文章，可以有效拉近作者与受众之间的联系，一方面，受众可以根据自己的阅读体验，向作者提出一些建议，以使作者能够提升写作水平；另一方面，受众还可以向作者进

---

[1] 余静宜.新媒体冲击下图书编辑转型路向研究[J].中国传媒科技,2017(9).

行提问,以准确了解文章的本质。(3)便捷化。任何时间任何地点,只要有网络存在,即可对文章进行阅读。

二、基于新媒体背景下图书编辑的能力要求

(一)选题能力

当前新媒体背景下,受众的思维方式出现了较大的变化,不再是被动地接受媒体传递的信息,而是利用网络、计算机等数字化渠道,主动获取各方面信息。相对于传统媒体当中的信息,这种方式主动获取的信息缺乏完整性,大部分以碎片的形式出现[1]。此外,对于受众来说,他们不仅仅是信息的获取者,同时还是信息的发布者,所以,想要更好地吸引受众的目光,就需要图书编辑具备更加良好的选题能力。

(二)编辑能力

当前新媒体背景下,虽然大多数文章内容依然是以文字与图片为主,但以视频、音频等内容为主的文章逐渐增加,所以,对于现代图书编辑来说,应在文字编辑的基础上,具备视频、音频的编辑能力,只有这样,才会创作出更符合时代要求的作品。

(三)资源整合能力

随着互联网、信息化技术的应用,社会步入了大数据时代。而大数据时代具备了价值密度低的特点,即大多数数据为无用数据,而有用的数据只占少部分。但正是这些少部分有用的数据,才会为各领域的发展提供帮助[2]。所以,图书编辑应具备更加良好的资源整合能力,可以在庞大的数据群内,寻找出对编辑工作有用的数据,只有这样,才会使编辑出来的图书蕴含更多良好的内容。

---

[1] 孔昂.新媒体环境下电视编辑的角色转型与功能扩展[J].传播力研究,2017(9):104.
[2] 张慧.浅析新媒体环境下报纸编辑的转型问题[J].新闻研究导刊,2018(1).

(四)营销能力

随着新媒体时代的到来,越来越多的人开始编写图书,整个市场内,图书规模变得非常庞大,导致受众很难从浩瀚的图书群当中寻找出自己所需要和喜爱的图书,从而降低了图书的吸引力度。所以,对于现代图书编辑来说,不仅需要加强编辑方面的能力,同时还应具备一定的营销能力,只有积极主动的营销,才会加强受众对图书的了解程度,让受众进而产生阅读欲望。

三、基于新媒体背景下图书编辑传承与转型

(一)传承中有所坚持

不论在什么背景下,出版宣传正确舆论导向的内涵是固定的,所以,对于图书编辑人员来说,应具备清醒的头脑,对编辑信息进行有效甄别,放弃其中落后的部分,继续坚持优秀的部分。一方面,图书编辑应以受众的要求为基础,编辑出更加优秀的作品,而非以利益为导向。另一方面,在图书编辑工作当中,存在特定的规律,图书编辑应加强对各个环节的分析,寻找出每个环节当中特有的工作规律,并在此规律的引导下,完成图书的编辑工作。所以,要成为一名各项能力都达到优秀的图书编辑,要主动学习,大量阅读,并详细对社会与生活进行观察,只有这样,编辑出来的图书,才会更加吸引受众的目光[1]。此外,图书编辑还应尊重受众,与其构建良好的关系,使得编辑与受众能够有效利用新媒体进行交流,从而加强了解受众对图书的需求情况,进一步为图书的编辑奠定良好的基础。

(二)变革中有所改变

新媒体背景下的编辑,需要面对新的形式,并受到新技术的挑战,这些都对编辑人员提出了更高的要求,若想要符合当代图书编辑的要求,就要对自己重新进行定

---

[1] 石更新.新媒体环境下图书编辑如何做好大众引导[J].新媒体研究,2017(3).

位,不断进行转型,从以往单纯的编辑,成为全能编辑。具体来说,可以从以下三个方面着手:一是由案头编辑,转变为策划、营销编辑。以往的图书编辑,主要以编辑文字为主,不涉及营销。而新媒体的出现,需要图书编辑具备一定的营销能力,所以,图书编辑在日常生活与工作当中,可加强对包装、销售、售后服务等方面的学习,更好地将图书作品进行推广。二是由单一型编辑,转变为多功能型编辑。对于图书编辑来说,通常都有各自擅长的领域,针对其所掌握的学术知识,可以将其划分成自然科学编辑、文史编辑等。而在新媒体背景下,受众对图书内容提出了更高的要求,若编辑出来的图书依然只涉及一个领域,则很难对受众产生较高的吸引力[1]。所以,图书编辑还要加强对其他方面知识的学习,不断拓展自身的知识层面。三是以书稿本身为中心,转变成以受众需要为中心。图书的编辑与出版,主要是为受众提供知识和服务,而现代受众由于获取信息的渠道非常多,提高了受众对图书所含信息的要求,进一步对图书的筛选提出了更高的要求。所以,图书编辑还要从受众的角度出发,了解受众对图书的需求,只有这样,才能编写出受众喜欢的图书。

(三)发展中有所提升

现代图书编辑想要在新媒体背景下有更好发展,必须要有所提升。而想要达到这一目的,则要在错综复杂的新媒体时代当中,树立以下三种意识。一是主动意识。图书编辑要能够在社会快速发展过程中,主动获取各方面信息,主动学习各方面知识,主动对受众的需求进行了解,主动拉近与受众的关系,只有这样,才会使图书内容更加丰富,符合现代受众的需求。二是公共意识。从网络具有的公开性特点来说,任何一个人员,均可以在网络当中发布信息,网络已经成为了人们交流的主要平台。而图书编辑具有社会效益的职责,往往需要对社会舆论进行正确引导,所以,图书编辑还要养成一定的公共意识,不能受到他人语言的影响,或者因自身的情绪,发布一些负面或不好的信息。三是互联网意识。由于传统纸质图书不易保管,使得现在很多读者在阅读图书时,喜欢通过互联网当中的各类软件进行阅读。所以,作为新媒体背景下的图书编辑,应提升自身对互联网技术的掌握情况,能够在编写、推广

---

[1] 符玉亭.新媒体时代图书编辑创新能力的培养和提升[J].新闻研究导刊,2016(22).

以及营销当中,积极主动采用互联网技术。

总结

综上所述,新媒体作为信息化技术、网络技术等多技术的融合体,不仅推动了我国媒体行业的发展,而且还从选题、编辑、资源整合、营销等方面出发,对图书编辑提出了更高的要求。所以,图书编辑想要在新媒体时代下有更好的发展,必须要在传承中有所坚持,变革中有所改变,发展中有所提升,只有这样,才会编辑出内容丰富,并符合受众喜欢的图书。

出版与教育共助人的自由而全面发展

范卿泽

70年前，出版总署在西南地区埋下了一粒出版的新种子；70年后的今天，这粒种子已长成参天大树，撑起西南地区出版事业的一片天。从西南人民出版社的组建，到重庆出版社的转制与转型，再到如今重庆出版集团的蓬勃发展，重庆出版社始终坚持党的领导和社会主义出版方向，为社会提供了数十亿册计的健康有益的图书和教材。在重庆出版社成立70周年暨重庆出版集团成立15周年之际，谨送上最真诚的感谢和祝福。此外，作为一名教育工作者，也想谈一谈自己对出版与教育的看法。

无论古今，无论中外，出版与教育均有着不解之缘。从寻史问迹的角度来看，出版与教育有着同根同源的密切联系。语言文字的发明与广泛使用是出版与教育事业得以发展的基本前提；古代人民对知识传播、思想交流、信息传递的需求是出版与教育事业得以发展的直接动力。从两者的辩证关系来看，出版与教育的发展具有相互促进的作用，且均依赖于社会文化的发展。出版社既是文化、宣传机构，也是重要的社会教育机构，出版业的发展为教育事业提供了众多高质量的知识载体；而教育事业的发展为扩大出版物市场需求、培养出版专业人才等作出了一定的贡献。从发展的深层目标来看，出版与教育事业的发展最终均指向人的素养提升，指向人类文化的传承和社会文化的繁荣昌盛。从出版活动的传播功能来看，当我们传播信息时，我们其实就是在从事学习或教育活动；而当我们学习或教育时，我们其实也是在进行信息传播……可见，教育与出版这两项人类活动自出现之始便没有较为清晰的界限，虽然后来在社会分工的条件下各自发展出了一套成熟的体制，但是在信息社会到来后,它们又将殊途同归,共同为人的自由而全面的发展、为人类文化的传承和文明的进步助力。

综观我国近现代的优秀出版人,其出版活动大多与教育有着密切的联系。中华书局的创办人陆费逵在其近四十年的出版生涯中,曾出任《教育杂志》主编,刊行《中华教育界》,出版教科书、教育图书等,充分显示其竭力沟通教育与出版、以出版促进教育的作为以及关于近代中国教育变革的思考;曾主持商务印书馆的张元济积极促进出版活动以扶助教育,和蔡元培一起创办《外交报》以进行国民意识教育,此外他还致力于编写出版新式教科书,传播教育新理念,引领近代教育思潮;"优秀的语言艺术家"叶圣陶先后出任教育部副部长、人民教育出版社社长和总编,在出版领域提倡使用白话文,极大地方便了记者和读者的阅读,其深刻的教育思想更是对中国特色现代教育理论作出了独创性、系统性的重要贡献……他们既是优秀的出版家,也是杰出的教育家。

当然,出版与教育最直接的关系无论是在近现代还是当代,均体现为"教育出版"。从传统意义上看,教育出版是指一切与学习、教育和培训有关的出版活动,主要表现为教材出版与教辅出版两种形式。它在过去是以出版的重要组成部分的名义而存在。然而,在提倡全民阅读、全民学习、终身学习,建设人人皆学、处处能学、时时可学的学习型社会的当下,教育出版越来越接近成为出版的全部,因为当代社会和广大民众对出版物的要求除了具有科学性、文化性、艺术性等之外,还需要其具有教育性,主要表现为引导读者形成正确"三观"、提供读者所需要的各方面知识、提升读者的文化素养等。因此,出版业已经越来越无法脱离对教育的服务而单独存在。这也从侧面印证了出版与教育的"殊途同归"这一向好的趋势。

据了解,重庆出版集团这些年来,在教育出版方面取得了丰富的成果,其"基于重庆本地特色和过往的出版资源优势,将内容建设聚焦于文化与教育行业,精耕细作,通过全方位、多层次的内容生产体系,持续赋能产品,形成了较为成熟的'文化内容线'和'教育内容线'"。不仅在科学、文化、艺术等方面出版了众多优秀的作品,为提高国民素质与精神文化水平作出了重要的贡献;在出版教材教辅类资料、教育理论与实践成果等方面也获得了累累硕果,为本地乃至全国各阶段学校教育贡献了重要的力量。重庆出版集团与重庆市教育科学研究院的持续性深度合作,为重庆本地的教育宣传、教师发展等创造了优良的平台,进一步体现出集团的社会担当和教育担当。相信在未来,重庆出版集团将进一步深入教育领域,进一步深化教育合作,出版更多的优秀出版物,为教育和社会发展作出更大的贡献。

最后,再一次祝贺重庆出版社七十华诞!

浅谈方志编修工作中的组织与管理

黄玉华

如何在保证志书质量的前提下提高效率、加快进度、缩短周期,是修志工作者特别是管理者要经常思考的问题。要有效解决这问题,就必须从行政事务管理、编修实施步骤、编纂劳动的使用和管理等方面给以科学的解决,同时提高思想素质和业务技能水平,实现修志手段现代化,促进方志事业良性循环。

如何在保证质量的前提下提高效率,加快进度,缩短成书周期,这是我们修志工作者尤其是管理者(主任或主编)经常思考的问题。要有效地解决这个问题,需要各级党委政府及有关部门尽快落实"一纳入""五到位";需要社会各界大力支持与协助,共同创造一个良好的外部工作环境;需要修志工作者努力修炼政治思想和业务技能;更需要我们的管理者们不断提高组织管理水平,合理有效地管理行政事务和修志业务,特别是要恰当地使用和管理编纂劳动,充分调动修志人员的工作积极性,尽其所能地发挥创造性,不断提高志书的学术品位和修志工作效率,以达到圆满完成续修任务的目的"[1]。为此,笔者对编修工作的组织和管理问题略作探讨,敬请各位同仁教正。

一、志书编纂中行政事务管理的内容与重要性

方志办公室的行政事务,无非是些为编纂业务提供保障条件的服务性工作:主

---

[1] 巴蜀史志.1993(4):10—17,32—35.

要内容概括起来为三个方面,即人、钱(物)、关系。说具体点就是选用人和管理人;要钱找钱花钱和协调改善工作与人际关系;目的要求就是保障修志工作得以顺利进行,促进方志事业良性循环。

如何选用和管理人,首届修志的成功经验告诉我们:首先是要通选既懂行政管理,又热爱和熟悉文史工作,且具有过硬思想作风和业务技能的人为管理人员和业务骨干,形成强有力的班子,充分信任和鼓励他们大胆管理。同时,注重对职工的思想道德和政治觉悟教育,调动关键性群体的工作积极性,不断改善单位工作面貌,提高管理水平,建立和维护行政领导的权威。其次是推行常规管理,将一些动态的日常行政事务静态化,形成科学、严格的规章制度,用制度管人①,根据政府制定的目标管理办法,实行年度目标分级管理,建立和完善岗位目标责任制,责任到人,定期检查,量化考评,奖惩兑现,要使整个工作实现制度化、规范化、高效率;再次要关心和改善职工生活福利待遇,切实帮助解决职工后顾之忧,诸如职务职称的晋升、住房、调资、子女就学就业、夫妻两地分居等等,正如四川省志编委会所总结的:"选好当家人,用活一班人,管理制度化,关心自己人,是管理工作上台阶,业务工作出效益的精髓所在"②。

行政管理工作要特别解决好经费的问题。修志是政府行为,但地方政府财力有限,方志办公室为推动修志工作,不妨"背靠政府尽管开口,面对市场尽量伸手"。向政府要钱的渠道不是单一的,既要争取年初"打入财政预算盘子",也可以向计委申请社会统筹协调基金,还可向科委等部门申请课题经费等等。到市场去找钱的门路有的是,诸如编年鉴、办期刊、编其他地情资料书(信息大全、景观概览、工商指南等等),这些都是可以向有关部门和企事业单位乃至个人组织到一些广告、协办以及赞助经费的。值得注意的是,创收工作要"处理好主业与副业的关系"③,创收经费一定要用在服务于"主业"的最关键的地方,诸如改善修志工作条件和职工的经济待遇,而且还要做到公开、公平,合理分配,不搞违规操作,更不能让少数人巧立名目,肆意挥霍或卷而怀之。

---

① 肖宗六.学校管理学.人民教育出版社,1988.
② 四川省地方志编纂委员会.出实绩,出效益,促进方志事业良性循环.中国地方志,1999(1).
③ 巴蜀史志.1993(4):10—17,32—35.

至于协调和改善关系,就是要求管理班子深入编纂工作第一线,指导、督促解决工作中迫切的困难;与各级地方志机构密切接触,沟通上下级和其他部门的联系,改善工作关系,增进和联络感情,妥善处理单位与职工之间、职工与职工之间的工作和利益关系,使之形成一个宽松和谐的人际环境,从而促进业务工作顺利开展。

二、编修实施步骤的策划

我们知道,修志是一项规模庞大的系统文化工程,是不可能一蹴而就的,必须有计划地分步实施,且要求步步落实。从首届修志过程看,主要经历了拟定编纂方案、搜集整理资料、调查采访、研究地情、编制资料长编、编写部门志稿和分志初稿、总纂初译、复审修改、终审定稿、发排校对付印等程序,研究地情、考订史实几乎贯穿编纂的整个过程。这是一个较为漫长而繁复,同时也具有伸缩性的过程。这些不同的工序,在具体操作时可以统筹安排,穿插进行,除个别步骤在时间的安排和处理上可以整合外,一般是不能回避舍弃的,否则将会直接影响到志稿的质量或工作的进度。

在这方面,首届修志中是有经验可资借鉴的。例如,巫溪县志办公室曾在编纂《巫溪县志》时,就采取了"先抢后磨,一鼓作气"的策略。所谓"先抢后磨,一鼓作气",就是在资料搜集得差不多时,集中人力和时间,抢编部门志、分志初稿和总纂初审稿(征求意见稿),反复琢磨修改总纂送审稿和送出版社发排付印的定稿,中途不休假、不换人,特别是不换主编(哪怕已到退休年龄也继续留用)。具体操作办法及过程:由县委政府(即县志编委会)责成各部委局办在一年之内写出部门志稿和分志初稿,编写人员由部门自己挑选,县志办公室负责业务培训和指导,实行目标责任制管理,县志编委会组织专人进行审查验收、考核奖惩。一年之后,基本完成任务。接着县志办公室采用抽调与聘请相结合的办法,组建了一个10余人的总纂班子,一面进行总纂初审,一面帮助个别进度滞后的部门完成部门志和分志初稿编写任务。10个月时间便抢出一部约140万字的巫溪县志征求意见稿,并于当年送交原万县地区地方志编委会主持召开的全区修志系统志稿评审会进行评审。之后总纂班子的原班人马立即投入复审修改,花了近一年时间,对评审会及社会各方面反馈的数千条意见和建议,逐一进行了分析研究和加工处理。形成约100万字的送审稿,同时送区志编委会、省志编委会和出版社审查验收,然后将三方的修改意见进行综合处理,在得到地区行署同意交付出版的批文后,才与出版社正式签订出版合同。为保证出版质量,县志办还参与整个校对过程。这个过程又经历了一年多时间。这几抢几磨共花了四年多,加上此前的修志人员培训、资料搜集整理、调查采访所花的五年多,刚好是十年修一志①。《巫溪县志》曾于1993年荣获全国首届地方志优秀成果二等奖,其做法有可借鉴之处。

作为续志,只要"一纳入""五到位"落实得好,组织管理得当,是不需要那么长时间的。

三、编纂劳动的使用和管理

首届修志过程中,编纂业务管理上存在不少问题。诸如:

(一)编纂劳动超负荷

编纂人员承担的志稿编纂任务超过了修志人员正常负载的承受能力,具体表现为三种情形:一是志稿内容面宽量大、时间久远、关系复杂而且敏感度高,编纂体系庞大,思想性、资料性、科学性以及语言文风等方面的要求高,需要编纂人员付出的劳动量大;二是政府要求出书急,时间紧,编纂劳动的时间过短;三是参与编纂的人手过少,大量的编纂劳动任务仅由少数几个人甚至主编一人承担。这就导致编纂人员承担的志稿工作量大大超过了编纂志稿客观上所需的必要劳动时间量。劳动量超负荷,这就迫使我们的修志人员为按时完成所承担的任务而不得不采取减少编纂(著述)劳动含量和减少必要劳动时间的下策,这种现象在我们首届修志过程中较普遍。笔者就曾在事先没有经过专门的修志理论培训和实践锻炼的情况下,仅凭对文

---

① 巴蜀史志.1993(4):10—17,32—35.

史工作的热爱和自身的一点文字功底,便开始从事分志初稿的编写和总纂工作。在县志主编及其他行家里手的指导和帮助下,自己以数倍于人的时间和精力边学边干边提高,既学修志理论又学操作技能,还要调查研究县情,经三年拼搏(经常是日夜奋战)如期完成了主编分配的自然地理、人口、农业等7卷分志约20万字(约占整部县志出版字数的1/5)的初稿编写、总纂初审、复审、终审修改以及出版校对任务。然而,甘苦我心知,那极度的超负荷编纂工作对志书质量的影响,特别是对身体和精力的过度消耗,令我终生难忘。我们的主编汤绪泽先生更是累得大病一场,差点步了燕居谦的后尘。另有一方志办公室,由于受到行政体制调整的影响,被迫在一年之内仓促上马编纂出版了一部数十万字的区志(建区时间只有五年),其速度可谓创了政府修志之最快,但因琢磨修改的功夫不到位,质量自然就不可避免地大打折扣了。

(二)编纂劳动技能和价值的错位

修志人员的专业知识、业务能力及其自身价值因使用不到位而未得到应有的发挥和展现。参加首届修志的人,大多是半路出家,有的是宣传、新闻、文化部门的干部,有的是机关的文秘人员,有的是教师,编辑出版专业人员极少,而且许多人是学非所用,或弃其长而用其短。例如,学文史的要去编纂经济类志稿,学师范的要去编纂党政类志稿。这种专业知识和业务技能在使用上的明显错位,导致志稿的编审不是走过场、流于形式,就是外行修改内行的稿件,将对的改错,贻笑大方。另有一些主编,图轻松洒脱,把志稿最重要的"一笔杀青"工作推诿给助手或编纂人员代行,过上一年半载,便直催出书。如此修志,差错和问题岂能避免。又如方志编纂劳动的简单化和逆向使用,将复杂的资料性著述变为简单的资料汇编,还美其名曰"纂辑体"编修法。一些方志办公室因编纂人员少而无明确分工,身为总纂责任人之一,却要大量地去干一些行政事务性工作,致使骨干编纂人员无暇顾及志稿的创造性编审加工而变相地充当了一个工作相对单一化的校对乃至编务。编纂劳动简单化和技能上的错位,实际上贬低了编纂者的价值,抹杀了他们的学术创造性,造成了编纂劳动的损失和浪费,最终无疑贬低或影响志书的质量,同时也降低了修志工作效率。

(三)对编纂劳动监管无序

在对编纂劳动的使用和管理上,缺乏较科学的管理制度和监督制约机制,造成对方志编纂劳动使用和管理的混乱。例如:有的方志办公室在组织编写部门志和分志初稿时,实行"全承包",即将某部门的部门志稿和分志稿一次性承包给某一个或几个修志人员,在规定的时间交稿后便可领取一定数量的酬金。初看起来,这种办法似乎合情合理,然而在具体操作中则被人钻了空子。从搜集整理资料到编写成部门志稿和分志初稿,那么多的工作步骤和加倍的工作量,使修志人员有心无力,无暇步步到位,件件落实,更无暇在编写中字斟句酌,不得不大量压缩志稿所需的必要劳动时间,以求早日交卷后领取高额酬金。这种对编纂劳动的使用和管理采取的所谓"放开搞活"做法,不仅淡化了修志工作者的政治意识和历史责任感,造成漠视志稿质量,对修志工作敷衍、草率、不负责任等不应有的倾向,同时还给某些唯利是图者造成可乘之机。他们在"承包"的幌子下,为牟取暴利而不惜捏造事实和数据,以歪曲事物发展的本来面目来杜撰志稿,以请客送礼拉关系乃至恐吓要挟等卑劣手段来对付审稿人员,以求验收过关。从而严重破坏了修志工作的正常运行机制,并在客观上造成了劳酬利益新的分配不公。

(四)编纂劳酬量度失衡,激励机制不灵

按劳分配上的名实不符所造成的编纂劳动和其实际报酬的反差,由此导致对方志编纂者工作积极性的伤害以及对编纂劳动和志稿质量的严重损害。例如:由于片面追求经济效益而轻编纂(著述)、重经营(拉广告、赞助和书刊发行等),错误地认为修志人员的伏案劳动不能带来经济效益,是单位的负担,方志办公室要生存发展全靠经营,修志只是作为单位存在的一种幌子,从而制定出以拉广告赞助和书刊发行为准绳、酬劳筹码向经营倾斜的分配方案,造成两类工种收入的极大反差。更有谬者,有的方志办公室以出书为名,行敛财之实,鼓励个人不择手段地拉广告、赞助,从中高额提成。这种名实相悖的"按劳分配",不仅使一些本不安心修志工作的人投机取巧、唯利是图、不务正业、弃志从经,以少于修志人员数倍甚至数十倍的劳动付出

却获得了数倍于修志人员的报酬,诱使一些原本有较强事业心和责任感的修志工作者,也不得不照着做,或粗制滥造,或弃志从经,唯钱是编,无利不纂。长此以往,难道不会使激励机制逆向运转而产生损毁修志队伍形象和阻碍修志事业发展的严重后果吗?

形成上述问题的原因固然很多,有不少还是复杂的深层次的,需要作多方面的探讨。其中一个重要的原因,就是我们的管理者没有明确认识到编纂劳动的特殊性。从编辑理论上讲,方志编纂劳动与一般的图书编辑劳动一样,都是用"创造性的智力劳动构建出精神、文化产品所具有的社会价值意义"[①],具有劳动运作的个体性、劳动投入的可伸缩性、劳动对精神文化产品的价值创造性,以及政治倾向性、群体协作性、复杂程序性等特点,除此之外,它还具有地情研究性和资料著述性等。这些都在一定程度上反映了地方志编纂劳动的特殊规律。对编纂劳动的使用和管理之所以会出现上述问题,很大程度上是因为我们有些管理者自觉不自觉地忽视和违背了这种特殊规律。

那么,怎样才能在续修中避免上述问题的重现,做到合理有效地管理和使用编纂劳动呢? 一句话,就是遵循规律。这就要求我们的主任、主编们,在管理编纂业务时,应切合实际地、全面综合而有序地做到以下几点:

第一,额定劳动负荷量时要适度。

修志人员所承担的工作量应同其所需的必要劳动时间大体相当。由于在实际管理过程中,各个编纂人员的文化知识程度、劳动技能和精力等都有一定的差别,各项事业的历史与现状以及发展过程有简单有复杂,资料的搜集和史料的考证有难有易。因而,编纂劳动负荷量的适度性应是:在现有技术水平及一定规范标准和质量要求的条件下,一个编辑编纂一定量的志稿的平均需要耗费的劳动时间和精力。倘若以一年为时间单位计算,那就是一年中扣除非编纂劳动时间(学习培训时间、外出从事修志以外的活动、节假日等)后的一定时日内一般所能编案的质量合格的志稿量。这样就基本可以防止滥用编纂劳动力和漠视志书质量的现象发生,不但能敦促

---

① 编辑学刊.1997(6):23—27.

修志工作进度,而且还可以估量、预测志书的质量状况,便于进行抽检监督。大凡一个编纂劳动超负荷较突出的方志办公室,其志书(包括年鉴、期刊以及其他地情资料书)的质量是经不住检查的。

第二,加强常规管理,做到监管有序。

方志编纂劳动不但是一种具有个体运作的独立性劳动,而且也是一种分工协作的群体性劳动。因而必须通过具有互相衔接、互相联系所规定的先后步骤来完成其全过程,并且这一过程具有连续性、阶段性,在每个环节上对编纂劳动对象有一定标准的规范要求。任何一个步骤和环节的延误,都会影响到下一步工作的进度与质量。例如:资料搜集整理工作不到位,就无法编制资料长编和研究地情,对地情不了解或了解不准不深,就无法写出合格的部门志或分志稿,总纂成书就更无从谈起。为此,就必须以一定的劳动制度和质量规范作保障,规范和约束编纂劳动过程,才能使志书少出差错,按预定的期限和质量要求完成编修任务。这就是方志编纂工作的常规管理。需要注意的是,在制定制度时,应力求合理,要充分考虑到方志编纂劳动的特殊性,要有利于编纂工作的顺利进行和质量的提高。比如"坐班制",就不宜在编纂室推行,它只适宜于行政机关和一些企事业单位的某些科室。这就是因为前面所谈到的方志编纂劳动具有个体性特征,若总是将他们集中在一起工作必定会影响其进度和质量。但编纂工作又具有一定的群体协作性特征,故又不能完全独立操作,要解决好这个矛盾,就需要建立一个新的秩序:首先是建立明确的编纂工作定额和岗位目标责任制(包括质量规范);其次是建立、健全完善的监察和考核制度,诸如编纂人员定期集中和轮流值班、工作计划定期申报以及相应的考核奖惩制度等[①]。不过在具体考评奖惩时,也应明确:功、过并非责编一人,因为一部志书的完成,要经过若干制作环节。只有职责分明,是非清楚,有凭有据,有理有度,赏罚才能正确、有力。这其中,就需要切实加强常规管理,做到监管有序。

---

① 编辑之友.1988(6):8—9.

第三,劳酬量度要客观、公正。

建议在处理编纂人员之间和单位内部其他劳动者之间的分配时,尽可能使劳动报酬的量度客观、公正,要尽量体现出简单劳动与复杂劳动、熟练劳动与非熟练劳动的差别。既要克服平均主义,也要防止以"砸烂大锅饭,拉大差距"为借口,以权谋私或造成其他不公现象。一方面要考虑到编纂劳动的复杂性和任务的艰巨性,在同等必要劳动时间内绝不能低于其他工种的劳动报酬,更不能简单地以职务(职称)的高低以及工龄长短来衡量贡献的多少,从而贬低编纂劳动的价值量;另一方面,也不能因为编纂劳动的复杂性而忽视了其他工种劳动效益的价值差别。在编纂劳动上,要做到劳酬量度公正,最根本的是要处理好劳动的质和量的关系。要在保证质量的前提下,考虑数量依据,并把二者辩证地结合起来,这样,才能做到劳酬量度的客观、公正。

第四,积极支持和组织修志人员的业务学习和培训。

方志编纂劳动是一种具有广泛的知识性、独特的专业性的高度复杂的脑力劳动。面对科技发展的日新月异,知识信息的爆炸增长以及市场经济优胜劣汰的严峻挑战,加之我们的修志工作组织形式也将逐步由过去的"众手修志"朝着"行家和专家修志"过渡,修志手段也将现代化,政府及社会对志书质量和成书速度均提出了更高的要求。这就不能不使我们深深地意识到提高修志本领的重要性,我们必须迅速提高自己的专业知识、思想素质和业务技能水平,不断开阔视野,拓展知识面,尽快实现修志手段的现代化。只有做到编学相长,才能保持与时代同步,才能修出良志,有为有位,促进修志事业良性循环。倘若志办一味急功近利,以广种薄收乃至放弃修志而专事经营活动来换取眼前的经济效益,置编纂学习于不顾,将修志工作者当作机器一样运转不停地超负荷使用,我们哪有足够的时间和能力去研究地情和方志编纂业务?哪能用高新技术手段编纂出高质量的志书呢?面对信息瞬息万变、竞争日趋激烈的新世纪,年纪一天天变大、知识一天天老化、业务水平天天下降的我们,怎能不感到一种"本领恐慌"[①]?支持学习培训的方式是多种多样的,既要鼓励自学,

---

① 王小平.本领恐慌[M].海南出版社,2000.

也要创造条件走出去,或以会代训、参观考察、离职学习、专题调研等等,只要能达到增长知识、开阔视野、提高业务水平的目的就行。同时,对于学习培训,单位也须考核,奖优罚劣、奖勤罚懒,只有这样方能收到实效。

春风化雨农家情

——《农家科技》服务读者侧记

刘早生

《农家科技》自创办以来,始终紧扣"科技是第一生产力"这一主题,服务"三农",想农民之所想,急农民之所急。2007年《农家科技》决定成立读者服务部,并为读者开通了免费热线电话,在杂志上新增服务型栏目"包打听"和"致富桥",发布读者疑难解答和供求信息。在杂志各大栏目头上把责任编辑的电话号码也印在上面,随时为读者提供咨询答复。

作为一名杂志编辑,在编稿的同时,我也结识了很多来自不同阶层的朋友,他们当中有来自新疆监狱想种羊肚菌的服刑人员,有身残志坚发明孵化器的残疾军人,有种植了大量草莓找不到销路的四川邻水农民,有想用业余时间养水蛭的重庆永川小学老师,有想引种青海高寒山羊的湖北襄樊山羊养殖大户……这些渴望知识和寻求帮助的读者,在《农家科技》读者服务部得到了我们热忱的接待。读者服务部就像是他们人生旅途中一间温暖的小屋,为他们解疑释惑、指引方向,帮他们向梦想之路迈进……

记得2016年3月一个周末,我准备吃中饭,四川达州读者王先生打我手机急促地说,他养的100多箱蜜蜂的幼虫在一批一批地死去,如果不及时治疗,今年可能就没收成了,所以打电话想问问有没有治疗方法。我安慰他别着急,这个要判断得的什么病才好对症下药。他于是给我说了蜜蜂患病的症状。我详细记录了下来,答应当天给他答复。我对蜜蜂方面的知识并不专业,只好匆匆赶到单位办公室,先是在资料室数据库查找是否在《农家科技》上发表过蜜蜂养殖方面的文章,接着在读者服务部专家顾问名单里查找蜜蜂养殖专家的名字,但最终都没有结果。怎么办?不可能一句"无法答复"就打发了读者。我想了想以前大学的老师,好像也没有这方面的专家。突然,我想起大学学《昆虫学》时,老师介绍过福建农林大学蜂学学院是全国最权威的蜜蜂研究机构。于是,我通过网络查到他们值班室的电话,几经周折,终于联系到一个研究蜜蜂病害防治的老师,并请教到治疗方法,及时反馈给读者,为读者解了燃眉之急,挽回了可能带来的巨大损失,我很有成就感。

小黄是山城众多棒棒中的一员,他生得精瘦,肤色黝黑,因为家里穷初中没上完就出来打工了。他喜欢读书,一次偶然在旧书摊买到本《农家科技》,他感觉里面的内容很亲切,很有用。他想回老家垫江发展农业,问我有什么建议。我说垫江那地方很适合柚子生长,可以试试现在培育出的一些最新品种,像红肉蜜柚、巨王蜜柚等。他居无定所,所以只能隔段时间来买《农家科技》,每次来他都要问我一些问题,慢慢地我们成了朋友。终于去年他回垫江老家了,包了几十亩山地,通过读者服务部的引介,购进了最优质的柚子苗,开始了他的柚子种植创业之路。

多年来,《农家科技》读者服务部几乎每隔几天就有一些在城市漂泊的农民工来坐坐,他们中的大多数曾经是我们的读者,现在在城市打工,浓浓的乡愁总是难以释怀,聊天中,得知他们还是想回农村发展。来和我们杂志社咨询,回去发展什么产业较好,有的来一次就要购买几本杂志和杂志社编辑的图书,因为他们都很忙,所以不能经常来。

我常常感动,一本小小的刊物能让他们在这浩大的城市找到一点归宿,成为彼此的知心朋友,燃起他们返乡创业的希望。

为了给读者提供最好的服务,仅靠我们几个《农家科技》工作人员是不够的,于是我们就想办法通过建立由众多的专家、学者、企业组成的咨询顾问团队,来解答读者的问题,满足读者的各种需求,这一尝试收到了良好的效果,也使读者服务部变得更加充满活力。家住沙坪坝回龙坝的周老师是袁隆平院士的同届同学,他七十多岁了,一生在基层从事农技推广、品种研发和实验,他从创刊开始就一直订阅《农家科技》到现在。他既是《农家科技》优秀的作者、忠实的读者,更是《农家科技》读者服务部的顾问。周老师把最新种植试验成果,通过读者服务部,让我们介绍给读者,进行大面积推广。比如泰国黑米、红米、野生葛的推广种植等等,使大批读者受益。

许多年下来,读者服务部的登记簿上写满全国各地读者的询问和我们详尽的解答情况,看着登记簿上密密麻麻的文字,心中顿感温暖,因为,这里面不仅倾注了我们的辛勤汗水,更融入了我们《农家科技》全体同仁洒遍大江南北的点点滴滴农家情。

编后记

两江潮涌,半岛风清,重庆,这座建筑在长江与嘉陵江交汇处的城市,境内巴山绵亘,渝水欢腾,孕育了英雄的人民,也孕育了源远流长的文化。此地民俗质直好义,土风敦厚,上古有民谣云:"川岩惟平,其稼多黍。旨酒嘉谷,可以养父;野惟阜丘,彼稷多有。嘉谷旨酒,可以养母。"既言地理物产,又语风俗民情,较好地总结了古代重庆的特色。进入近现代以来,重庆逐渐发展成为一座充满生机而又日新月异的现代化城市,巴渝文化、三峡文化、红岩文化、抗战文化、都市文化熔于一炉,铸就了祖国大西南一颗璀璨的明珠。

重庆出版社,就根植于这样一片积淀丰厚的文化土壤中。

重庆出版社的前身,是1950年组建的西南人民出版社,1980年恢复现名。2005年4月29日,经中国共产党中央委员会宣传部、新闻出版总署和中共重庆市委、重庆市人民政府批准,在原重庆出版社的基础上,组建重庆出版集团有限公司。

岁月峥嵘,随着伟大祖国的日益发展和强大,重庆出版人紧紧跟随祖国前进的步伐,走过了70年不平凡的岁月。

"书行天下,传承文明",是重庆出版集团秉持的理念。70年来,我们始终坚持党的领导和社会主义出版方向,始终坚持把社会效益放在首位,努力实现社会效益和经济效益相统一的原则,打造了极具影响力的"海淀教辅系列""反法西斯文学三大书系",以及"国外马克思主义和社会主义研究"丛书、《庞中华字帖》等一大批精品图书;设立了"科学学术著作出版基金""马克思主义中国化研究出版基金""巴山夜雨原创文学作品出版基金"等;策划推出了"中国抗日战争时期大后方文学书系"、《大足石刻全集》等一大批国家重点出版工程;策划出版了《冰与火之歌》、"重现经典"系列等一大批销量数十万到数百万册的畅销图书。

70年来,重庆出版社共出版发行图书数十亿册,获省部级以上奖项2000多个。《熊猫史诗》《忠诚与背叛》《重庆之眼》等40余种出版物获得国家级"三大奖"和"中国好书";《马·恩·列画传》《三体》等图书得到中央领导的充分肯定。

回顾我们走过的70年岁月,重庆出版人风雨同舟,开拓进取,把一个个坚实的脚印印在了祖国的大地之上。在重庆出版社即将迎来70华诞之际,我们组织了社内离退休老同志和在职中青年职工,以及与我们一起战斗过的作者、读者、媒体人、销售人员等,一起回溯我们曾经走过的风雨历程,一起展望我们美好明天的晴空彩虹。在我们前行的路上,我们揾过眼泪,淌过汗水,抛撒过欢笑,这一切,都化为了以上的一项项成果,如一片片青砖黛瓦,共同砌就了重庆出版社的辉煌大厦。

在我们组织的文章里,内容分为学术论文和历史回顾两大部分,分别编辑为《我们都是出版人》和《风雨兼程70年》两部书。

《我们都是出版人》,收录了近年来集团内部员工所撰写的学术论文40余篇,它反映了重庆出版人在出版领域中不断开拓发展,与时俱进,勇创佳绩。我们根据论文内容,共区分为4个版块:1.责任担当篇,论述了一个出版工作者应当肩负的社会责任和使命;2.融合发展篇,阐释了重庆出版人在时代发展的潮流中,与时俱进,将传统出版与数字化成果相结合,勇攀新高峰的创举;3.改革综合篇,总体性地回顾了70年来重庆出版社在各个历史阶段的改革发展战略问题,对建立现代企业制度、建立优秀职工之家等问题进行了探讨;4.编辑心得篇,论述了在编辑工作中的一些感悟与得失,以及一些思考。

《风雨兼程70年》,共收录了与重庆出版社一起风雨兼程的社内外人士的回忆文章百余篇,我们同舟共济,我们风雨同行,我们一起再创重庆出版社新的辉煌。根据文章的内容,我们也划分为4个版块:1.统筹篇,收录了出版社历届领导者的文章,他们从不同的角度,对不同时期的出版工作提出了明确的指导意见;2.书缘篇,由我社的作者撰写。作者是出版社生存的根本,他们与我们一起砥砺前行,为出版社的发展作出了不可磨灭的贡献;3.出版篇,主要由出版社内部职工撰写,他们分别回顾了不同时期出版工作的具体细节和对编辑工作的体验。本篇大体按事件发生的时代顺序来编排，但有些事件因为没有具体日期，所以只能是大概的时间次序；4.互动篇，由媒体人、销售人员、读者分别撰稿，共同划动我们前行的大桨，他们的关注和互动，是我们前进的动力。

在图书编辑过程中，集团领导高度重视，多次开会指导工作，安排具体事项，图书的成型是他们的心血所铸；品牌管理部的同志们为组稿统稿付出了艰辛的劳动，没有他们的努力，要完成这两部书稿是不可能的；总编室的同志提供了大量资料，为完成编辑工作创造了非常有利的条件；社科分社的编辑们全部投入到编辑工作中，做了大量烦琐而细致的工作；艺术设计公司在繁忙的工作中为此书专门安排人员设计排版，不厌其烦地调整版式和改动方案；校对室优先安排，为两部书稿作了认真而高效的校读；印制部派出人员进行监印，为图书的印装质量保驾护航；财务部提供了优质的资金服务，这是出版任务得以顺利完成的根本保证。此外，在集团内部，还有许多部门和同志时时关心图书的进展，并贡献了诸多良策，这里不一一列举。这两部图书的出版，是重庆出版人共同心血的凝聚，在此，我们对他们的关心和付出表达由衷的感谢！

谢谢你们，可爱的重庆出版人！

编委会

2021年10月12日